Rompiendo paradigmas

Lecciones de liderazgo y estrategias de trasformación

Robert Slater

Traducción
LEONARDO CANO
Licenciatura en Lenguas
Universidad Pedagógica Nacional
Especialización en traducción
Universidad de los Andes

Revisión técnica
CARLOS EDUARDO GUERRERO
Especialización en alta gerencia
Universidad de los Andes
Consultor empresarial

McGraw Hill

Santafé de Bogotá • Buenos Aires • Caracas • Guatemala • Lisboa • Madrid
México • Nueva York • Panamá • San Juan • Santiago de Chile • Sao Paulo
Auckland • Hamburgo • Londres • Milán • Montreal • Nueva Delhi • París • San Francisco
San Luis • Sidney • Singapur • Tokio • Toronto

Avenida de las Américas, No. 46-41. Santafé de Bogotá, D.C., Colombia

Traducido de la primera edición en inglés de SAVING BIG BLUE.

ISBN:0-07-134211-7

Editor: Rodrigo Pertuz Molina

1234567890

ISBN: 958-41-0017-3

Impreso en Colombia Printed in Colombia

Se imprimieron 5.700 ejemplares en el mes de septiembre de 1999
Impreso en: D'Vinni Editorial

Contenido

PARTE V
¡ESTÚPIDO, SE TRATA DEL CLIENTE!

PARTE VI
ASEGURANDO EL FUTURO DE UNA COMPAÑÍA EN CRECIMIENTO

PARTE VII
LA BÚSQUEDA DE NUEVOS MERCADOS Y NUEVAS OPORTUNIDADES

PARTE VIII
EL FUTURO

¡Jaque mate de Deep Blue a Kasparov!

"Un momento decisivo".

Miércoles 7 de mayo de 1997, Equitable Center, piso 35, centro de Manhattan. Lou Gerstner se dirige con desenvoltura hacia la sala de competencias del Deep Blue, 35 pisos por encima del ruido ensordecedor que envuelve a la zona central de Manhattan. Por lo general, la llegada del CEO hubiese atraído la mirada de los asistentes, pero no en este momento. Aunque éstas son oficinas corporativas, la escena que se presenta antes de la llegada de Gerstner parece el rodaje de una escena de suspenso de una película de ciencia-ficción. En lugar de encontrarse los tradicionales escritorios de madera fina y sillas giratorias con espaldar, él observa a varias personas que se encuentran concentradas alrededor de un tablero de ajedrez. Sin embargo, al otro lado de la sala otras personas miran con asombro y firmemente una imagen en una pantalla de vídeo donde se visualizan las ideas codificadas de un supercomputador conocido cariñosamente como Deep Blue.

Lou Gerstner, entonces observa otra pantalla que muestra en la sala de al lado a Gary Kasparov, vestido con una chaqueta azul y pantalón gris. Kasparov se pasea detrás de un tablero de ajedrez. La sala para la competencia se utiliza como estudio de televisión; con todas las luces, interruptores y tableros de control, más bien parece una nave espacial. Sin embargo, nadie, absolutamente nadie en la sala tiene en mente naves espaciales en este día. Ellos sospechan que van a ser testigos de un hecho histórico. En apariencia es una partida común y corriente, pero nada más alejado de la realidad. Se trata de la última contienda en la que se enfrentan el hombre y la máquina. Un computador está "jugando" a representar un ser humano en una partida de ajedrez. No obstante, no se trata en sí de tan extraordinario acontecimiento. Lo que haría de este evento algo sin precedentes sería que el computador saliera triunfante. Kasparov no es un ajedrecista corriente, él es el más grande del mundo. Deep Blue debería salir victorioso: así, por primera vez, se impondría una marca en que la máquina logra destruir el imperio del campeón del mundo en una competencia.

Los expertos en los sistemas de computadores se han preguntado por años cómo, en una partida de ajedrez, un computador podría derrotar a un ser humano. Para el hombre, el hecho de ganarle a un computador siempre se ha considerado algo rutinario y, de hecho, Kasparov ya había vencido a un supercomputador similar en una confrontación realizada dos años atrás. Pero que un computador gane... eso sí sería imponente. Eso haría historia.

El mundo está expectante

En este momento están crispados los nervios de los miembros del equipo de investigación de IBM que construyó el Deep Blue por sólo US$2 millones. Ellos son conscientes de que ésta es la gran oportunidad para Deep Blue. Durante algún tiempo, el supercomputador hacía tareas ordinarias que todo el mundo daba como un hecho cotidiano, como procesar los sistemas de reservaciones de aerolíneas, simular explosiones nucleares y diseñar nuevos medicamentos. Muy pocas personas prestaron atención a Deep Blue, hasta ahora. Sin embargo, en este momento, el mundo se encuentra a la expectativa, y si Deep Blue puede vencer a Gary Kasparov, el mundo finalmente podrá aceptar lo que Lou Gerstner ha estado sosteniendo desde que asumió la dirección de IBM: los mainframes deben continuar como factor clave en la industria de los computadores.

Mientras Deep Blue y Gary Kasparov todavía maquinan sus movimientos, nadie en la sala desea propiciar una conversación prolongada con Lou Gerstner, aunque él sea su jefe, y nadie osaría apartar la vista cuando el CEO desea charlar. El equipo intercambia, a regañadientes, saludos con Gerstner. En verdad, no se sienten intimidados con su presencia. Todos han escuchado anécdotas terribles acerca del respeto que produce Gerstner, pero, en verdad, no sienten temor. Tienen un trabajo por cumplir y se sienten complacidos al ver que el jefe no planea permanecer mucho tiempo. Él vino hasta este lugar para felicitarlos por haberle enseñado a un computador a jugar ajedrez como un campeón, y ellos aprecian la visita, bueno, hasta cierto punto. No obstante, se encuentran demasiado comprometidos con el encuentro como para deducir cuál es la verdadera razón de su visita. Si Deep Blue gana, Lou Gerstner desea asegurarse de estar listo para disfrutar la ocasión histórica, puesto que esta pieza de acero victoriosa brillará, de cierto modo, con una luz concentrada sobre IBM, algo que Gerstner anheló por años.

El afianzamiento de Deep Blue

Sin embargo, no hay garantías. Para que IBM se beneficie de este acontecimiento, el Gran Muchacho debe desempeñarse como ningún otro computador lo ha hecho antes, y eso no será nada fácil. Gary Kasparov es el más grande maestro viviente de ajedrez; muchos especialistas afirman que es el mejor de los mejores. Él puede evaluar dos movimientos por segundo. Es impresionante, por supuesto, para un ser humano. Pero comparado con un computador, parece una tortuga. ¿Con cuánta rapidez puede procesar Deep Blue los movimientos? La suficiente como para humillar la inteligencia de Gary Kasparov: *200 millones* de movimientos por segundo. Tan pasmosa velocidad no significa automáticamente que una máquina pueda derrotar a un hombre en una partida de ajedrez. Significa simplemente que la máquina puede "pensar" con mayor rapidez. Para vencer a un ser humano en un juego de ajedrez, siempre se ha supuesto que un computador necesitaría el rasgo más distintivo de los seres humanos: la intuición. Y ningún computador parece poseer tal condición.

A pesar de las grandes diferencias, Lou Gerstner nota que está apoyando a Deep Blue como lo haría un padre cuando su hijo compite en un campeonato deportivo en las ligas menores. Por supuesto, con una gran diferencia: este "hijo" merecidamente podría hacer historia. Al depender tanto del resultado, el jefe de IBM comienza a sentir presión. Él desea demostrar a todo el mundo que lo que ha estado haciendo en IBM es sólido, serio y a largo plazo. El supercomputador que se encuentra en la sala de al lado parece ser su mejor apuesta para convencer a los demás de que él ha hecho algo más que trasformar la compañía; que en efecto ha comenzado un proceso que los convertirá, a él y a la organización, en las entidades más admiradas de los negocios estadounidenses.

Apenas han trascurrido un poco más de cuatro años desde el momento en que él tomó las riendas de IBM. Cuando asumió la dirección en abril de 1993, aunque suene tan espantoso, la compañía parecía ir directo hacia su agónica muerte, pues perdía miles de millones de dólares cada año, sin esperanzas inmediatas de recuperarse. Muy pocas personas esperaban que él fuese capaz de hacer un milagro. La empresa simplemente se encontraba muy lejos de esas posibilidades para recuperar su condición inicial. Y, sin embargo, en los últimos cuatro años, Gerstner probó a sus detractores lo equivocados que estaban cuando hizo un milagro tras otro: aplicó procesos para ajustar las dimensiones de la excesiva burocracia, encontró diferentes formas de reducir costos y equilibrar los gastos de la compañía. Más pronto de lo posible, convirtió las pérdidas en utilidades y estuvo a la altura de su reputación como uno de los más grandes artistas en la trasformación de los negocios norteamericanos.

Cuando entra en ese incongruente escenario, sabe mejor que nadie que IBM puede imponer respeto. Sabe que los analistas de Wall Street todavía lo consideran apenas un peso ligero, como alguien que puede mejorar el balance final de la organización, pero que es incapaz de hacer crecer la compañía y regresarle a su glorioso pasado. Por estas razones, él quiere brindarle al mundo exterior algo para que entienda, algo que signifique que IBM en realidad volverá por sus fueros. Por ello, los eventos que hoy se están dando en esta pequeña sala son tan importantes para él. En una era en que los medios masivos de comunicación se han enamorado locamente del rey software en Redmond, Washington, ahora que los analistas de Wall Street están intoxicados con el aire embriagador de los costos iniciales invertidos en la puesta en marcha de Internet, en un momento en que muchas compañías de computadores están creciendo mucho más rápido que IBM, Lou Gerstner se da cuenta de que una victoria de Deep Blue esta semana podría hacer justamente que el mundo se pusiera de pie y advirtiera la recuperación de IBM y le diera a Gerstner su merecido reconocimiento.

Por ahora, el hombre y la máquina están en la cuarta partida de los seis juegos programados. Hasta ahora, hombre y máquina están empatados, cada uno tiene una victoria y se han presentado dos resultados en tablas. Las dos partidas finales se jugarán el sábado y el domingo.

A la llegada de Lou Gerstner, la partida ha tomado un rumbo difícil para el contrincante de IBM. Kasparov acaba de tomar la iniciativa sacrificando atrevidamente un peón. El ambiente se hace tenso. Durante las próximas horas, hombre y máquina hacen un total de 56 movimientos. Ninguna de las partes obtiene ventaja. La partida, una vez más, termina en tablas. El equipo de Deep Blue se encuentra muy preocupado. Bastante preocupado.

Aplausos para el equipo

Con el fin de aplacar la pesada atmósfera, Gerstner se dirigió a su equipo y le habló para levantarle el ánimo. "Es grandioso lo que han hecho"[1], les dice con mucho entusiasmo mientras piensa en toda la publicidad que IBM está obteniendo por este espectacular encuentro. Por supuesto, Gerstner estaba encantado con lo que sucedía. Ahí se hallaban los medios masivos de comunicación exaltando su labor y la de la compañía. (En otras ocasiones, en otros contextos, Lou Gerstner se hubiese enfrentado a los medios, por supuesto, cuando los artículos no parecían tan favorables).

Solamente en un día, durante la partida número 3, al comienzo de esa semana del enfrentamiento Kasparov–Deep Blue, el sitio web recibió 22 millones de mensajes. El certamen también tuvo el efecto adicional de atraer a los 300,000 empleados de IBM y de unirlos en una causa común. No sólo los empleados, sino los admiradores incondicionales, se reunieron en torno a las pantallas de televisión en las oficinas de IBM para observar cada 30 minutos los hechos más destacados de cada partida; el escenario parecía más apropiado para un partido de fútbol del lunes en la noche, que para una partida de ajedrez.

El histórico encuentro llegó a su fin el domingo 11 de mayo. Después de ocho días de dramatismo para ambas partes, salió un ganador. Ante la gran expectativa y para sorpresa de todo el mundo, Deep Blue salió triunfador. Gerstner está estupefacto. A él incluso no le importa el hecho de que el triunfo del computador desencadene grandes debates relacionados con la manera como una máquina pudo llegar a derrotar a un ser humano en un torneo de ajedrez. Sabe que algunas personas argumentarán que el secreto se encuentra en la velocidad del computador para procesar la información, mientras que otros darán reconocimiento al computador por su capacidad para pensar. Pero lo que en realidad lo emociona es el hecho de que muchas personas hablarán de la victoria de Deep Blue, y lo que esto significa para todo el campo de la tecnología de la información.

Si Deep Blue hubiese perdido su contienda con Gary Kasparov, Lou Gerstner no se habría desesperado. Incluso sin la publicidad masiva que la victoria representa para IBM, él está seguro de que tomó las decisiones apropiadas: apoyar los mainframes y promoverlos como una de las principales líneas de producto de IBM. Pero ahora, orgulloso por la victoria, Gerstner tiene confianza en que el mundo de los negocios, que había cuestionado su capacidad de trasformar a IBM, finalmente se pondrá de pie, se quitará el sombrero y lo aplaudirá. Ahora, siente que se ha reivindicado.

La victoria de Deep Blue es un momento determinante; constituye una línea divisoria en la historia de los computadores. Abre toda clase de posibilidades, algunas positivas y motivantes, otras definitivamente negativas y alarmantes, pero todas tienen que ver con la idea de que algún día los computadores actuarán como seres humanos. Sin embargo, si el evento es un momento determinante, llevará años el hacer una elección. Mientras tanto, en este preciso momento, la victoria colma la atención general, todos los hechos se muestran positivos hacia Lou Gerstner e IBM. Esto ayuda a acabar con tanta agonía y frustración que Gerstner había experimentado durante los últimos cuatro años. Este resultado contribuye a que las personas olviden que hace sólo cuatro años IBM se encontraba en medio de los estertores de la muerte.

Camino al colapso

¿Se imaginan un mundo sin IBM? Suena algo descabellado. Es como concebir un mundo sin televisión, automóviles o béisbol. IBM había sido una de las grandes instituciones de Norteamérica. Una de las más poderosas. Wall Street no clasificó gratuitamente las acciones de IBM como de primer orden. Durante décadas, esta empresa fue la corporación más exitosa en la historia. Mostrada al desnudo, la compañía fabrica computadores, pero llamar a IBM un simple fabricante de computadores es malograr la penetración y lo esencial de la empresa. Puesto que ésta era una institución que había cambiado la cara de la Norteamérica corporativa, también había modificado la forma como trabajaban y pensaban los estadounidenses. Era la casa construida por un pionero llamado Thomas Watson Sr., una organización que tenía la misma solidez, la misma estabilidad del gobierno federal. La compañía era reconocida como el Gigante Azul en honor del color de sus muy resistentes mainframes. La frase sugería no sólo un tamaño descomunal, sino también grandeza; no sólo fabricar productos, sino hacer los mejores, no sólo sobrevivir, sino prosperar.

Sin embargo, a medida que el gigantesco fabricante de computadores atravesaba los inicios de la década de 1990, IBM parecía ir directo al colapso. Los fundadores de IBM se habrían sentido horrorizados de que la empresa hubiera caído de rodillas. Después de todo, ellos habían colocado la compañía en un lugar que representaba un centro corporativo neurálgico, en medio de un profundo conocimiento de los negocios. Desde los primeros días de IBM en la década de 1920, el fundador Thomas Watson Sr. había vislumbrado increíblemente bien el panorama de los negocios. En ningún otro momento esto fue tan cierto que durante el inicio de la década de 1950, cuando el liderazgo de IBM comenzó a experimentar cambios en los gustos del consumidor de una clase de tecnología, de las calculadoras electrónicas al nuevo y deslumbrante mundo de los computadores. Repentinamente, las compañías que escogieron integrar la nueva tecnología de mainframes en sus esfuerzos de procesamiento de datos descubrieron nuevas y firmes posibilidades de lograr un crecimiento corporativo. IBM prácticamente se había apoderado de la industria de los computadores, era la fuerza predominante durante las décadas de 1950, 1960 y 1970. De hecho, el nombre de IBM y el mundo de los computadores parecían sinónimos. En 1964, cuando IBM se trasladó hacia el centro de operaciones localizado en una colina en Armonk, Nueva York, la compañía no sólo dominaba la industria de los computadores, sino que también se mantenía como la corporación norteamericana modelo de su época.

La década de 1980 pareció constituir otro periodo espléndido para el éxito de IBM. Ciertamente, el récord financiero era impresionante. IBM hizo más dinero (US$51,000 millones) fuera de impuestos, de 1980 a 1989, que cualquier otra compañía en el mundo. Su capitalización de mercado alcanzó un nivel de US$106,000 millones en 1987. Tres años después, era la compañía más rentable según *Fortune 500* (con casi US$6,000 millones de millones) y sus ingresos ese año alcanzaron US$69,000 millones.

A finales de la década de 1980, sin embargo, IBM había empezado a transitar tiempos difíciles, debido a la arrogancia de sus ejecutivos que se encontraban encantados con su estrategia a largo plazo, que respaldaba los mainframes por encima de los recién salidos computadores personales. Al principio de esa década, la compañía no había logrado adaptarse al siguiente gran cambio en el mundo de la tecnología de la información, los computadores personales. En 1982, IBM contribuyó con su propio computador personal. Era suficientemente pequeño y económico como para facilitar que todas las personas pudieran comprarse un computador, algo que hasta entonces era imposible. Durante cierto tiempo, IBM dominó la industria de los computadores personales, pero unos cuantos competidores menores con mayor sentido común y con habilidad se apropiaron de una porción importante de la participación de mercado de los PC de IBM. (Compaq Computer remplazó a IBM como el principal productor de los PC en 1994). Mientras tanto, IBM perdió la oportunidad en otros aspectos de la revolución tecnológica, algo que le resultaría inmensamente costoso en el futuro.

Cuanto más cambiaba el entorno de negocios, cuanto más se invertía para la puesta en marcha de los proyectos de quienes competían exitosamente con IBM, los ejecutivos de IBM metían sus cabezas en la arena. Inevitablemente, a medida que declinaba su participación de mercado, la compañía se desangraba financieramente. A finales de 1992, la compañía estaba ilíquida. En 1993, IBM, apodado entonces el dinosaurio de la industria de los computadores, parecía estar al borde del caos. Atravesaba el peor año en su historia. Aunque sus ingresos de 1992 registraron una cifra impresionante de US$64,500 millones, la compañía había perdido dinero durante el segundo año consecutivo: en esa ocasión, una tremenda cifra de US$4,970 millones. Como resultado, más de 117,000 empleados de IBM perdieron sus trabajos y la compañía se vio forzada a castigar más de US$28,000 millones en gastos de reestructuración.

Lo peor de todo: aunque un proceso de reingeniería corporativa hubiera mejorado las cuentas de ingresos de IBM, pocos de sus ejecutivos tenían el corazón para matar la política de "empleo para toda la vida" que se había constituido en la piedra angular de la cultura de IBM. La única solución, aunque paradójica, era desmontar el poderío del monstruo corporativo, para dividir la totalidad en una serie de pequeñas partes independientes. Parecía que la única forma para que el paciente sobreviviera en la sala de cirugía era cercenar el cuerpo, miembro por miembro. ¿Era ésta, en realidad, la mejor forma de salvar al Gigante Azul? En enero de 1993, aunque avanzaba el plan de dividir la compañía, el consejo de dirección de IBM decidió que era el momento de efectuar un cambio en la alta dirección. No se trataba de que el consejo de dirección estuviera convencido de que la trasformación de IBM era posible, pero John Akers, el entonces presidente del consejo de dirección y CEO, tenía que irse. La compañía había perdido miles y miles de millones de dólares bajo su mandato.

¿Alguien quiere este trabajo?

Las calamidades financieras de IBM no eran un secreto. De modo que encontrar a alguien que asumiese tan ardua tarea no sería nada fácil. En primer lugar, el consejo directivo tenía la esperanza de atraer a alguien entre los grandes capitanes de la industria para que asumiera el mando en IBM. Se les dio preferencia a los líderes con una impresionante trayectoria en el campo de la tecnología. El argumento fue que sólo uno de aquellos líderes podría sacar a IBM de su camino trillado. Fueron sondeados algunos de los más importantes CEO de Norteamérica. Algunos de ellos fueron halagados. Sin embargo, ninguno se animaba a asumir el cargo y a hacerse al bastón de mando. Ellos habían leído todos los sombríos relatos de las noticias. Después de haber alcanzado cierta reputación no querían ensuciarse las manos al intentar dirigir una compañía que parecía exigir algo más que recuperarla.

El consejo directivo comenzó a desesperarse. Si hallar a alguien con bastante experiencia en dirigir una compañía tecnológica parecía importante en primera instancia, ese criterio tuvo que desecharse, a medida a que se incrementaban los rechazos. El consejo directivo no tuvo otra opción más que modificar el perfil del cargo. El nuevo CEO de IBM no necesariamente debía contar con experiencia en tecnología; preferiblemente, el nuevo jefe de IBM debería tener experiencia en realizar procesos de trasformación de grandes compañías. Armados con ese nuevo criterio, algunos de los miembros del consejo directivo comenzaron a concentrarse en un hombre que había estado dirigiendo una enorme compañía de pasabocas y cigarrillos, RJR Nabisco (sí, la misma RJR Nabisco que tenía la fama de *Bárbaros en el Portal*). Lou Gerstner había sido presidente de la junta directiva y CEO de RJR Nabisco durante cuatro años, y había sido previamente, durante once años, alto ejecutivo en American Express. Había adquirido una admirable reputación por tomar compañías en dificultades y trasformarlas. El problema era que él no tenía experiencia directa en dirigir una compañía de tecnología. Algunos miembros del consejo directivo se inquietaron por eso. Sin embargo, cuanto más se concentraba el consejo directivo en Louis V. Gerstner Jr., más apreciaba que él era la elección correcta.

En abril de 1993, Gerstner fue contratado y asumió el cargo de presidente del consejo directivo y CEO de IBM. Por primera vez en la historia de la compañía, IBM había encontrado un líder por fuera de su jerarquía. Apenas nueve miembros le dieron una gran posibilidad de revivir a IBM. La mayoría consideraba que la firma de Thomas Watson Sr. se deterioraría poco a poco. La tarea de Gerstner era monumental. Nada menos que el más arduo trabajo gerencial de las corporaciones de Estados Unidos. El desafío era mantener con vida el otrora icono legendario, y una vez que se lograra su supervivencia, sacar al paciente de cuidados intensivos. Nadie esperaba que Gerstner devolviera a IBM a sus mejores épocas. Eso parecía imposible.

En la actualidad, seis años después, Lou Gerstner ha logrado trasformar a IBM y la ha restablecido como el más grande fabricante de computadores del mundo. Nadie en los negocios de Estados Unidos puede creerlo. Sin embargo, nadie niega que Gerstner ha llevado a cabo el milagro que todos creían imposible. Después de haber asumido la dirección de una compañía que estaba estancada, presidió en 1998 una IBM que llegó a registrar ingresos por US$81,700 millones, un incremento de 4% en relación con el año anterior (US$78,500 millones, en ese entonces la sexta tasa mayor de ingresos entre las corporaciones norteamericanas). Al invertir la tendencia que causó pérdidas en IBM durante tres años consecutivos —1991, 1992 y 1993—, Gerstner trasformó la compañía de tal modo que en 1998 logró alcanzar una utilidad de US$6,300 millones (US$200 millones por encima del año anterior). El milagro de Gerstner se había forjado a través de los diferentes tipos de procesos de reingeniería corporativa, procesos que antes no aceptaban los líderes de IBM. Al aprovechar la ventaja de ser un participante externo, Gerstner examinó hasta el último recoveco de IBM con una perspectiva fresca del balance final. Y luego hizo sus movimientos, reconstruyendo una IBM nueva, más competitiva, más orientada al cliente, más consciente del entorno de negocios siempre cambiante.

Para hacer rentable una vez más a IBM, Gerstner lucha todavía con la vieja pregunta de cómo aumentar en forma permanente y consistente el tamaño de IBM. La fortaleza de IBM —y su debilidad— es que sigue siendo una compañía orientada al hardware: US$34,700 millones del total de sus ingresos en 1998 provienen de las ventas de hardware. Sin embargo, estas ventas de hardware han sido esencialmente las mismas desde 1995. Aún más, IBM terminó en 1998 con casi la mitad (US$40,000 millones) de sus negocios abajo. En general, IBM no estaba creciendo en gran medida (sólo 4% en 1998 y 3.4% en 1997, por debajo de 5.6% en 1996; y está lejos del crecimiento del 12% de 1995).

La falta de un crecimiento significativo constituye una fuerte evidencia de que el milagro de Gerstner no es completo. Él ha hecho rentable a IBM de nuevo. Sin embargo, esto lo ha logrado al depender de un conjunto de técnicas de negocios que tienen poco o nada que ver con el estímulo al crecimiento de la compañía. Ése ha sido el dilema de Lou Gerstner. A medida que lucha por lograr una trasformación de IBM, o quizás con mayor precisión, debido a su lucha, Gerstner e IBM constituyen una de las historias de negocios más interesantes de nuestra era.

¿De qué manera logró Gerstner el cambio en IBM? ¿Cómo lo llevó a cabo con éxito? ¿Y en qué puntos falló? Dar respuesta a estas preguntas constituirá el tema principal de *Rompiendo paradigmas*. Aquí se presentarán los secretos gerenciales y las estrategias de negocios de Gerstner, los cuales se utilizarán como principio directriz de este libro; además, se ilustrará al lector acerca de la manera como estos secretos y estrategias proporcionaron la pieza clave de la recuperación de IBM. Sin embargo, también se examinarán las deficiencias en las estrategias de Gerstner y se explicará por qué éstas han dificultado que IBM se identifique con el desarrollo de tiempos pasados.

PARTE I

LA ESPIRAL DE LA MUERTE Y EL SALVADOR

"El hecho de que estemos perdiendo participación me saca de casillas... pues todos se sienten muy tranquilos cuando el negocio está en crisis".
Jonh Akers

No considerar el éxito como un hecho

"Pasamos quizá de ser muy invencibles a una situación en la que tal vez tenemos más problemas de lo que las personas creen".

Durante décadas parecía rutinario considerar que IBM era la compañía más exitosa del planeta. Ninguna otra disfrutaba de tan predominante posición en la vida corporativa; era muy bien manejada y, de cierta forma, era la organización pionera en las nuevas tendencias. La compañía fue fundada por un granjero de Nueva York de nombre Thomas J. Watson Sr. Antes de sus años en IBM, había estado trabajando como vendedor viajero de órganos, vendedor de máquinas de coser y mercachifle de acciones falsas de una compañía de construcciones, aunque él no sabía de su falsedad en ese momento. Alrededor de 1900, comenzó a trabajar para la National Cash Register Company con sede en Dayton, Ohio, y se convirtió en su mejor vendedor. En 1912, acusado junto con el propietario John Patterson y otros 27 empleados de NCR por violaciones a la ley de monopolios (incluido el saboteo de las máquinas de los competidores), fue condenado y sentenciado a un año de prisión, pero un tribunal de apelaciones ordenó una nueva audiencia. La nueva audiencia nunca se presentó porque, cuando hubo una inundación que afectó enormemente a Dayton, los empleados de NCR, incluido Watson, actuaron heroicamente en su esfuerzo por prestar ayuda durante el desastre, y entonces nadie quiso seguir adelante con el proceso, y Watson no cumplió su condena en la cárcel.

Después de que John Patterson despidiera a Watson por una disputa menor acerca de estrategias de ventas, el joven Tom asumió la dirección de la Computer Tabulating Recording Company, precursora de IBM, en 1914; había estado vendiendo un sistema eléctrico de contabilidad mediante tarjetas perforadas, que se había desarrollado para el censo de 1890; también vendía sumadoras, balanzas y cortadoras de carne. Watson era un genio como vendedor y duplicó las ventas hasta US$10 millones a comienzos de la década de 1920. En 1924, Watson modificó el nombre de su negocio por el de International Business Machines Corporation, dando a entender el gran campo de acción en su visión de la naciente compañía.

Debido a la Gran Depresión ocurrida en la década de 1930, los esfuerzos de Watson por impulsar las máquinas tabuladoras y los relojes de control tuvieron muy poca acogida, e IBM tuvo en 1939 ventas de sólo US$35 millones al año. Sin embargo, la compañía se las arregló para crecer, mientras que el resto de la economía norteamericana se encontraba en barrena. Siempre interesada en generar fidelidad, IBM fue una de las primeras firmas en proporcionar seguros de vida colectivos (1934), indemnizaciones para sobrevivientes (1935) y vacaciones pagadas (1936) a sus empleados. La mayoría de los negocios tuvieron que cerrar definitivamente; pero Watson, en una jugada histórica y descomunal, ignoró la débil demanda por las nuevas máquinas, y mantuvo sus fábricas en plena actividad, produciéndolas. Se presentaron dos hechos que proporcionaron a IBM un gran empuje: uno fue la Ley de Seguridad Social de 1935; el otro fue la Ley de Horas de Trabajo de 1937. Las dos leyes exigían que las empresas registraran los salarios pagados, las horas trabajadas y el tiempo extra devengado por los 26 millones de trabajadores de Norteamérica; la legislación dio vida, casi de la noche a la mañana, al mercado de máquinas tabuladoras y de relojes de control en las empresas.

Puesto que IBM continuó manufacturando productos durante la Gran Depresión, se posicionó para liderar la nueva industria. Los pedidos de otros departamentos gubernamentales del Estado se presentaron en seguida. IBM se encontraba en su propia senda y Thomas Watson nunca miró hacia atrás. A partir de ese momento, IBM dominó sus mercados, estableciendo siempre los estándares, siempre al frente. IBM fue —en una de las etapas más importantes en la historia de los negocios norteamericanos— la firma que a comienzos de la década de 1950 produjo los computadores que trasformaron la manera de trabajar de las personas. ¡Durante años, IBM *fue* la industria de los computadores!

Después de la Segunda Guerra Mundial, IBM se fortaleció. En 1946, sus ingresos alcanzaron US$119.4 millones, con US$18.8 millones en utilidades. Cuatro años más tarde, la compañía controlaba casi 95% de los negocios de máquinas de tarjetas perforadas. Esa supremacía le dio a IBM tremendas ventajas cuando ingresó en el mercado de computadores en 1952. Aunque Remington Rand, su rival, fue la primera en sacar al mercado su Univac, Thomas Watson lanzó una enérgica campaña y construyó un computador electrónico mejor, llamado el 701; éste fue diseñado fundamentalmente para cálculos científicos y llegó a ejecutar 21,000 cálculos por segundo. Se consideró ampliamente que el computador 701 era muy superior al Univac; como resultado, IBM se sintió en libertad de cobrar lo que quisiera por su nuevo producto. Se produjeron 20 computadores 701 y se dieron en alquiler al alto precio de US$24,000 mensuales. Conocido también como el Defense Calculator, el 701 lanzó a IBM como una firma real de computadores.

En 1956, los ingresos de IBM habían crecido hasta US$734.5 millones y las utilidades hasta US$68.6 millones. IBM afianzó su liderazgo en la industria de computadores mediante el diseño, construcción, marketing y servicios del System/360, el mainframe que introdujo en abril de 1964 y que fue el primer verdadero computador para propósitos generales. El computador System/360 se apropió rápidamente, de un solo golpe, del 70% del mercado de computadores. En 1965, los ingresos de IBM habían crecido rápidamente a US$2,400 millones, con US$333 millones en utilidades. Ese mismo año, IBM controlaba 65.3% del mercado de la industria de computadores (Sperry Rand, su más próximo rival, controlaba sólo el 12.1%). En 1979, los ingresos de IBM habían crecido hasta US$9,400 millones, con un espectacular balance final de US$3,000 millones en utilidades, una inesperada proeza en el mundo de los negocios de hoy, donde la competencia y los costos mantienen a raya las utilidades.

El poderío que IBM muestra en las décadas de 1950 y 1960 se debió a varios factores. Su manejo gerencial era entre todos el mejor de Estados Unidos. Sus productos siempre estaban a la vanguardia de la tecnología y eran fáciles de usar. (Debido a que los equipos de IBM eran alquilados, no comprados, era fácil actualizar el hardware y el software). La compañía no se mostraba temerosa de invertir en gran volumen en su futuro, al asignar grandes cantidades a la investigación y desarrollo (su unidad de investigación tenía estatus de división y siempre fue la primera).

Sin embargo, la clave para el éxito de IBM era su cultura corporativa finamente sintonizada que premiaba la excelencia por encima de todo. No obstante, su cultura reflejaba el ego maniático de Watson y estimulaba la obediencia casi ciega frente a sus convicciones, algunas veces impuestas a la fuerza. Otros líderes de negocios estimulaban las culturas corporativas que seguían líneas estrictamente de negocios, pero con Watson, el énfasis siempre se hacía sobre el recurso humano. Otros CEO ofrecían vagas sugerencias, en el sentido de que los empleados debían vestir como hombres de negocios.

Por otra parte, nada en el estilo de vestir de Watson se dejaba al azar; cada artículo que usaba se ajustaba a la imagen del hombre de negocios profesional. Con su insistencia en trajes oscuros, corbatas negras, camisas blancas, cuellos almidonados, ligas y sombreros de fieltro de ala ancha y copa hundida a capricho, el estilo de vestir de Watson se suponía que hacía del empleado de IBM alguien siempre presentable, pero también esperaba engendrar una fiera lealtad a la compañía, la cual consideraba un vital ingrediente para la fórmula del éxito de IBM. Su extravagante enfoque hacia la cultura parece extremo, pero téngase en cuenta que IBM venía dominando la industria de computadores por décadas, de tal modo que nadie podía realmente encontrar defectuoso el peculiar estilo de Watson. El orgullo corporativo pudo haber sido la meta de Watson, pero lo que verdaderamente creó fue el tipo de rigidez y uniformidad esperado en obedientes soldados bajo las órdenes de un estilo similar al del general George Smith Patton.

Los Frank Sinatra mañaneros

La cultura de IBM regulaba casi todos los aspectos de la vida de sus empleados, desde la forma como se vestían hasta la manera como pensaban. Con el fin de estimular a los empleados para que invirtiesen más tiempo para hacer la mejor jugada en sus negocios, Watson colocó avisos en las paredes de las oficinas que decían PIENSE. Como parte de todo esto, el lema "¿No es cierto que IBM es grande?" iba más allá de cualquier límite y aunque se trataba de una medida poco profesional, limitaba ciertas formas de comportamiento. Él mismo animaba a los empleados para que en voz alta y con gran emoción cantaran algunas melodías de la compañía, convirtiendo a los empleados de IBM en los Frank Sinatra mañaneros. (La letra de una de estas canciones decía así: "Nuestras voces crecen en medio de la admiración por TJ Watson, voces que orgullosamente cantan; él siempre será nuestra inspiración; para él cantan ruidosamente nuestras voces"). Él esperaba no sólo que el empleado idolatrara la compañía; sentía que tenía que llevar una impecable vida personal, impecable en la forma como la definía Thomas Watson Sr. El hecho de divorciarse no se veía con buenos ojos, lo mismo ocurría con beber durante las horas de oficina (si, por ejemplo, alguien tomaba una bebida durante el almuerzo, se esperaba que regresara directo a casa y no volviera a trabajar ese día).

Cualquier hecho que avergonzara a la compañía tenía que evitarse: cuando un ejecutivo contrató a las "conejitas" de la revista *Playboy* para que aparecieran en una reunión de ventas, inmediatamente fue despedido.

En retribución por hacer sus trabajos bien, y para fortalecer aún más la lealtad, a los empleados de IBM se les prometió algo que nunca se escucharía en el entorno de negocios de hoy: se les prometió un trabajo de por vida. A no ser que contratara "conejitas" de *Playboy* para una reunión de ventas, con toda seguridad al empleado nunca se le despediría. Aquellos que quisieran, recibían más entrenamiento o se les daba un trabajo menos exigente. Un antiguo empleado de la empresa recordaba a la compañía así: "un mundo enrarecido de blancos protestantes anglosajones, con pocos espacios acogedores, pero con una gran cantidad de pancartas y estandartes, canciones de la compañía, fotos y lemas al estilo de Mao Tse-Tung... Por generaciones, IBM fue dirigida como una benévola orden jesuita. El empleado se ponía un vestido azul y una camisa blanca y nunca entraba en contacto con el alcohol en lugares públicos. Una actitud más mojigata hacia el comportamiento social sería difícil de hallar, a menos que se tratara de un seminario para chicas preadolescentes en la Francia del siglo XIX"[1]. Debido a las pancartas y estandartes, las canciones, las fotos al estilo Mao —o quizás a pesar de todo esto—, fue que IBM floreció.

Los Watson (Thomas Watson Sr. y luego Thomas Watson Jr.) no consideraban que estaban dirigiendo a IBM como una benévola orden jesuita. Preferían pensar en la compañía como una extensión de su familia. El fundador, Tom Watson Sr., insistía en que los empleados de IBM intentaban hacer lo mejor de su parte, pero, como actuaría un padre, nunca expulsaría a su hijo de la familia; Watson quería que los empleados sintieran que tenían un hogar permanente en IBM. Al mantener el lema de que "Todos somos una gran familia feliz", Watson se aseguraba de otorgar regalos en ocasiones especiales: por ejemplo, una cuchara de plata para el bebé recién nacido de un empleado, un reloj, cuando uno de sus trabajadores se retiraba. Los regalos u obsequios llevaban un mensaje sutil: "Esencialmente le prometemos un trabajo de por vida. A cambio, esperamos que trabaje arduamente en su puesto, que siga unas cuantas reglas simples y permanezca muy leal a IBM". Para Watson Sr., sin embargo, trabajar duro en el puesto no significaba permanecer 24 horas al día en la oficina. Por consiguiente, por la espléndida suma de US$1 al año, Watson dispuso que sus empleados se vincularan en calidad de socios al club campestre de IBM. Siempre, el empleado en primer lugar.

Contagiados de deslumbrante presunción

Trabajar para IBM significaba ser miembro de una elite especial. El proceso de selección era riguroso, la paga era grande; la seguridad laboral era la mejor. Los empleados del Gigante Azul eran la crema y nata, y no tenían un motivo real para buscar otro trabajo. ¿Por qué deberían hacerlo? A cualquier lugar donde asistiesen, podría ser una fiesta de coctel, era como si se hiciera presente, repentinamente, una estrella de cine. Siempre que aparecía el personal de ventas de IBM en una empresa, no había tiempo para desperdiciar, antes de que ellos fueran anunciados en la oficina de la dirección. Después de todo, aunque la compañía no vendía directamente a los clientes, poseía una de las mejores marcas conocidas en el mundo. Un aura de encanto y éxito rodeaba al representante de ventas de IBM.

Al experimentar un orgullo instigado por la cultura de la compañía, al sentir que se poseía el mejor (o por lo menos el más seguro) trabajo en el mundo, los empleados de IBM generaban productos con la más avanzada tecnología, y luego los comercializaban con una efectividad sorprendente. Ningún producto de IBM se afianzaba mejor en el mercado que su mainframe System/360, introducido en abril de 1964. Sus seis modelos, lanzados al mismo tiempo, incorporaron un software sumamente avanzado que funcionaba en computadores grandes y pequeños a la vez. Muy pronto, el 360 llegó a poseer el 70% del mercado de computadores. Gracias al computador 360, IBM se convirtió en el estándar de los computadores en cientos de corporaciones norteamericanas; era el líder indiscutible de la industria.

La historia de éxito de IBM persistió durante la década de 1970 e incluso en la de 1980. La compañía parecía invencible. Aun cuando el gobierno federal buscó recortarle las garras a IBM a finales de la década de 1960, al imputarle cargos por efectuar prácticas monopolísticas, la compañía, a la postre, triunfó. Muy pronto, después de haber ascendido al poder en 1981, Ronald Reagan decidió que el gobierno no tenía ningún proceso contra el Gigante Azul. A comienzos de la década de 1980, cuando Norteamérica se encontraba en medio de una gran recesión, IBM prácticamente duplicó sus ingresos operativos, hasta US$11,200 millones en 1984. Mientras que los márgenes de utilidades permaneciesen altos, siempre y cuando los ingresos continuasen creciendo, el Mejor Modelo era el de IBM. Cuando la revista *Fortune* comenzó a publicar la lista de las Corporaciones Más Admiradas en 1982, IBM ocupó el puesto número uno durante los primeros cuatro años. Todos esperaban que continuara así para siempre, en especial porque su balance final simplemente era el mejor. Desde 1980 hasta 1989, IBM hizo más dinero (US$51,000 millones) fuera de impuestos, que cualquier otra empresa en el mundo. Durante esa década, era la compañía más valiosa de Estados Unidos, cuando su capitalización en el mercado se remontó a US$62,400 millones en 1990, más del doble del valor de General Motors. Ciertamente, parecía que IBM había descubierto la mejor forma de posicionar y darle valor a un producto, la mejor manera de enviar una fuerza de ventas al trabajo de campo y el mejor estilo para dirigir una compañía. Los clientes estaban asombrados ante la tecnología de IBM, y los comentarios en la mayoría de las corporaciones eran que nadie sería despedido por comprar equipos de IBM. Después de todo, a nadie se le podía sancionar por comprar lo mejor.

En apariencia, la pretenciosa compañía estaba montada en la ola más grande de prosperidad en su historia. Hasta finales de la década de 1970, IBM había estado arrendando sus mainframes, en vez de venderlos en forma directa; pero se unió al resto de la industria, y eliminó su esquema de arrendamiento, vendiendo los computadores a los clientes directamente. Este cambio desencadenó ventas sin precedentes de mainframes y pareció que IBM había encontrado la forma de amasar grandes cantidades de dinero. Sin embargo, aunque sea difícil de creer, en medio de su éxito sorprendente, IBM comportaba unos defectos profundos y potencialmente fatales. Pero nadie deseaba plantear las preguntas apropiadas. Nadie tenía la temeridad de penetrar en el fortín de IBM y sugerir un cambio. ¿Para qué parecer terco y cínico en una organización que parecía tenerlo todo bajo control?

Aunque los ejecutivos no lo reconocían abiertamente, su verdadero éxito contenía semillas de arrogancia, lo que, a la postre, aceleraría su caída. El problema se inició cuando comenzaron a creer en la invencibilidad de la compañía. Sin darse cuenta, sin preocuparse en realidad por este hecho, los ejecutivos de IBM se contagiaron de una arrogancia ciega que llevaría a la organización a caer en picada y a experimentar los estertores de la muerte. En 1981 los ejecutivos de IBM se encontraban tan confiados, que consideraron que su negocio orientado a los mainframes era la única forma de seguir adelante —hacia arriba—, y entonces fijaron la meta de elevar los ingresos de US$40,000 millones a US$100,000 millones en 1990.

Infortunadamente, esta satisfacción vanidosa tuvo el efecto de hacer que IBM no reconociera los grandes cambios que se estaban presentando en la industria de los computadores. La revolución de los computadores personales se encontraba en plena marcha, pero nadie se habría imaginado eso en IBM. Lucy Baney comenzó a trabajar en IBM en 1973 como programadora, y por un tiempo fue asistente del presidente del consejo directivo, John Akers; posteriormente ocupó el cargo de directora de marketing de servicios, antes de retirarse de la compañía en 1992, y convertirse en presidente y CEO de Access Technologies Group en Norwalk, Connecticut. Ella atribuyó la miopía al tradicionalismo que permeaba la empresa, y que llevó a sus líderes a ignorar la nueva realidad, sin vislumbrar otras oportunidades. "A los ejecutivos de IBM no se les permitía dirigirse a la prensa sin que hubiese un conjunto de jefes alrededor de ellos. IBM no cortejaba a la prensa, IBM no cortejaba a las personas que asombraban a los demás porque el mundo estaba cambiando. Ellos siempre habían hecho las cosas de una manera y ése era su estilo. Ellos no se distraían buscando nuevas maneras de hacer las cosas. En consecuencia, estaban muy aislados de lo que sucedía en el resto del mundo. Todavía poseían esa mentalidad arraigada en los mainframes, a pesar de que la revolución de los PC se había presentado desde comienzos de la década de 1980. Todavía no se habían dado por enterados de que el mundo estaba cambiando, y de que IBM simplemente no podía mantener sus grandes inversiones en los mainframes"[2].

Los criterios de Bill Gates no son importantes

Tan arraigadas se encontraban las estrategias de negocios en los mainframes, era tanta la opulencia que se percibía en IBM gracias a sus grandes utilidades, que se adoptaría cualquier medida, aunque equivocada, con el fin de asegurar que las ventas de mainframes no resultaran afectadas. Era un caso de "No reparar, si no se ha roto". En una etapa, la empresa emprendió procesos de investigación para remplazar los tradicionales procesadores de mainframes por nuevos microchips de bajo costo llamados CMOS, semiconductores complementarios de óxido metálico. Sin embargo, la gerencia de IBM no autorizó la tecnología CMOS, confiando —sin soporte real— en que los rivales no adoptarían la tecnología para obligar al Gigante Azul a hacer lo mismo. En otra etapa, IBM dejó de explotar una nueva tecnología llamada RISC (Reduced Instruction-Set Computing, computadores de conjunto de instrucciones reducido). La ironía era que IBM había inventado el microprocesador RISC en 1974 y comprendía mejor que los demás que la nueva tecnología significaría un procesamiento simplificado y más rápido, y de este modo se hubiera acomodado mejor a los recientemente populares minicomputadores. Sin embargo, nada de esto importaba cuando se comparaba con el compromiso de IBM con el mainframe. Nada haría estragos en las utilidades de los mainframes del Gigante Azul. Como resultado, a la tecnología RISC le faltaba un patrocinador dentro de IBM, y permaneció en los anaqueles de la compañía. Mientras tanto, los rivales, libres de perseguir nuevas tecnologías, se metieron de lleno en la tecnología RISC.

IBM desperdició oportunidades de crecer al permanecer tan aferrada a los mainframes. Cuando Microsoft e Intel apenas salían al mercado en la industria de los computadores, por allá en la década de 1980, IBM podría haber tratado de adquirirlos, pero esto no encajaba dentro de la cultura del Gigante Azul. En vez de tratar de comprar sus acciones, IBM permitió que Bill Gates se apropiara de la licencia del sistema operativo de los computadores personales de IBM. Así mismo, no capitalizó los negocios en los que se encontraba bien arraigada dentro de su rango, como el de desarrollar bases de datos relacionales. La organización se sentó cómodamente, esperando a ver qué sucedía, como cuando el magnate de los computadores Larry Ellison adoptó la idea y convirtió a Oracle en una fuente de talento de software. Retrospectivamente, IBM no fue capaz de mirarse en el espejo de su desastrosa década de 1980, con algún grado de franqueza. El historial de la compañía en el sitio Web reconoce que IBM luchó y fue derrotada en medio de la confusión por la revolución de los computadores personales; y luego, por la revolución del cliente/servidor que enlazó los PC (los clientes) con computadores más grandes (los servidores). También reconoce que el cambio hacia los PC despojó a IBM de sus tradicionales negocios de "soluciones": "Ambas revoluciones trasformaron la manera como los clientes veían, utilizaban y compraban la tecnología. Y, fundamentalmente, las dos sacudieron a IBM. Las decisiones de compras de negocios se colocaron en manos de individuos y departamentos, y no en los niveles donde IBM tenía antiguas relaciones con los clientes. Las tecnologías de partes y piezas tuvieron prioridad sobre soluciones integradas. El enfoque entonces se hacía en la productividad personal y la de los computadores personales, no en las aplicaciones de negocios de toda la empresa"[3]. Lo que la historia de la compañía deja como moraleja es el rol que la presunción y la arrogancia manifestadas en los niveles más altos de la compañía, jugaron para que IBM descuidara y descartara los cambios obvios que se estaban presentando dentro de su medio.

¿Un momento de pánico?

Para alguien que se tomara el tiempo de escudriñar a la compañía, no era difícil imaginar lo que estaba sucediendo en IBM. Incluso en un momento en que había tantas evidencias a la vista, cuando los computadores personales eran el nuevo producto competente de la década de 1980, IBM se aferró obstinadamente al pasado. Cuando llegó a los mainframes, IBM había imaginado que el mejor camino era controlar todas las fuentes de utilidades mediante la fabricación de todas las líneas: el hardware, el software y los semiconductores. Pero cuando llegó a producir su propio computador personal, que apareció en el mercado en 1982, IBM pareció haber sufrido un lapsus mental, pues olvidó la estrategia que le había servido muy bien durante tantas décadas. En vez de dedicarse a producir sus propios equipos, IBM acudió a Microsoft, con el fin de que le proporcionara el software para el sistema operativo, y a Intel para que le suministrara los chips. También se recurrió a otras compañías: la mayoría de las unidades para el funcionamiento de los disquetes provenían de Tandon, mientras que SCI Systems fabricaba los tableros de circuitos, y Epson se encargaba de manufacturar la impresora. Aún más, IBM se rehusó a utilizar su propia tecnología innovadora de chips, que podría haber eliminado la necesidad de recurrir a rivales como Microsoft e Intel.

Debe anotarse que en aquellos días IBM era suficientemente poderoso para dominar la industria de los computadores personales. Por ejemplo, no hubiese sido muy difícil que la compañía comprara las dos empresas que en la actualidad constituyen los motores principales en la industria de los computadores personales: Microsoft e Intel. Pero, por el contrario, IBM en forma negligente, convirtió a estas dos compañías en sus dos principales rivales. Para algunos analistas de IBM, la decisión de recurrir al *outsourcing* para obtener partes del computador personal de IBM fue un punto crucial para el derrumbe de la compañía. Algunos lo consideraron un momento de pánico, pues era el instante en que IBM se encontraba tan desesperada por obtener un producto para llevarlo al mercado, que abandonó su prolongada y exitosa política de manufacturar por sí misma todas las partes de un producto. Si IBM hubiese decidido fabricar todas las piezas del computador personal y, en consecuencia, hubiese acumulado todas las utilidades que, por el contrario, fueron a parar a manos de Microsoft e Intel, podría haber disfrutado del mismo fortín en la industria de computadores personales, como el que poseía en el campo de los mainframes.

Pese a todas las imprecisiones que había cometido, IBM se encontraba complacida al observar el crecimiento de su unidad de PC, al convertirla a los dos años en un negocio que proporcionó US$5,000 millones. Sin embargo, el éxito inicial no duraría: los gastos generales de IBM eran demasiado pronunciados y, al crear un sistema "abierto" para su PC, IBM permitió un sinnúmero de clones que, a la postre, le arrebataron parte de la participación en el mercado. Los recién llegados participantes en el mercado que vendían computadores personales se convirtieron en empresas gigantes a una velocidad vertiginosa: Apple Computer alcanzó a figurar en la lista de las compañías más importantes que aparecen publicadas en la revista *Fortune 500* en sólo cinco años, un récord que solamente duró hasta que Compaq, fundada en 1983, logró la misma hazaña en sólo tres años. La victoria de los clones debió implicar lógicamente una pérdida para IBM, pero los ejecutivos de la compañía no se sintieron desmoralizados. Todavía convencidos de que el principal negocio de IBM se encontraba en los mainframes, los ejecutivos de IBM siguieron mostrándose desdeñosos con respecto al nuevo campo de los computadores personales; si su propio producto —el PC de IBM— estaba perdiendo terreno frente a otros rivales de PC, así lo asumirían. Por lo menos, el PC de IBM no estaba representando ningún tipo de competencia para el negocio de mainframes de la compañía. En 1988, la participación de IBM en el campo de los computadores personales había descendido a sólo 16%. Compaq, líder de los clones, había duplicado la participación del mercado de IBM. Irónicamente, pese a todos los esfuerzos de IBM para evitar que siguiera cayendo su participación en los negocios de mainframes, esa participación se había deteriorado descendiendo de 70% a sólo 53%.

Aunque cualquier otro líder de negocios hubiese insistido en que IBM se diversificara, que se concentrara en construir otras líneas de productos además de sus mainframes, nada movería a John Akers y sus colegas. Aunque Bill Gates, el presidente de la junta directiva y CEO de Microsoft, comprendió desde el comienzo que el negocio real de crecimiento de las décadas de 1980 y 1990 sería el software, no los computadores personales, el liderazgo de IBM se aferró a la visión de que el hardware, es decir, los mainframes, era la alternativa para conducir el negocio de los computadores. "El software", anotaba Sam Albert, un veterano observador de IBM que trabajó para la empresa desde 1959 hasta 1989, "era considerado como aquello que se ejecutaba en el hardware. El vendedor de IBM obtenía una comisión por vender hardware, lo que nunca obtendría por vender servicios o software"[4].

La inmersión en una piscina llena de gel

Aunque IBM parecía estar bien financieramente durante la década de 1980, las fisuras parecieron desvanecer esa noción. Por ejemplo, en 1985 y 1986 cayeron las utilidades de IBM, la primera vez que había sucedido algo así desde la década de 1930. En 1986 los ingresos (alrededor de la marca de US$50,000 millones) fueron moderados, señalando por primera vez el hecho de que la compañía no tenía un crecimiento en 40 años. Ese mismo año, el valor comercial de IBM cayó en US$22,000 millones durante un periodo de siete meses, y el retorno de la inversión sobre el capital cayó 6%. Sin embargo, aún era difícil percibir muchas fallas en IBM, puesto que las utilidades de la compañía (casi US$5,000 millones) superaron las de todas las corporaciones.

La opinión pública parecía comenzar a cansarse de IBM. De las 300 compañías clasificadas en la revista *Fortune 500*, que muestra la lista de las Compañías Más Admiradas, en 1986 IBM ocupó el segundo lugar en solidez financiera, pero el quinto en su capacidad para atraer al cliente, el octavo en el valor de la inversión a largo plazo, el noveno en la calidad gerencial, y el décimo en el rendimiento sobre su patrimonio. En 1985, había sido primera en todas estas categorías. La peor noticia de todas: IBM ya no era la compañía más admirada en Estados Unidos. Había caído al séptimo lugar. Cuando John Akers observó la clasificación de esta lista, ofreció esta vaga explicación de hecho muy pobre: "Pasamos quizá de ser muy invencibles a una situación en la que tal vez tenemos más problemas de lo que las personas creen"[5]. La señal acerca de la desesperación de la compañía se percibió en un anuncio: 1987 sería "El año del cliente", y a todos en IBM se les dijo que el cliente se encontraba en la cima de sus prioridades, como si sus clientes nunca hubieran encabezado esa lista todo el tiempo.

Al apostarle todo al mainframe, IBM se vio forzada a invertir grandes cantidades de dinero en ese negocio. Sin importar los resultados, la compañía correría con todos los gastos, aun cuando no hubiese utilidades para mostrar. La conclusión lógica era reducir gastos lo más pronto posible. El problema era que IBM estaba completamente ensimismada en lo que había sucedido en las décadas de 1980 y comienzos de la de 1990, y era muy lenta, terriblemente lenta, en aceptar y tomar una decisión relacionada con los costos asociados a los negocios de mainframes, los cuales eran demasiado altos.

Los mayores costos provenían de su inflada burocracia. El excesivo tamaño tenía su origen en el desarrollo del System/360 a mediados de la década de 1960. La fabricación de la entonces recién salida familia de computadores System/360 requirió la construcción de cinco fábricas. Al ser una tarea demasiado compleja para la compañía, el caos fue lo que siguió. Para tratar de acabar el caos, IBM contrató un empleado tras otro, lo que hizo multiplicar frenéticamente la burocracia. Entre 1963 y 1966, aunque las ventas a valor constante estaban creciendo aproximadamente en 97%, la planta de personal de IBM alcanzó un aumento de casi 130%, y pasó de 87,000 a 198,000 empleados. Durante los siguientes 20 años, la nómina ascendió lenta pero seguramente, hasta llegar a 407,000 empleados en 1986. Los costos de los salarios de estas personas eran enormes.

Philip Baker pasó muchos años trabajando para la unidad de telecomunicaciones de IBM; en las postrimerías de la década de 1980 estaba manejando un grupo de ingenieros. "Esto sucedió justamente cuando nuestra gerencia tenía un encuentro en Tampa. Ellos debieron reunirse por varios días y yo debía llevar a todo mi departamento a Tampa, con todos los gastos pagos, durante dos o tres días. Ciertamente, era una propuesta muy costosa. Y eso no era lo único para nosotros".

Pero también se generaron otros efectos colaterales. Así como un boxeador con sobrepeso encuentra difícil moverse apropiadamente en el cuadrilátero, igualmente le sucedió a la muy pesada burocracia de IBM, que tuvo problemas para hacer movimientos rápidos en el campo cada vez más competitivo de los computadores. Un cliente, que intentaba solucionar algo con la ayuda del personal de IBM, sugirió airadamente que relacionarse con esa empresa era como "nadar en una piscina gigante llena de gel"[6].

Mientras los clientes nadaban penosamente en esa piscina rebosante de gel, quienes se encontraban en el interior de IBM tropezaban con una combinación de políticas bizantinas y pequeños feudos amenazadores que anestesiaban el espíritu empresarial que había hecho famosa a IBM. Las ideas para ahorrar dinero, aunque buenas y útiles para la organización, tenían pocas oportunidades de ser implementadas. El proceso de toma de decisiones era simplemente demasiado dilatado, demasiado complejo, demasiado lento. "Parecía como si se estuviese compitiendo con la cadena de mando"[7], afirmó un ex ejecutivo de nivel medio. "Todos tenían que dar en el blanco. Lo que más importaba eran las personalidades y los asuntos políticos implicados. ¿A quién se le iban a presentar inconvenientes? ¿De quién sería la cabeza sacrificada en el proceso? ¿Cuál sería el próximo presupuesto afectado?".

Atacar sin ningún tipo de arma

Cualquier plan intentado por IBM en la década de 1980 parecía muy pequeño, si no demasiado tardío. Aunque se involucró en un programa para reducir el tamaño de su burocracia, la antigua cultura de IBM que se centraba en el concepto de dar "empleo de por vida" mantuvo el liderazgo en IBM de hacer algo para salir adelante. Aunque, de 1986 a 1991, IBM disminuyó su fuerza laboral en 21,000 empleados y cerró 19 fábricas en Estados Unidos, los costos no se redujeron rápidamente o de manera extensiva, puesto que IBM se rehusó a violar su política de larga permanencia en la organización y de no efectuar ningún tipo de despido. Nadie fue despedido. John Akers simplemente congeló la nómina, con fricciones normales y planes de retiro anticipados altamente atractivos.

Los empleados que trabajaban en plantas que fueron cerradas, simplemente se trasfirieron a otras instalaciones de IBM. Era como si la imagen de Tom Watson Sr. hubiese reaparecido y movido un dedo que señalaba una advertencia a John Akers, insistiendo en que él debía honrar la memoria y el precepto de negocios más importante de Watson: respeto por el individuo. Sam Albert recordaba las presiones ejercidas sobre Akers: "Era imposible despedir a alguien o dejarlo cesante. Se recordaba el respeto por el individuo, era algo llevado al extremo. El trabajo de una persona contaba más que el balance general de la compañía. En efecto, a los ejecutivos de IBM, incluso, no se les podía pedir que hicieran los despidos. ¿Cómo podrían despedir a personas que habían sido sus amigos por años? Entonces, ellos dieron un nombre: 'acción cesante'. Usted fue relevado. Simplemente, el cargo desaparecía. Esa política de no despedir al personal correspondía al 80% de la deuda que IBM acumulaba a comienzos de la década de 1990"[8].

Desde 1986 hasta 1992, IBM proclamó haber reducido su fuerza laboral en más 80,000 empleados pero esa cifra era engañosa. En efecto, *redujo* la fuerza laboral, pero lo hizo de una manera muy generalizada, a través de un proceso de austeridad, en vez de haber despedido abiertamente a parte del personal, adhiriéndose rígidamente a su política de no efectuar despidos. Las acciones que emprendió John Akers, aunque aparentemente prudentes, eran simplemente una ilusión. El Gigante Azul conservó su grandeza. Como resultado, IBM nunca pudo hacer bajar sus costos hasta donde pudiese competir en los mercados emergentes de los PC y de las estaciones de trabajo. Aunque comenzaron a caer las utilidades, era difícil seguir reduciendo la cantidad de empleados de IBM. En un mundo ideal, el jefe habría visto qué era lo que se necesitaba llevar a cabo, y esa persona debía dar las órdenes precisas para descartar parte del personal innecesario para esa tarea. Sin embargo, John Akers era, en gran medida, un individuo que representaba los intereses de la parte interna de IBM, como para volverse contra sus propios amigos. Según Dan Mandresh, quien trabajó para IBM desde 1957 hasta 1967, y después fue analista calificado de la industria de los computadores con Merrill Lynch, desde 1975 hasta 1998: "Akers reconocía que el problema —cuando se posee una historia y unos lazos familiares con el pasado— era que cada vez que apuntaba al objetivo, éste se le movía. Akers estaba preparado para cambiar las cosas, pero formaba parte de la misma cultura que él deseaba modificar. Él atacó, pero sin esgrimir ningún tipo de arma"[10].

En vez de ayudar a recuperar a IBM, el recorte ficticio de Akers tuvo serios efectos negativos. Preocupados porque pronto serían individuos "sobrantes", los empleados de IBM obraban en forma aprehensiva acerca de todo lo que hacían, eran más cautelosos, más conservadores, con mayor tendencia a aferrarse a las reglas y respetarlas. A comienzos de la década de 1990, la preocupación se había convertido en un miedo aterrador. Si la compañía que nunca había despedido a nadie se había trasformado para "dejar cesantes" a las personas, si los funcionarios competentes de IBM que trabajaban fuertemente se encontraban cerca del fin de sus carreras y se les estimulaba para que se retiraran, el próximo paso bien podrían ser los despidos directos de empleados recientemente contratados. Y en esa misma medida aumentó el temor. En ese entorno, las personas comenzaron a mantener sus cabezas abajo y a pensar cada vez menos en lo que era bueno para el negocio. Las reuniones parecían interminables, sin un propósito definido y las nuevas ideas eran reprobadas. Nadie deseaba asumir el riesgo de sugerir ideas que los demás pudieran vetar. "No se innovaba" afirmó un ejecutivo que, a la postre, saldría de la organización. "El empleado no deseaba hacer nada que le proporcionara una alta calificación, a menos que fuese algo realmente gratificante"[11].

A comienzos de la década de 1980, los ejecutivos de IBM intoxicados por el embriagante ambiente producido por las altas utilidades, y al sentir que la compañía no tenía otra opción más que proyectarse hacia arriba, se mostraron optimistas y predecían que el Gigante Azul sería en diez años un negocio de US$100,000 millones. A primera vista, parecía no haber una razón para cuestionar sus pronósticos. Lo que ellos no podían ver, lo que sencillamente se rehusaban a mirar, eran las señales de advertencia que se manifestaban y salían protuberantemente a la superficie: los costos fuera de control que hacían imposible que la organización fuese rentable, la aventura amorosa con los mainframes que tenía enceguecidos a todos los ejecutivos frente a las nuevas realidades del mercado, y la convicción que había funcionado muy bien para IBM en el pasado y que, se creía, automáticamente funcionaría en el futuro. Las señales de advertencia debían haber conducido a que en el futuro los ejecutivos adoptaran nuevas y diferentes rutas para IBM, forzándolos a colocar sus recursos e inventarios en líneas renovadas de productos. Sin embargo, la obcecación frente a la realidad que había impuesto el curso de acción de IBM en la década de 1980 disiparía el anhelado crecimiento. Para 1990, la compañía tuvo ingresos por sólo US$68,000 millones, cifra muy por debajo de los US$100,000 millones que los líderes de IBM habían pronosticado ingenuamente. Sin embargo, algo peor que la disminución en los ingresos fue la orientación del otrora líder de la ostentosa organización de la industria de los computadores, que se aproximaba al borde del precipicio y que pronto se sumergiría en medio del desastre.

La arrogancia puede ser fatal

"La compañía que alguna vez tuvo el control de la industria, lo había perdido en todos los aspectos".

Laura Conigliaro

La mayoría de las personas planteaban que lo que había postrado a IBM era la nociva arrogancia que había contagiado a la compañía. Era una arrogancia basada en la convicción de que los logros históricos de IBM les daban a sus empleados el derecho a creer que esta organización tenía todas las respuestas. Sabía que los productos que llevaba al mercado eran mejores que los de los demás; sabía cómo comercializarlos mejor y conocía cómo conseguir el mejor provecho de sus empleados. Cuando un reportero, en 1988, le preguntó al presidente del consejo directivo y CEO de IBM, John Akers, si no sería aconsejable que la compañía trajera gerentes con experiencia en otras empresas, alguien con nuevas perspectivas e ideas innovadoras, Akers pareció molesto e incluso se sintió ofendido ante tal insinuación. IBM, insistió, tenía el mejor sistema de reclutamiento e invertía exhaustivamente en capacitación. No había duda de que podría tener sentido buscar personas de afuera con habilidades excepcionales, reconoció él, pero la compañía siempre contrataba la mejor gente del mundo. En resumen, IBM tenía *todas* las respuestas.

John Akers era el líder más representativo de IBM. A él se le conocía como una persona recta y decidida, encantador y con suficiente confianza en sí mismo. De él se decía que poseía sólidos instintos y una firme comprensión del panorama general. Era un individuo tan autodisciplinado que un compañero de habitación en la universidad recordaba que, incluso, programaba el tiempo para ir a jugar cartas. Su día de trabajo finalizaba a las 5:30 de la tarde y nunca se le vio trabajar los fines de semana, pues reservaba tiempo para jugar golf o bridge.

John Akers nació el 28 de diciembre de 1934 en Boston. Después de graduarse en la Universidad de Yale, sirvió como funcionario en un portaaviones en la Armada de los Estados Unidos hasta cuando fue dado de baja en 1960. Muy pronto, se unió a IBM como capacitador en ventas en San Francisco. Akers llegó directamente a las posiciones de marketing en IBM, la ruta tradicional para ocupar los cargos superiores. En 1976, Akers fue nombrado vicepresidente; seis años después ocupó el cargo de vicepresidente de más alto rango. En 1983 fue elegido presidente de IBM; en febrero de 1985 se hizo al cargo de CEO, para convertirse 16 meses después en el presidente del consejo directivo.

Debido a que Akers y sus colegas habían llegado directamente a las posiciones de marketing de la compañía, consideraban que IBM debía mantenerse en constante crecimiento. Eran hombres muy cautelosos también y, de acuerdo con esto, igualmente llegaron a depender de los tradicionales recursos seguros, los mainframes, para lograr ese crecimiento. Las oportunidades de llevar exitosamente nuevos productos al mercado parecían irrazonablemente altas. Los Gigantes de acero, expresión utilizada para describir los mainframes, habían sido muy ventajosos para ellos con el paso de los años; contra viento y marea, los altos ejecutivos querían seguir haciendo énfasis en los mainframes.

La arrogancia de IBM estaba profundamente arraigada; hacía parte de la institución. Esta arrogancia impidió que los ejecutivos superiores plantearan algunas preguntas clave. ¿Depender del hardware tiene sentido en términos de los nuevos desarrollos en el entorno de los negocios? ¿ Tendría sentido para IBM desplazarse pesadamente a la dimensión de servicios, dado el reciente anhelo de los clientes de obtener ayuda ante sus necesidades relacionadas con los computadores? Pero nadie del nivel superior estaba preparado para argumentar que IBM debía darle más representación a otras líneas de producto, o se centrara más en las necesidades de los consumidores de computadores. No había un ejecutivo superior con la previsión de proponer que IBM se movilizara dentro del campo de los servicios con toda la fuerza. A veces, John Akers parecía notar, especialmente cuando él mismo sugería que IBM pronto iría hacia un cambio de paradigma, que la compañía se movería más allá de la venta exclusiva de grandes sistemas de computador, que entraría en los sistemas de software y en los servicios de consultoría. Pero esto era de labios para afuera. Nada cambió.

No era que todos estuviesen ciegos frente a los problemas de la compañía. Aquellos empleados que estaban más cerca del cliente —en los niveles bajo y medio— experimentaron que la compañía tenía que modificar sus mecanismos. Sin embargo, sus superiores no tenían ningún interés en escuchar tal herejía. "Los empleados de nivel superior sabían lo que estaba sucediendo, pero estaban aislados y miraban sólo hacia el interior de la organización", comenta Gideon Gartner, quien ha ocupado un alto cargo como observador de IBM durante varias décadas: "Había personas que sabían lo que estaba sucediendo, que se preocupaban por leer la prensa externa, que rastreaban lo que decía la gente, y que conocían todas las críticas hechas a IBM. IBM había considerado los minicomputadores como alternativa para los mainframes en la década de 1970, pero los 'minis' no habían tenido mucho impacto sobre los mainframes, como luego lo tendrían los PC durante la década de 1980. A comienzos de esa década, cuando los computadores personales comenzaron a desarrollarse exitosamente, los líderes de IBM simplemente se confiaron demasiado"[1].

¡No más adornos, por favor!

Para empeorar la situación, la cultura ultraconservadora de IBM reñía con el cambio. Era como si el espíritu de Tom Watson Sr. saludara todas las mañanas a cada empleado con estas palabras: "Hemos hecho las cosas de esta manera durante mucho tiempo, y funcionó. ¡No hay por qué perturbar la armonía!". Los ejecutivos eran premiados menos por proponer ideas que por hacer presentaciones elegantes en las reuniones. Un ejecutivo de nivel medio, de ese periodo, recordaba que cuando se hacían tales presentaciones a la alta gerencia, "era irracional ver su ansiedad por saber si sus presentaciones serían estéticamente adecuadas. Si no, el empleado sería criticado, quizá tanto más por ese hecho que por lo que se pudiera encontrar en sus ideas y el contenido. Un día estuve a punto de salirme de casillas cuando nuestro director de grupo nos dijo: 'Detengan esto. No quiero ver todos esos adornos multicolores en presentaciones costosas'. Pero no fue así. Fue una señal, en ese momento, que indicaba que esta tendencia no se detendría"[2].

Por doquier había ejecutivos superiores que intentaban hablar en pro del cambio, pero fueron ignorados casi totalmente. Carl Conti comenzó en IBM como ingeniero principiante en 1959. Antes de dejar la compañía, hacia finales de 1991, había sido ascendido a vicepresidente de alto rango y gerente general de sistemas empresariales de IBM, de los cuales la división de mainframes constituye la parte más importante. Siempre había considerado que IBM no iba tan mal como los otros sugerían. Tenía muy buenos productos y sabía cómo venderlos, pero reconocía que se había establecido cierto malestar, y que la compañía se estaba desempeñando pobremente. "Esto me generó grandes inquietudes. Con frecuencia, el negocio de los mainframes recibía en la prensa grandes reproches. Pero se estaba presentando exactamente todo lo contrario. El negocio de los mainframes tenía éxito y era rentable. Siempre hablé de la necesidad de contar con otros tipos de modelos y de vincularlos en conjunto. Asociar los diferentes tipos constituiría la capacidad exclusiva de IBM, puesto que la empresa podría desempeñarse en todo terreno. Francamente, no estábamos desempeñándonos bien. Por ejemplo, la organización nunca pudo desarrollar una estación de trabajo competitiva"[3].

¿Por qué habría una deficiencia en la ejecución? "El progreso corporativo tenía muchos problemas", recuerda Conti. "La tendencia consistía en aceptar un conjunto diferente de estándares para negocios nuevos y emergentes a los que la compañía estaba acostumbrada en los negocios actuales. Nosotros (en el negocio de los mainframes) estábamos haciendo dinero contante y sonante. Evidentemente, puedo comprender que las personas que dirigían a IBM deseasen utilizar negocios existentes altamente rentables (como la división de mainframes) para financiar los nuevos negocios. Sin embargo, ellos se habían comportado en forma testaruda y tenían una actitud terca frente a los nuevos negocios. No nos movilizamos con la rapidez y la precisión debidas"[4].

Al igual que Carl Conti, muchos empleados de IBM comprendieron la nueva realidad: sabían que la fuerza de ventas de IBM se había vuelto perezosa, dedicaba cada vez menos tiempo a lo que le correspondía: prestarle atención al cliente en su campo. (En una encuesta auspiciada por IBM, se reveló una desconcertante realidad: los representantes de ventas de la compañía le estaban dedicando sólo 30% de sus horas de trabajo a los clientes). Pero nadie consideraba que era necesario terminar con la fuerza de ventas o plantear por qué la compañía había desarrollado tal grado de indiferencia. La respuesta era obvia. Durante las décadas de 1960 y 1970, cuando parecía que la supremacía de IBM duraría para siempre, había declinado el incentivo de trabajar fuertemente. Si los ejecutivos de alto nivel se mostraban indiferentes ante el hastío creciente en los niveles más bajos, los clientes de IBM definitivamente no lo estaban, y a menudo se quejaban de que se estaba convirtiendo en una carga demasiado pesada trabajar con los representantes de IBM.

Al borde del colapso

Durante años, el nombre de IBM había sido suficiente para atraer a los clientes en grandes cantidades para que compraran los mainframes de la compañía. Incorrectamente, se supuso que así pasaría con sus PC. El personal de ventas de IBM simplemente dio por sentado que los clientes devorarían cualquier cosa que la compañía sacara de sus fábricas; sin embargo, la década de 1980 no fue igual a la de 1970; hubo muchos más productos para escoger, y forzaron al consumidor a salir de compras para obtener el mejor valor. Con tantas opciones atractivas, ya no tenían por qué comprar lo primero que el personal de ventas les recomendaba. En el pasado, aquel personal de ventas usualmente les hubiese recomendado comprar IBM. A medida que salían de compras, los clientes descubrían mejores valores dentro del mercado de computadores personales. Y optaron cada vez más por los PC de compañías como Dell, Compaq, Radio Shack, Kaypro y Apple. A medida que caía la participación de mercado de IBM en los computadores personales, John Akers y su equipo, ignorando la realidad, le imputaron la responsabilidad a todo el mundo y a todos los hechos externos que no tenían que ver con IBM. Algunas veces, la culpable era la economía norteamericana o los disturbios en Europa. Nunca se consideró la culpa de IBM. Simplemente esto no podía ser.

La década de 1980 representó para IBM el aumento de la pérdida de control. El respeto por el liderazgo de John Akers disminuía constantemente. En aquellas ocasiones en las cuales se hacían pronunciamientos en toda la corporación a través del circuito cerrado de TV, los funcionarios de IBM miraban superficialmente la pantalla, y rara vez se detenían a observar al jefe. Se mostraban despectivos sobre la "Red de Akers", como la llamaban irónicamente, debido a que el jefe parecía más ansioso por llamar la atención general que por comunicar un mensaje significativo. La imagen triste de John Akers emitida una y otra vez para infundirles ánimo por la red de vídeo —imagen que nadie observaba debidamente— parecía un símbolo idóneo para representar la declinación de la compañía. Como dijo Laura Conigliaro, gerente directiva del departamento de investigaciones de inversiones en Goldman, Sachs: "IBM se encontraba al borde del colapso definitivamente, pero no en el sentido tradicional del derrumbe financiero que conduce a una bancarrota o algo parecido; era algo igualmente calamitoso. Se trataba de la empresa que alguna vez tuvo el control de la industria y que ahora había perdido el control en todos los aspectos. Estaba siendo sacada y empujada por otras organizaciones más pequeñas. IBM no sólo carecía de dirección, sino que las acciones que emprendía dentro de la organización estaban empeorando sus condiciones. Empleaba enfoques de 'pañitos de agua tibia' para remediar diversos problemas. La gerencia rara vez parecía dar un paso atrás para tomar impulso y hacer una evaluación estratégica. La gerencia era muy sugestionable. Recibía consejos de todas partes. El último aviso o consejo era el que aceptaba. Se trataba de una ausencia total de liderazgo fuerte"[5].

John Akers se sale de casillas

John Akers continuó luchando, con la esperanza de hallar la forma de resucitar a IBM, pero cada vez se disgustaba más y se sentía más frustrado después de cada intento, y más desconsolado. En junio de 1991, en una charla hizo un comentario en un tono inusitadamente áspero: "El hecho de que estemos perdiendo participación me está sacando de casillas... Lo peor de todo es que todos ustedes se sienten muy cómodos en un momento en que los negocios están en crisis"[6]. Akers ofreció estos frustrantes comentarios ante una clase interna de gerencia en IBM, de por lo menos 50 personas, una clase a la que, se suponía, no tenían acceso los medios masivos de comunicación. Un gerente, Brent Anderson, de Canadá, opinó que toda la compañía debería saber lo que su jefe había acabado de decir, y despachó enseguida un correo electrónico a los 300,000 empleados de IBM, narrando el episodio. Peter Thonis fue miembro del *staff* de relaciones públicas de IBM durante la parte final de la década de 1980 y comienzos de la de 1990. Él recordó el impacto de las palabras de Akers en los empleados, especialmente la frase "Me está sacando de casillas". Para los empleados fue muy hiriente el hecho de haber escuchado los reproches de Akers, cuando ellos sentían que estaban trabajando muy duro. Lo que en realidad llamó la atención fue el lenguaje que había utilizado el presidente del consejo directivo para hacer llegar su mensaje. Nunca antes un ejecutivo de alto nivel se había expresado utilizando tal lenguaje vulgar e incitante, con el cual se expresó frente a un escenario público. Thomas Watson seguramente se hubiese sentido consternado. Simplemente, esto no formaba parte de esa cultura corporativa casi puritana. Los empleados pudieron sacar una sola conclusión: cuando el jefe comienza a blasfemar y a caer en ese estado colérico, es porque las cosas en realidad deben estar muy mal. Para Thonis, la presentación de Akers fue un momento definitivo para IBM, puesto que implicaba por primera vez que muchos en IBM sentían que la organización entraba en una espiral mortal. Si John Akers estaba "saliéndose de casillas" —si lucía no sólo alterado, no sólo disgustado— entonces IBM en verdad debía tener grandes problemas.

Los reparos del presidente del consejo directivo fueron una mina de oro para el periodismo. IBM había disfrutado de una imagen generalizada de no equivocarse frente a los medios de comunicación. Sus ejecutivos nunca levantaban sus voces, nunca renegaban, nunca admitían tener incertidumbres o flaquezas dentro de la compañía. "IBM tenía la imagen de madre tierna que alimenta a su bebé con un pastel de manzana"[7], recuerda Peter Thonis. "Todos se amaban. No podía haber enfrentamientos internos. Ciertamente, el presidente del consejo directivo nunca imprecaría a sus empleados". No obstante, eso era precisamente lo que sucedía en ese momento. Y la prensa logró hacerse a la historia completa. El teléfono de Thonis comenzó a sonar indefinidamente. El consejo de Thonis era aplacar a los detractores, y el hombre de las relaciones públicas urgía a Akers para que se uniera a la disputa y diera respuesta al mensaje enviado por correo electrónico (quizás utilizando un lenguaje más delicado), y luego se difundiera la declaración electrónica a la prensa. Él propuso que Akers utilizara un lenguaje más optimista, por ejemplo, algo así: "Miren, les escucho. Quiero poner en perspectiva lo que dije. Lo que quise decir es que amo esta compañía. Sólo deseo que ustedes se animen. Sé que están trabajando muy duro". Cuando Akers se dio cuenta de que los medios de comunicación sabían de sus sinceros comentarios, no quiso ventilar los problemas de IBM en público. No habría una respuesta por correo electrónico y, para los periodistas que preguntaron acerca de los reparos exactos de Akers en la clase de gerencia, Peter Thonis sólo fue autorizado para emitir apenas una respuesta no muy precisa, evasiva y en ciertos momentos engañosa: que se había presentado una charla, que había sido complicada y bien recibida por la gerencia. "No tuve conocimiento de las advertencias"[8], dijo posteriormente el hombre de relaciones públicas. Akers por su parte, no se inmutó. "Permaneció en su fortín", recuerda Thonis. "Escuchó a su personal de recursos humanos y todos dijeron que la situación se arreglaría". Pero no fue así. La revista *Business Week* publicó la noticia en primera plana, con base en la charla de Akers. No era el tipo de cubrimiento apreciado en IBM. En ese momento, el mundo entero sabía lo que realmente estaba sucediendo en el interior de IBM, lo que empeoraba aún más las cosas. "Los problemas no desaparecerían", afirma Peter Thonis. "Apenas era el comienzo del fin".

Coger el compás apropiado

Sin embargo, Akers no estaba preparado para rendirse sin luchar. El 5 de diciembre anunció un drástico programa con el que pretendía transformar la compañía. Planeaba fraccionar a IBM en pequeñas unidades (intercaladas en partes armónicamente divididas como en los tarareos de canciones famosas de blues). Prometió —como lo había hecho antes en ocasiones aparentemente incontables— que el nuevo paso redefiniría fundamentalmente la empresa, haciéndola más sensible ante los clientes y los mercados. Anunció una serie de nuevas compañías y unidades de negocios; uno de los negocios nuevos se llamaría Pennant Systems Company, el cual sería responsable del desarrollo y manufactura de impresoras con avanzadas tecnologías mundiales de IBM y del software relacionado con los servicios de impresión (un negocio de IBM valorado en US$2,000 millones); la nueva línea de negocios de productos de almacenamiento de información se responsabilizaría del desarrollo y fabricación de disquetes, cintas y productos de almacenamiento óptico de IBM y del software relacionado (un negocio de IBM valorado en US$11,000 millones). "Esperamos", afirmaba Akers, "que estos negocios más independientes produzcan mejores decisiones de inversiones, debido a que son más ágiles, más rápidos y se encuentran más cerca de los mercados que escojan servir"[9].

Sin embargo, varias semanas más tarde, cuando IBM anunció de modo titubeante sus "ganancias" del tercer trimestre (una pérdida de US$2,770 millones; los ingresos fueron de US$14,700 millones), parecía que ningún tipo de revolución podría ayudar a la compañía. En respuesta a las desalentadoras cifras, Akers anunció nuevos recortes y un castigo de los activos para el tercer trimestre valorado en US$3,300 millones. Las acciones de IBM tuvieron una baja de 52 puntos, una baja récord en 10 años.

Un desastroso 1992

Al finalizar 1991, IBM iba directo al desastre. Los últimos seis años habían sido testigos de la caída en la participación de mercado de IBM, que pasó de 30% a 19% (cada punto porcentual representaba US$3,000 millones en ingresos anuales). Con sus acciones, alrededor de US$100 la unidad, había perdido recientemente US$18,000 millones en capitalización de mercado. Aunque los ingresos habían ascendido durante los últimos cinco años, la empresa estaba creciendo a una tasa anual despreciable de 6.6%. La participación de mercado global de IBM había caído en una tercera parte, de 30% a 21%. Sus utilidades, aunque continuaban siendo más grandes que las de cualquier compañía en el mundo, seguían cayendo. En 1990, la organización había obtenido US$5,900 millones sobre US$68,900 millones en ingresos. No obstante, esa cifra de US$5,900 millones era engañosa: equivalía a 10% menos de lo que IBM había obtenido en 1984 sobre sólo US$46,000 millones en ingresos. Su retorno sobre el patrimonio de 1984 había sido de 24.9%; pero seis años más tarde fue de sólo 14.8%. Muy pocos se vieron impresionados con estas cifras. En la última lista publicada en la revista *Fortune* sobre las compañías norteamericanas más reconocidas, IBM había descendido al puesto número 32. Aunque obtuvo US$64,700 millones en ingresos en 1991, la organización había perdido US$2,860 millones ese año.

A pesar de los intentos de IBM por meter en cintura los costos en línea y reestructurar a la compañía, 1992 se había convertido en uno de los periodos más desastrosos para el gigante de los computadores. La compañía tuvo ingresos de US$64,500 millones, pero las pérdidas, que llegaron a alcanzar la cifra de US$4,970 millones, constituyeron la más grande pérdida neta en la historia de las corporaciones en Estados Unidos. Su pérdida del cuarto trimestre, de US$5,400 millones, fue mucho peor que la del cuarto trimestre de 1991, US$1,460 millones. El precio de sus acciones cayó 50%, alcanzando una baja récord en 18 años de 41.6%. John Akers y sus colegas senior se vieron forzados a hacer recortes de 40% en pagos. Lo más problemático fue el hecho de que los procesadores de mainframes de IBM y los negocios de sistemas de almacenamiento de información, una industria mundial de US$50,000 millones que había dominado por décadas, estaban registrando índices muy pobres. De cierta manera, IBM tendría que remplazar estos menguados ingresos, que habían respondido por 50% de los ingresos de la empresa y por lo menos 60% de sus utilidades. Sin embargo, las ventas de IBM para esos equipos crecieron en sólo 2% en 1992. Los ingresos de los procesadores de mainframes de IBM cayeron entre 10% y 15% en 1992, aproximadamente US$7,500 millones. Otras compañías de mainframes, mientras tanto, señalaban impresionantes ganancias sobre sus ingresos.

Para tener a Wall Street de su parte, una tarea cada vez más difícil, Akers sugirió a los analistas y reporteros que tenía un plan que redefiniría IBM. Pretendía liquidar 25,000 trabajadores; luego haría un recorte de US$1,000 millones en los presupuestos de desarrollo de los productos de la compañía; sacaría una tajada de US$1,000 millones de los gastos administrativos; y castigaría con US$6,000 millones las utilidades del cuarto trimestre de 1992, con el propósito de cubrir las liquidaciones y las ventas de activos. Los anuncios de Akers generaron cierto optimismo, debido sólo a que el presidente del consejo directivo de IBM, por fin, parecía enfrentarse como debiera al cambiante entorno de negocios. En efecto, la mayor parte de los despidos se presentaron en las unidades de los mainframes de IBM.

No obstante, mientras John Akers luchaba por enderezar a IBM, las esperanzas se marchitaban. Todo parecía abismal: la corporación que antes había representado a la industria de los computadores, ahora se encontraba entre la vida y la muerte y luchaba por su supervivencia. Y, lo peor de todo, nadie parecía tener una respuesta lista.

Los de afuera conocen más de lo que usted cree

"Observa la tortuga. Se mueve hacia delante con sólo sacar el cuello".

John Akers, a sus 59 años de edad, no quería renunciar. Sabía que apenas le quedaba un año, y que cuando tuviese 60 se vería forzado a dimitir. El retiro a los 60 era habitual por parte de todos los ejecutivos de IBM. No había por qué avergonzarse por esa razón, era normal. Simplemente no quería quedarse sin oficio. Akers deseaba desesperadamente quedarse otro año más. Sin embargo, sus ocho años de liderazgo, que databan desde 1985, habían comprobado ser un completo desastre. Era un imperio a punto de derrumbarse. Y el consejo directivo de IBM tenía que servir como chivo expiatorio de los accionistas cada vez más furiosos.

En ese momento, cuando las revistas de negocios pedían su renuncia, cuando los miembros del consejo directivo manifestaban su gran inconformidad, Akers se atrincheraba en su despacho para evitar la creciente oleada de protestas que pedía su partida. Tenía la esperanza de que eso se postergara, pero todo el mundo era sumamente consciente de que el consejo directivo se veía cada vez más perturbado ante las constantes pérdidas de dinero que desangraban la organización. Todo era muy frustrante. Él había intentado una y otra vez realizar cambios, crear una nueva IBM, pero en cada ocasión había fracasado. Las cosas parecían empeorar, no se veía ningún tipo de mejoramiento. Sabía que mientras continuasen bajando las acciones de IBM, no había posibilidades de postergar su salida.

Un enero negro

Todo comenzó a caerse a pedazos en enero de 1993, incuestionablemente el peor mes en la historia de la compañía. Las ventas, tanto de los mainframes como de los minicomputadores habían continuado declinando. El día más negro para Akers llegó el 19 de enero, cuando tuvo que anunciar que IBM había sufrido una sorprendente pérdida de US$4,970 millones en 1992, la mayor en la historia corporativa de Estados Unidos (los ingresos habían caído ligeramente hasta US$64,500 millones). Las pérdidas de IBM en 1992 prácticamente se habían duplicado con relación a lo que había sucedido el año anterior (US$2,860 millones). Cinco días después, las acciones, que habían alcanzado un tope de US$175 en 1987, se habían desplomado y tenían apenas un valor de US$49 por unidad (en el verano de 1992, habían alcanzado la marca de US$100). IBM parecía encontrarse en la espiral de la muerte y nadie parecía encontrar la manera de resucitar al paciente. El único punto en el cual los miembros del consejo directivo podían coincidir era en que John Akers tenía que irse. Cuando él accedió finalmente a los deseos del consejo directivo y renunció a su cargo como presidente de éste y como CEO, quedaba el sentimiento distintivo de un barco que se hundía en medio de un mar tormentoso.

El 26 de enero, IBM anunció que había comenzado a buscar el remplazo de Akers. El consejo directivo se dio tres meses para hallar un sucesor, y nombró un comité de siete directores externos, encabezados por James E. Burke, el presidente de la junta directiva jubilado de Johnson & Johnson, para encontrar el nuevo CEO. (Al mismo tiempo, al recalcar el punto extremo en que se encontraba su posición financiera, el consejo directivo recortó sus pagos de dividendos trimestrales para los accionistas por primera vez en la historia: pasaron de US$1.21 a apenas US$0.54).

El desafío del consejo directivo era enorme. Tendría que hallar a alguien dispuesto a asumir el cargo en un momento en que la compañía se encontraba en el peor callejón sin salida; alguien que tuviera una sólida reputación suficiente para imponer autoridad a los empleados. La tarea era atemorizante, puesto que pocos empleados estaban dispuestos a darle la bienvenida a un nuevo jefe que ciertamente llegaría a imponerle a la empresa condiciones devastadoras de austeridad, jamás antes vistas. En circunstancias comunes, el comité de selección hubiese aprobado a alguien dentro de los parámetros de IBM para el remplazo de Akers. Nunca antes el consejo directivo había llegado a una situación en que la organización tuviese que salir a buscar los servicios de un nuevo líder. Durante casi 80 años, IBM se había enorgullecido de su exclusividad y su sorprendente récord de logros, y siempre había dado por sentado que solamente alguien que conociera lo que ocurría en el interior de la compañía podría llegar a dirigirla.

Por supuesto, no se trataba de circunstancias normales. Mas allá de todas estas condiciones, IBM ofreció una lista con unos cuantos candidatos de excelente desempeño entre los cuales se podría escoger. Sin embargo, todos éstos parecían tener el defecto de haber desempeñado un rol importante de soporte durante la sombría era de Akers. Ninguno parecía poseer las credenciales para liderar la recuperación de IBM. Entre las personas que provenían del interior de la organización, la mayoría de las veces eran citados como candidatos para ocupar el alto cargo Robert J. LaBant, director de marketing de 47 años, y James A. Cannavino, quien, a la edad de 48 años, dirigía las operaciones de computadores personales y estaciones de trabajo. No obstante, el consejo directivo mostró poco entusiasmo por cualquiera de estos dos aspirantes.

La salvación, si aparecía, sería alguien externo a la organización preferiblemente un individuo que hubiese tenido gran éxito en dirigir una importante organización en Estados Unidos. Sin embargo, la idea misma de que IBM reconociera que estaba tratando de buscar por fuera parecía muy extraña. "Es razonable decir que la sangre nueva es mejor", observó en ese momento el presidente de la junta directiva de Microsoft, Bill Gates. "Pero, en verdad, me sorprendería si se seleccionara alguien de afuera. Éste no es el estilo de IBM"[1].

Mientras el comité de selección hacía su trabajo, el consejo directivo de IBM se mantenía atareado en solicitar consejo a más de 100 ejecutivos de la industria sobre un remedio para la afligida firma de computadores. Uno de ellos fue Bill Gates, presidente de la junta directiva de Microsoft y uno de los más grandes rivales de IBM. Su consejo era que la organización ciertamente debía seguir en el círculo vicioso del autoservicio: consideró que IBM debía enfocarse más intensamente en la construcción de su negocio de mainframes. Como rey del software, ciertamente no tenía interés en que IBM desarrollara un importante software que se convirtiera en rival de Microsoft; lo mejor para ésta era seguir adherida a los mainframes. Planteó que los mainframes serían más importantes en la futura industria de los computadores. Su consejo era que IBM vendiera sus negocios improductivos de computadores personales y, de igual modo, que acabara con la rentable línea de minicomputadores AS/400.

Un automóvil usado que nadie quiere conducir

La presión sobre el comité de selección era constante e intensa. Los medios de comunicación que difundían los aspectos de los negocios perseguían con agresividad la noticia sobre el sucesor de IBM, pues reportaban cualquier minucia especuladora que se presentara con relación a quién asumiría el cargo más difícil en Estados Unidos. Para mortificación del comité, que había esperado realizar su búsqueda en secreto, siempre encontró un brillante reflector de los medios, enfocado en cada uno de los posibles candidatos.

De acuerdo con los reportes de los medios de comunicación, la pequeña lista del comité era un auténtico "Quién es quién" entre los líderes de negocios de Estados Unidos: Robert M. Kauner, ejecutivo de AT&T; Ben Rosen, presidente de la junta directiva de Compaq Computer; Jack Welch, de General Electric; Bill Gates, de Microsoft; George M. C. Fisher, de Motorola; John A. Young, el ex presidente de Hewlett Packard; Ross Perot, el ex candidato presidencial; John Sculley, de Apple Computer, y Morton Meyerson, el CEO de Perot Systems. De hecho, el comité nunca pensó seriamente que podría tentar a Bill Gates para dirigir IBM. ¿Por qué el líder de negocios más exitoso de la industria de los computadores desearía abandonar a Microsoft y hacerse cargo de un tullido? Por otra parte, en gran medida se consideraba que el comité tenía menos interés en John Sculley para que se encargara del puesto en IBM, que el mismo Sculley.

Algunos candidatos, no obstante, sí fueron considerados con seriedad por parte del comité. Una de esas personas fue Lawrence Bossidy de Allied Signal. En febrero, cuando se escucharon los rumores de que se encontraba con posibilidades de ganar el puesto para remplazar a Akers, Bossidy les dijo a varios miembros del *staff* de Allied Signal que el Gigante Azul necesitaba a alguien que tuviese "35 años de edad, que conociera de computadores y se pudiese clonar a sí mismo 25 veces"[2]. En otras palabras, alguien diferente de un Bossidy de 58 años. Indudablemente, Bossidy se habría hecho cargo de IBM, pero acababa de completar exitosamente un proceso de reestructuración en Allied Signal y muy pronto iba a iniciar un esfuerzo importante para estimular el crecimiento de esa organización. Dejar a Allied, le hubiera significado igualmente sacrificar US$23 millones en acciones restringidas así como mejores opciones. El 10 de marzo, declinó la oferta.

Unos días más tarde, John Young negó que hubiese deseado que se le considerara para ocupar el cargo de IBM. A continuación se presentó el turno de George M. C. Fisher, quien negó estar interesado. John Sculley insistió ante su junta directiva que no tenía intenciones de dejar a Apple Computer aunque no había claridad en el sentido de que alguien de IBM lo estuviera presionando. Sin embargo, los reporteros, inversionistas y empleados urgían a Sculley para que cambiara de parecer. Reconoció que consideraba insoportable la presión, pero no se retractó públicamente.

El consejo directivo, evidentemente, estaba desilusionado ante la falta de interés de parte de las altas personalidades de negocios del país; y para acabar de completar, entre las pequeñas luminarias también se presentó la misma situación. Parecía que IBM, la otrora más prestigiosa compañía del mundo, tenía problemas hasta para tratar de tentar a participantes de segunda categoría para que se hicieran cargo de la organización en Armonk. Era como si IBM fuese un auto usado que nadie quería comprar.

No había un final a la vista según los rumores que se presentaban en los medios de comunicación. James Burke no divulgó detalles acerca de la búsqueda de los candidatos. El misterio entonces se intensificó. A la prensa le encantaba todo lo que estaba sucediendo. Un símbolo de Estados Unidos se estaba derrumbando. El hombre del nivel más alto había sido despedido sin ningún tipo de ceremonias. Ninguna otra empresa ofrecía tal reto para quien aceptara ese puesto. Y, sin embargo, nadie parecía querer el cargo. Por todas estas razones, los reporteros hacían todo tipo de especulaciones, lo que aumentaba la presión sobre el consejo directivo, que rápidamente se aproximaba a su autoimpuesta fecha límite del 30 de abril. La mayoría consideraba que se trataba de una decisión inminente, en consideración a que la reunión anual de la compañía se había fijado para el 26 de abril. Con seguridad, IBM deseaba anunciar un sucesor en ese momento.

Llamemos a "Abel"

Una figura de negocios que el comité de selección tenía en mente era Louis V. Gerstner, Jr., quien se desempeñaba como presidente de la junta directiva y CEO de RJR Nabisco. Evidentemente, no se encontraba en el mismo campo de juego de Jack Welch o Bill Gates, pero había tenido un impresionante récord al trasformar radicalmente varias compañías que habían pasado por tiempos difíciles. Por esa sola razón, el comité centró su atención en Gerstner. A fin de conservar el secreto de su lista de 125 candidatos, el consejo directivo se inventó varios nombres en clave. Gerstner era "Abel". Él era la primera persona por quien James Burke se había inclinado desde enero, pero en ese momento el presidente de la junta directiva de RJR parecía no mostrar ningún tipo de interés al respecto. Él le respondió a Burke cortésmente: "Eso no es para mí. Aquí donde estoy me encuentro feliz". Sin embargo, Burke no se rindió. Buscó con afán otros candidatos, pero cuando las mejores opciones quedaron a la vera del camino, Gerstner parecía constituir cada vez más la mejor alternativa.

Gerard R. Roche, presidente de la junta directiva en la firma de investigaciones ejecutivas Heidrick & Struggles, intentó probar suerte con Gerstner. En ese momento, Gerstner ya había considerado un poco más el ocupar el cargo en IBM, especialmente por representar el desafío de dirigir una compañía de tal magnitud. Dijo a sus amigos, en privado, que quizás era un reto más grande para él, por ejemplo, llegar a dirigir una corporación del tamaño de General Motors o de IBM. Pero cuando Roche lo llamó por teléfono, Gerstner se mostró indiferente o por lo menos se expresó en términos ambiguos: "Ahora no me moleste. Estoy ocupado", lo que éste interpretó sutilmente como que sólo se podrían encontrar en momentos ajenos a RJR. Roche entendió la señal. Gerstner tenía una mente abierta acerca del trabajo. Ya no iba a seguir rechazando la oportunidad directamente; ¡simplemente no deseaba mantener contactos de negocios mientras se encontrara físicamente en RJR Nabisco!

Después de terminar abruptamente la charla con Roche, Gerstner experimentó una gran motivación. La idea de dirigir una compañía como IBM, que en otros tiempos fue poderosa y ahora se encontraba en medio de circunstancias desesperadas, le daría la oportunidad de emplear las tácticas de trasformación, tácticas que había aprendido y pulido en épocas anteriores. Disfrutaba el manejo de las crisis gerenciales, tomar decisiones difíciles y asumir complejas operaciones de negocios. Él se encontraría con todo eso en IBM. Aún más, se le había considerado para el cargo en IBM en un momento ideal para él. El 10 de marzo, Gerstner podría utilizar todas las opciones accionarias que recibió en 1989 cuando se unió a RJR Nabisco. Aunque las acciones de RJR no habían crecido exorbitantemente, Gerstner podría dejar la firma con US$22.5 millones. Finalmente, IBM no era un territorio exactamente extraño para él. Su hermano Richard, de 54 años de edad, había hecho carrera en el Gigante Azul, dirigiendo las operaciones asiáticas de IBM, y luego la división de sistemas personales que fabrica computadores personales y estaciones de trabajo.

El comité de selección se encontraba ansioso por saber si Gerstner se había sentido atraído por la idea. En consecuencia, el comité esgrimió sus armas más poderosas. A comienzos de marzo, Gerstner concertó una reunión secreta de tres horas y media en una habitación en un hotel de Washington con un ejecutivo de nivel superior de IBM, arreglada por James Burke. La reunión se realizó en Washington, no sólo porque Gerstner tenía que asistir a un encuentro en esa ciudad, sino porque la capital de la nación se consideraba un lugar "seguro", lejos de las oficinas de la dirección general de IBM localizadas en Armonk. Después de salir inadvertidamente de su reunión, Gerstner lanzó enseguida una pregunta tras otra al ejecutivo de IBM. El ejecutivo respondió a cada uno de los interrogantes con franqueza, y le agregó que IBM necesitaba un tecnócrata en ese momento, no un técnico. La organización requería la presencia de un gerente, un agente de cambio. Todo eso era lo que Gerstner quería escuchar. "En la sesión", comentó Gerstner posteriormente, "a mí me convenció el hecho de que lo que se necesitaba llevar a cabo, en gran medida se encontraba en la categoría de 'manejar el cambio' "[3]. Éste era un territorio evidentemente familiar para él.

Algunos miembros del consejo directivo de IBM habían expresado sus inquietudes con respecto a que Gerstner carecía del conocimiento tecnológico para dirigir al gigante fabricante de computadores. No obstante, Burke tenía mucha confianza en la capacidad de Gerstner para manejar el cargo en IBM: "Lou era más duro que una roca. Era necesario llevar a cabo acciones difíciles y él sabía cómo hacerlo. Necesitábamos a alguien que tuviese instinto, muy capacitado y con mucho interés estratégico en su forma de pensar. Todos sabían que ése era el sello de Lou. Él piensa estratégicamente en todo. Una vez alguien tuvo la osadía de preguntarle si pensaba en términos estratégicos acerca de su perro"[4].

El hombre de las galletas y los cigarrillos

En la tercera semana de marzo, los medios masivos de comunicación dieron la primicia de que Gerstner era el firme candidato para la posición de IBM. Él, sin embargo, permaneció en silencio. Algunos creían todavía que el consejo directivo no escogería a alguien que careciera de experiencia en la industria de los computadores. Para darle a conocer el cargo al cual se vincularía, Burke proporcionó a Gerstner todo tipo de documentación, algunos materiales escritos por empleados de IBM, otros documentos elaborados por personas externas a la organización, materiales que le merecieron el siguiente gracejo: "En apariencia, IBM ofrece bastantes consejerías gratuitas"[5]. Cuando se sentó a hablar con Burke, recuerda Gerstner: "Él empezó a tratar de convencerme de que era importante para el país y la economía el hecho de que IBM recuperara la fuerza que alguna vez tuvo"[6]. En ese momento, Gerstner se dio cuenta de que ya no podía resistirse. Pero todavía necesitaba tiempo antes de hacer tan monumental jugada. Después de todo, indudablemente, era la decisión más importante en su vida de negocios. Ya había probado su temple en American Express y en RJR Nabisco. Pero podría caer de bruces en IBM. ¿Cuál sería la forma de finalizar su carrera en los negocios?

Aunque Gerstner se hacía el difícil, los miembros del consejo directivo se sentían cada vez más complacidos con la idea de que él dirigiera a la empresa. Les gustaba su historial por haber trasformado en forma radical importantes corporaciones. Les gustaba el hecho de que tuviera un conocimiento sólido del papel de la tecnología en la vida corporativa. Particularmente, les agradaba que fuera ajeno o externo a la organización. Ese solo hecho le haría ganar respeto inmediato en IBM. También era apreciado por su fiera determinación y su capacidad para hallar con precisión y rapidez soluciones a complicados problemas de negocios. Los mandos medios de IBM también se entusiasmaron con Gerstner. Jim Cannavino puso en duda el hecho de que IBM necesitara "un genio técnico para hacer que funcionara el negocio. No creo que Sculley o Gates pudieran o deseasen hacer el trabajo. Bill se mostraba muy desdeñoso por otros modelos de computadores. Apple nunca lo hizo en la comunidad de los negocios, así que escoger a Sculley no les daría confianza a los clientes. Sin embargo, Lou Gerstner, con su experiencia en American Express, más que su experiencia en galletas y cigarrillos, les había mostrado el servicio modelo para la satisfacción de los clientes"[7].

Mientras tanto, Gerstner se encontraba muy cerca de tomar esa decisión. Leyó el libro titulado *Computer Wars*. Hizo largas caminatas por la playa cerca de su casa de vacaciones localizada en la parte sur de Florida. Una frase favorita vino a su mente cuando tomaba estas caminatas: "Observa la tortuga. Se mueve hacia delante con sólo sacar el cuello". El comportamiento de la tortuga fue el que finalmente llevó a Gerstner a tomar una decisión. Le gustaba el desafío. Le encantaban los riesgos. Se consideraba a sí mismo como alguien a quien no le importaba correr riesgos o ponerse en ridículo. "Nunca he sido un individuo que juega a la fija"[8], sugirió poco después de hacerle saber al consejo directivo que se haría cargo de esa responsabilidad.

Como CEO de RJR Nabisco, Lou Gerstner presidía cada año el torneo de la Asociación de Golf Profesional de las Dinah Shore Ladies de Nabisco. En ese torneo fue donde Gerstner les comunicó a los tres socios de Kohlberg Kravis Roberts & Company, el mayor accionista de RJR, su plan de dejar la dirección de RJR Nabisco. Los tres socios —Henry R. Kravis, George R. Roberts y Paul E. Raether— utilizaron todos sus talentos de persuasión para hacer cambiar de parecer a Gerstner, pero éste ya lo había determinado.

El 24 de marzo, *Wall Street Journal* reportó que IBM planeaba nombrar a Gerstner como sucesor de John Akers. "Abel" era el dueño del cargo. Ya no era un secreto, era un hecho.

Me encanta derrotar a la competencia

"La supremacía de la idea era lo importante".

El hombre que asumió el mando de IBM en 1993 no era un desconocido en la industria de los computadores. Sus críticos intentaron describirlo como un intruso. Y hasta sus aliados se preocuparon por el hecho de que estuviera tan alejado de la industria como para poder presidir, eficazmente, al fabricante de computadores más importante del mundo. Sin embargo, parecía que se había estado preparando para el cargo en IBM, casi desde el comienzo de su vida.

Lou Gerstner nació el 1o. de marzo de 1942 en Mineola, Nueva York, situado en Long Island. Creció en circunstancias económicas favorables, ya que su padre era el gerente de tráfico de la fábrica de cerveza F & M Schaefer Corporation. Segundo de cuatro hermanos, el joven Lou enfrentó fuertes presiones de sus padres para que fuera un hombre de éxito. Su hermano Dick, dos años mayor, recuerda cómo sus padres los presionaban para que lograran la excelencia: "Desde la primera vez que recibimos las libretas de calificaciones, la pregunta era: ¿por qué no obtener los mejores promedios en todas las asignaturas? Empezaron conmigo por ser el mayor. Si las notas se daban en letras, todas tenían que ser A; si eran en números, 90 o más"[1].

El Colegio de Bachillerato Chaminade, donde estudió Lou, era tan exigente como sus padres, y menos indulgente. Los profesores acostumbraban entregar los exámenes calificados, asegurándose de decir las notas en voz alta. La disciplina era rigurosa y los estudiantes sabían que las faltas repetidas podían ser motivo de expulsión de la institución. Algunas veces, los profesores abofeteaban a los estudiantes.

En 1959, Lou se matriculó en Dartmouth y se graduó de ingeniero con honores en 1963. Ese título le serviría bastante cuando se convirtió en el jefe de IBM, ya que tendría algo en común con los miles de empleados de la empresa. En el colegio ganó una beca; Lou fue un estudiante brillante y sumamente concentrado en sus deberes. Un compañero de curso recuerda que no toleraba tonterías. Si alguien mostraba un carácter débil, Lou decía: "Ésa no es una salida muy inteligente". Si alguien afirmaba algo sin fundamento, Lou le contestaba: "Justifíquelo"[2]. No es de extrañarse, entonces, que más adelante Lou llegara a ser tan competitivo.

El *niño prodigio* como asesor

En 1963, Gerstner se matriculó en la Escuela de Negocios de Harvard, y se graduó dos años más tarde, empleándose en Mckinsey & Company, la famosa empresa de consultoría gerencial, de Nueva York. A la edad de 23 años, con una maestría en administración de negocios, era el más joven con este título que la empresa hubiera contratado. Su logro más importante consistió en acrecentar la práctica de las estrategias financieras de la empresa. La experiencia que adquirió en Mckinsey le sirvió para sembrar las semillas de algunas de las más importantes estrategias de negocios de Gerstner. Al respecto, comenta:

> Mckinsey tenía una cultura que promovía debates rigurosos sobre la respuesta correcta, sin que las discusiones generaran críticas personales. La supremacía de la idea era lo más importante, fuese del socio más joven o del socio más acreditado. La tarea consistía en plantear la respuesta correcta[3].

Algo propio de un *niño genio:* después de sólo cuatro años de estar en la empresa —en vez de lo normal, que eran seis—, a Gerstner se le ofreció ser socio de la misma. En 1968, se casó con Elizabeth Robins Link, oriunda de Danville, Virginia. Tienen dos hijos, Louis III y Elizabeth. A los 33 llegó a ser uno de los directivos más jóvenes. Se distinguió por reestructurar a la quebrada Penn Central Railway. J. McLain "Mac" Stewart, socio minoritario de la empresa, preparó a Gerstner para que asumiera el mando de American Express, la ostentosa empresa de Mckinsey, y a partir de 1970 actuaría como consejero de James D. Robinson III, nuevo presidente de la junta directiva y CEO de Amex. Gerstner y Robinson se llevaron muy bien, y el hombre de Mckinsey ayudó a diseñar el proceso de diversificación de la empresa dentro de Wall Street.

Pero al final se aburrió. Se sentía muy distante del mercado. "Me encanta derrotar a la competencia", dijo a un periodista en 1985. "Me encanta la emoción que se siente al ganar en el mercado"[4]. El 1o. de enero de 1978, Gerstner dejó la empresa consultora para asumir la vicepresidencia ejecutiva de American Express y dirigir su división de tarjetas de crédito. Puesto que Amex (American Express) había sido uno de los clientes corporativos más importantes de Mckinsey & Company, durante los últimos cinco años, él estaba bastante familiarizado con las operaciones y problemas del negocio. Sabía muy bien que su reconocida tarjeta verde (carta abierta para gastos), con gran dominio en el mercado, estaba enfrentando una fuerte competencia por parte de advenedizos participantes como Visa y Master Card, y que la división de servicios relacionados con viajes estaba perdiendo dinero. Entonces reestructuró la franquicia de las tarjetas de crédito.

En septiembre de 1979, Gerstner fue nombrado vicepresidente ejecutivo de American Express y presidente de la división de servicios relacionados con viajes. Su trabajo se centró en desarrollar los servicios para un mercado global y en satisfacer las necesidades de aquellos clientes solventes a quienes, de manera tradicional, les había llamado la atención hacer uso de la tarjeta American Express. Gracias a él, la división TRS (servicios relacionados con viajes) de American Express, se proyectó como uno de los mejores ejecutores en la década de 1980.

Al comienzo, los colegas de Amex consideraban a Gerstner una persona arrogante que lo sabía todo, y por ello eran muy fríos con él. Pero cuando su talento para los negocios se hizo patente, la indiferencia se trasformó en respeto. Creía en las sesiones donde se generaban lluvias de ideas, y en la proyección de objetivos específicos, algunas veces hasta diez o 15 a la vez. Consideraba su tarea como una manera de asegurarse de que los colegas sabían cuánto tenían que hacer para alcanzar esas metas. Se cercioraba de que ninguno tuviera una tarjeta gratuita o de descuento. Si se daba cuenta de que alguien estaba ofreciendo una tarjeta o intentaba hacer cualquier otra excepción, decía: "Ésta es una violación de la norma, y eso no va con nosotros". De esta manera, puso en práctica una de sus técnicas de negocios emergentes: "Una vez que se establezca una estrategia, nunca la violen"[5].

Las utilidades en la división TRS se incrementaron a 18% anual, y Gerstner se ganó el mérito por desarrollar nuevos productos, como la tarjeta Platino y la tarjeta Óptima, y por erigirse como el erudito conductor de la publicidad de la empresa.

¡Yo sé qué es un computador!

Más adelante, cuando asumió el mando de IBM, algunos lo "acusaron" de intruso, de no saber lo suficiente sobre computadores. La acusación en realidad no era muy precisa. Estaba bien familiarizado con la tecnología de la información. En 1980, tenía un computador en su escritorio, lo que lo convirtió en uno de los primeros ejecutivos norteamericanos que hacía uso de este artefacto (no obstante, no era un PC de IBM, ya que éstos salieron al mercado sólo dos años más tarde). Llegó a ser gran defensor de la utilización de la última tecnología en los computadores para construir ventajas competitivas. Monitoreó el crecimiento de la unidad de primeros recursos de datos de la empresa, hecho que le permitió ubicarla como el quinto mayor proveedor de servicios de computadores en Estados Unidos. Ayudó personalmente a planear y organizar magistralmente la puesta en marcha del sistema de procesamiento de datos valorado en US$250 millones, que le dio a la empresa un fuerte soporte, al proveer información sobre facturación a los comerciantes y tarjetahabientes. En el proceso, Gerstner llegó a ser uno de los clientes de IBM con más sentido común.

En 1985, fue nombrado presidente de American Express, segundo después del mando del CEO Jim Robinson, y su más probable sucesor. El historial de Gerstner era realmente admirable: había duplicado la cantidad de dinero que se empleaba en el uso de las tarjetas de crédito de American Express, había cuadruplicado el número de tarjetahabientes; duplicado las ventas de cheques viajeros, y convirtió a TRS en la división más rentable de la empresa. Durante su permanencia en el cargo, la división TRS alcanzó un promedio anual en el crecimiento de los ingresos de 18%, y un retorno promedio sobre las acciones de más de 25%. Durante los siguientes cuatro años como presidente, incrementó los ingresos netos de la organización en cerca de 66%.

A pesar de todo este éxito, o quizá debido a él, Lou Gerstner estaba pensando, en 1987, dirigir su propio negocio. Se ofreció para trabajar en United Airlines, que estaba tras la caza de un CEO, pero no lo logró por razones desconocidas.

Dos años más tarde, Gerstner demostró interés en la propuesta que le hiciera el seleccionador de personal de la firma de inversiones de Kohlberg Kravis Roberts en Wall Street, para dirigir una empresa recientemente adquirida [La compañía de comidas (pasabocas) y cigarrillos, RJR Nabisco]. En enero de 1989, Gerstner invitó a su residencia en Connecticut, Greenwich, a los socios Henry Kravis y Paul Raether, de Kohlberg Kravis Roberts. Había aceptado la propuesta y estaba listo para empezar el trabajo, pero les advirtió: "Si están buscando a alguien que les liquide la empresa, yo no soy la persona adecuada. Soy un constructor"[6]. Kravis y Raether le garantizaron que lo querían para que hiciera crecer la organización.

Con esa garantía, Gerstner aceptó ser el CEO de RJR Nabisco. Su selección había generado enorme interés en las corporaciones estadounidenses, ya que todos querían saber quién iba a remplazar al saliente CEO, F. Ross Johnson, personaje codicioso, caprichoso e imponente. Este personaje había sido la ficha clave en la historia de la empresa, escrita con detalles en el libro de gran éxito en ventas, *Barbarians at the Gate*, convertida más tarde en un drama documental de la cadena televisiva HBO, que tuvo como protagonista a James Garner en el papel de Johnson. La adquisición de la RJR por parte de la KKR, se constituyó en una de las compras apalancadas más grandes y controvertidas en la historia de las empresas. Como consecuencia de esta adquisición, a la RJR se le cargó una enorme deuda de US$25,000 millones y unos costos en intereses anuales de US$3,000 millones. Gerstner se quejó, quizá un poco hiperbólicamente, de que estuviera asumiendo bajo su mando "el empleo más difícil de Estados Unidos"[7], porque

> Abordé una empresa de US$17.000 millones, donde, de hecho, ya no existían reglas. Por instinto, y quizá hasta en forma peligrosa, impuse mi opinión sobre cómo debería manejarse una organización moderna[8].

¿Adónde vamos a largo plazo?

En sus primeros 100 días al frente de RJR Nabisco, Gerstner iba increíblemente rápido y se mostraba enérgico en la toma de decisiones. En IBM, él pondría en práctica el mismo comportamiento, mediante la estrategia de "comunicar confianza en sí mismo y demostrar liderazgo". Conformó un nuevo equipo ejecutivo con nuevos títulos; estableció nuevos sistemas de remuneración y nuevas reglas para gastos de capital. Durante su primer año en RJR, Gerstner recorrió casi 250,000 kilómetros, yendo a 20 plantas alrededor del mundo, visitando supermercados y haciéndoles preguntas difíciles a los empleados, todo esto con el objetivo de saber cómo funcionaban los negocios de comidas y cigarrillos. Parecía tener una fuerte adicción al trabajo, pero, realmente, lo que lo distinguía de los demás ejecutivos, en el desempeño de sus funciones, era su capacidad para dimensionar rápidamente los problemas y encontrar las decisiones que debían tomarse.

Gerstner y su equipo gerencial asistían mensualmente a reuniones frenéticas de todo un día en cada una de las oficinas de las tres divisiones. De manera rutinaria, hacía las preguntas clave: "¿Adónde van a largo plazo?" y "¿Deberían estar ustedes en este negocio?". Éstas eran las preguntas vitales. Él lo sabía, pero a ellos, aparentemente, antes no les habían planteado estos interrogantes, o por lo menos no les habían preguntado con tal claridad. Siempre presionaba para que los empleados de RJR Nabisco adoptaran una estrategia a largo plazo:

> Ésta era una empresa que marchaba muy bien, como un hábil ejecutor en el mercado... se contaba con buenas habilidades de marketing, fuertes habilidades para las ventas. Pero la organización necesitaba confrontar la pregunta: "¿Adónde vamos a largo plazo?"[9].

Estaba convencido de que la rentabilidad dependía de la fortaleza de una marca, y por eso se aseguró de deshacerse de artículos no llamativos, como los alimentos Chun King Chinese, y los dulces Baby Ruth y Butterfinger; se gastó dinero de marketing en cigarrillos que dieron grandes rendimientos, como las marcas Winston y Camel. Decidido a encontrar y explotar sinergias dentro de la organización, quiso que las divisiones de alimentos y cigarrillos trabajaran juntas e hicieran llamadas en conjunto a los clientes, y que se comprometieran con las promociones de marketing cooperativo, y con la investigación.

> Cuando llegué aquí, el flujo de información entre las divisiones era absolutamente nulo. La voz que gritaba en medio de la jungla era la mía, que insistía en que la cooperación podría ser constructiva[10].

Incluso, en esos primeros días de su carrera de negocios, Gerstner implantó un estilo de gerencia que molestaba a las personas. Veían en él a una persona amedrentadora. Debido a eso, no iban a demostrarle automáticamente gran lealtad. Gerstner percibió la frialdad de sus colegas e hizo grandes esfuerzos —trató de mostrar una actitud menos amedrentadora— para ganarse a sus empleados. Para obtener su apoyo, sabía que tenía que actuar con prudencia. Los empleados no iban a aceptarlo tan fácilmente junto con sus estrategias, sólo porque era el jefe. Hizo esfuerzos por disminuir las sospechas y temores, por ejemplo, visitando a los empleados en sus oficinas, en vez de llamarlos a reuniones.

Al poner en práctica las tácticas de transformación, con las que se haría famoso en IBM, logró recortar los costos mediante la eliminación de la gran demanda de la flota de jets de la empresa; se deshizo de las lujosas oficinas utilizadas por la dirección general de la empresa; redujo la gigantesca deuda de US$14,000 millones. Igualmente, impulsó nuevos productos, trabajó en nuevas iniciativas de marketing y vendió US$6,000 millones en activos, la mayor parte en negocios de alimentos. Al reducir la nómina en 3,000 empleos, de un total de 60,000, logró ahorrarse US$550 millones en costos al año. Y lo más importante, logró dar un viraje de US$1,400 millones en ingresos netos, a partir de una pérdida neta de US$1,100 millones en 1989 para obtener utilidades netas de US$299 millones en 1992.

El mago de la trasformación

En consecuencia, Gerstner no sólo sacó la empresa del profundo hueco financiero en el que se encontraba, sino que la trasformó también en una organización de primer orden. Él se estaba convirtiendo, rápidamente, en el mago de la trasformación de los negocios, un título que a él no le agradaba mucho; prefería ser identificado como un CEO que conocía la manera de hacer crecer las empresas. Incluso, en los cuatro años que pasó en RJR, recibió altas calificaciones por el manejo que le dio a la crisis gerencial y por proveer estabilidad y enfoque, en agudo contraste con su disparatado y derrochador antecesor, F. Ross Johnson. Gerstner no le temía a tomar fuertes decisiones, mientras percibiera que eran las que debía asumir para mejorar el negocio. Evitaba la microadministración. En una ocasión, se puso de acuerdo con sus mandos medios en desarrollar dentro de la empresa metas a corto y largo plazo, asumiendo la política de la no intervención directa, con la expectativa de que sus subordinados ejecutaran los planes y programas sin tener que acudir a él para pedirle en cada ocasión más consultas.

Antes y después de ser escogido para dirigir IBM, Gerstner era molestado por los escépticos que lo señalaban, con desdén, como un intruso, como alguien que no sabía nada de negocios de computadores. Sin embargo, su experiencia en RJR lo acreditaba como una persona que por lo menos conocía la manera de dirigir una empresa de gran tamaño. Más que eso, gracias a los días que pasó en RJR, estaba familiarizado con el tipo de tecnología de computadores que IBM vendía. Como antiguo cliente de IBM, gozaba de una posición especial y ventajosa que incluso los empleados internos del Gigante Azul no podían alcanzar. Sabía bastante bien lo que querían los clientes de IBM en el área de la tecnología de los computadores. Sin embargo, su mayor atractivo era otro: el ser uno de los más hábiles reorganizadores de empresas en Estados Unidos, alguien que había pasado décadas perfeccionando sus habilidades en el fino arte de liderar cambios en los negocios aquejados de muchos problemas. Mientras esto ocurría, IBM estaba necesitando en ese preciso momento un individuo que tuviera exactamente esas habilidades, las habilidades de un tecnócrata, y no las de un técnico.

PARTE II

LA SALVACIÓN DE UNA COMPAÑÍA EN MEDIO DE GRANDES DIFICULTADES

"Construiremos sobre las tradiciones (de IBM), pero no dudaremos en realizar los cambios que sean necesarios para enfrentar los desafíos de un mercado que cambia muy rápidamente".

Hay que comenzar a seleccionar lo que se pueda rescatar

"Construiremos sobre las tradiciones de IBM, pero no dudaremos en realizar los cambios que sean necesarios".

El 26 de marzo de 1993, IBM anunció que Lou Gerstner sería el nuevo presidente de su consejo directivo y CEO. Por fin, "Terminó la vigilia por el talento más ávidamente buscado en la historia de los negocios en los Estados Unidos"[2] (según *The New York Times*). Gerstner sería muy bien remunerado para que asumiera el empleo. En 1993, recibiría un salario de US$2 millones; un incentivo anual de US$1.5 millones, que dependía del desempeño económico de los negocios de IBM; la oportunidad de recibir un incentivo a largo plazo de US$500,000, que también dependía del rendimiento económico en los negocios, durante los próximos tres años; opciones de compra de 500,000 acciones de IBM al precio promedio del mercado, en la fecha de la concesión; y una prima única de transición por US$5 millones, destinada a indemnizar el valor de algunos ingresos y beneficios que Gerstner perdió por su retiro de RJR Nabisco (su salario básico sería de US$2 millones al año, más del doble del que recibió John Akers en 1992, que era de US$925,000).

Los inversionistas, de una u otra forma, reaccionaron muy poco, en uno u otro sentido, frente al nombramiento de Gerstner, puesto que las acciones de IBM crecieron US$ 0.875, es decir, aumentaron hasta US$51.37 en la Bolsa de Acciones de Nueva York (la mitad del precio que tenía nueve meses antes; y muy por debajo de US$176, el valor alcanzado en 1987). Un amigo de Gerstner dijo que el nuevo jefe de IBM sintió "un poco de temor y preocupación"[2] cuando asumió el cargo. Y, ¿por qué no lo iba a sentir? Un reportero de la *National Public Radio* dijo ese día que el puesto de IBM "puede considerarse como el más difícil de las empresas en Estados Unidos"[3]. Muy pocos cuestionaron esta afirmación, recordando que, como decían ellos, la alguna vez poderosa IBM, el motor por mucho tiempo de las corporaciones, por largos años la compañía más respetada de Estados Unidos, había perdido millones y millones de dólares durante los últimos dos años. Gerstner parecía entender, realmente, lo descomunal de su tarea:

> El reto que ellos trazaron es grandísimo. Yo no subestimo su magnitud, sino que acepto el reto con una gran determinación de triunfar. Construiremos sobre las tradiciones de IBM, pero no dudaremos en realizar los cambios que sean necesarios para enfrentar los desafíos de un mercado que cambia muy rápido[4].

¡Al menos déjenme pasar mi luna de miel!

Para muchos, la tarea de Gerstner parecía todavía más desafiante que la que enfrentaba el nuevo CEO de General Motors Corporation, John F. Smith Jr. Por lo menos, GM sabía cuál era su negocio —fabricar carros—, simplemente tenía que optimizar la producción y hacerlos más baratos. En cambio, IBM, al ver la pronunciada disminución en el negocio de mainframes, y tener que pensar en la forma de recuperar parte de la participación de mercado perdida en el área de los computadores personales, no podía argumentar con seguridad cuál era su negocio. Sin duda, su negocio era el de los computadores, pero ¿qué tipo de computadores? Algunos querían darle a Gerstner el beneficio de la duda, o al menos un periodo de luna de miel. Otros, incluso, predecían que Gerstner, si trasformaba radicalmente a IBM, podría convertirse en el nuevo héroe de los negocios. "Él es", publicó la revista *Fortune* en su edición del 19 de abril de 1993, "un hombre agudo, incluso brillante, lleno de energía, exitoso en reacondicionar la cultura de la organización".

Muchos observadores le perdonaron a Gerstner su falta de experiencia en la industria de computadores, y afirmaron que el comité de selección había actuado sabiamente, al escoger a un estratega de negocios que no teme asumir riesgos, en vez de optar por una persona experta en el área de la tecnología. Para James Burke, el hombre que dirigió la búsqueda para ese cargo, la característica más importante de Gerstner en los negocios es su convicción en la descentralización de la administración —en la garantía de que los empleados más cercanos a los clientes tomen decisiones.

Sin embargo, otros se sintieron desanimados por la selección de Gerstner. Cuando la revista *Computer World* encuestó a los 100 clientes más importantes de IBM, encontró que 51% quería a alguien que tuviera experiencia técnica para manejar al Gigante Azul; 36% creía que los conocimientos técnicos no constituían lo esencial para el cargo; y 13% no opinó. William J.

Milton Jr., analista de sistemas de Brown Brothers Harriman & Co., y quien estaba a favor de aquellos que querían un empleado extraído del interior de la organización para que asumiera el cargo, anotó: "Creo que es muy arriesgado traer a alguien ajeno a la industria. Si una empresa de computadores toma una dirección estratégica equivocada, en términos de producto, la compañía nunca podrá recuperarse"[5]. Hasta los empleados de IBM, en los niveles inferiores, manifestaron su temor. Philip Van Itallie, ingeniero de sistemas de fabricación de la planta de IBM ubicada en East Fishkill, Nueva York, no tenía comentarios favorables acerca de Gerstner: "Aquí la gente tiene la esperanza de que se busque a una persona con conocimientos en computadores, en vez de alguien que sólo haga énfasis en aspectos financieros. Sería muy bueno hallar a alguien que sepa sobre computadores y que pueda sacar a IBM de este lío. Pero eso es pura ilusión"[6].

Los editores de la publicación *Business Week* estaban satisfechos con el nombramiento de Gerstner, pero por razones muy distintas, que no tenían nada que ver con el hecho de si era o no una buena alternativa. El miércoles 24 de marzo, cuando los editores supieron de varias fuentes que él sería nombrado, rompieron la portada que habían preparado para la revista, para sustituirla por una fotografía de Gerstner, que titularon: "El nuevo jefe de IBM". La revista fue forzada a entrar en prensa el miércoles en la noche, y señaló que la selección de Gerstner estaba pendiente.

La empresa seguía en peligro. Tenía un gran saldo en rojo y se estaba yendo a pique, pues registró pérdidas por US$4,960 millones sobre unos ingresos de US$64,500 millones en 1992. En contraste con los ya idos días de gloria, la compañía había perdido la sorprendente cifra, sin precedentes, de US$15,400 millones desde 1991 hasta 1993. Entre 1990 y 1993, había desaparecido parte de los US$14,000 millones en utilidades producto de las ventas de hardware. Las ventas de mainframes cayeron 50%, entre 1991 y 1993, cerca de US$6,600 millones. IBM vendía computadores personales por un valor de US$12,000 millones, pero, increíblemente, no obtenía utilidades sobre ellos; de hecho, estaba perdiendo una fortuna.

Nadie parecía saber cuál era el problema. Lo único que se sabía era que había un serio problema, y la situación estaba empeorando. Nadie parecía saber cómo solucionarlo. Los gastos de la empresa aumentaban y se estaba perdiendo dinero. IBM tenía demasiado personal, y los esfuerzos para reducir el *staff* habían sido marginales, hasta el punto de ser casi intrascendentes. En todo caso, era una compañía de hardware sostenida por el negocio de sus mainframes. No obstante, existía la falsa sensación —era lo que parecía— de que iba a desaparecer el negocio de los mainframes. Incluso, si no desaparecía, no parecía haber mucha esperanza de que los mainframes generaran grandes utilidades, como había sucedido en el pasado. Realmente, las ventas de mainframes, durante los primeros meses de 1993, bajaron hasta 50%, y los analistas incrementaron sus estimados del valor de pérdidas de IBM en el primer trimestre, a más de US$300 millones (comparados con los US$2,500 millones en utilidades en el primer trimestre de 1992). Pocos le dieron la posibilidad de sobrevivir, al menos como la poderosa entidad que había sido durante seis décadas.

Pero ahora la empresa tenía un nuevo jefe. Su sola llegada ofrecía esperanzas de que se realizara un milagro. Él era conocido por trasformar a otros negocios. ¿Podría hacer lo mismo con IBM? Todas las miradas estaban puestas en Lou Gerstner, quien tenía en sus manos el destino de la organización más famosa del mundo. Sólo a él le correspondería decidir si IBM se levantaría o no. Unas cuantas horas después del anuncio, Gerstner dijo a *The New York Times* que no esperaran una solución rápida en IBM. "Esto va a tomar tiempo"[7], afirmó. El sólo conocer la empresa, añadió, le tomaría algunos meses.

El primer día en el cargo

El 1o. de abril, mientras se preparaba para su primer día en la oficina, algunas preguntas lo dejaron perplejo: ¿Por dónde comenzar? ¿Cuál problema trataría de resolver primero? ¿Cómo haría para que la motivación no decayera aún más, una vez introdujera las nuevas medidas de austeridad? IBM se encontraba en un estado de caos —¿cómo podría ser de otra manera?—, después de haber registrado cifras tan pobres durante 1992, y haber pasado por el proceso angustioso de encontrar un nuevo líder. ¿Cómo podría acabar Lou Gerstner con el caos? Aunque había muchos problemas que necesitaban resolverse, Gerstner se movía a un ritmo mesurado. Había aprendido tal precaución en McKinsey. Las decisiones que tomara durante esta primera fase de su permanencia en el cargo tendrían un impacto en la compañía, por lo menos, en los próximos 3 a 5 años. Quería asegurarse de realizar su labor, antes de tomar decisiones radicales. Sería una tontería comenzar como una tromba, con toda clase de pronunciamientos y cambios. Los analistas y los medios de comunicación esperaban respuestas rápidas. Pero IBM era demasiado grande y muy compleja, como para que alguien realizara muchos cambios de la noche a la mañana. Tenía una gran tradición y su cultura estaba profundamente arraigada en la mentalidad de todos sus empleados. Gerstner no tenía miedo de tomar decisiones. Procedería pero quería asegurarse de que, cuando las tomara, fueran las decisiones *correctas*.

Mientras tanto, a medida que inspeccionaba el panorama de IBM, empezaba a darse cuenta de qué tan amenazantes y generalizados eran los problemas de la empresa. Había, seguramente, unos pocos rayos de luz en el horizonte. IBM todavía dominaba en áreas como tecnología de almacenamiento de información, unidades de disquete y unidades de disco duro. Pero el verdadero reto de Gerstner consistía en encontrar la manera de controlar el descenso del otrora gran negocio de mainframes de IBM. Determinar lo que tenía que hacer con el negocio de los mainframes de IBM, se constituía en uno de sus más grandes desafíos. Y tendría que tomar decisiones dentro de los meses siguientes. Si se pretendía que la organización creciera, IBM tendría que fortalecerse en software y servicios. Estas divisiones requerían la total atención de Gerstner.

Sin embargo, antes de pensar en qué negocios debían promoverse, dónde debería invertir IBM, tendría que decidir cómo meter en cintura los enormes gastos de la compañía. Los rivales de IBM, como Apple y Compaq, percibían ingresos por empleado cerca de tres veces más que IBM. Además, los recortes parecían inevitables. El programa para despedir 25,000 empleados en 1993 estaba vigente. Por supuesto que él no lo iba a tener en cuenta. Con aquellos recortes, tendrían que irse unos 100,000 funcionarios de IBM, y quedarían 300,000. ¿Cuántos de esos 300,000 tendrían que irse también? Alguien creyó que la situación era tan desesperada que, en realidad, lo que Gerstner debería hacer era llevar a cabo un movimiento de recorte de costos más drástico y reducir otros 100,000 empleados de la nómina de IBM.

Una mente abierta

Mientras reflexionaba sobre estas difíciles decisiones, Gerstner tendría que prestar atención a uno de los asuntos más desconcertantes de todos: qué hacer con el plan de John Akers, de dividir a IBM en una serie de negocios autónomos, un plan que, esencialmente, exigía el desmembramiento de la empresa. Dividir a IBM sería quitarle a la compañía, la oportunidad de volver a su antigua gloria. No obstante, a muchos les parecía el camino más sensato que debía seguirse. Tan radical como parecía, tan destructivo como se mostraba, el plan tenía, en realidad, muchos partidarios, personas que creían que IBM se beneficiaría, en gran medida, al hacer que sus divisiones compitieran entre sí. Incluso, algunos creían que Gerstner había sido escogido para dirigir a IBM, específicamente, con el propósito de dividir la organización en aquellas entidades independientes. Tal conjetura era sencillamente equivocada. Se suponía que Gerstner ya tenía eso en su mente; que estaba a favor de la división de IBM. Lo cierto es que no había empezado a estudiar el asunto. Todavía no tenía ninguna opinión. Decidió postergar su decisión, hasta que tuviera un mejor conocimiento de cómo funcionaba toda la compañía.

Lou Gerstner se dio cuenta de que tenía que atacar la complacencia del Gigante Azul. Pero también se dio cuenta de que no podía actuar terminantemente desde el primer día, e incluso desde el primer mes; comprendió que tenía que ser prudente, conocer primero el negocio. En sus primeros meses en la dirección de IBM, empleó más de la mitad de su tiempo en viajar, para visitar las diferentes redes de la empresa. Hablaba frecuentemente con sus empleados, hasta con cien a la vez. También se reunía con los clientes y los competidores. En sus primeros meses de trabajo, planeó 25 visitas a las instalaciones de IBM en Estados Unidos; pasó una semana en Europa, otra en Japón; se sentó con los directores latinoamericanos de operaciones de IBM. En vez de tomar, como era usual, sus dos semanas de vacaciones de agosto, escogió hacer un viaje por las instalaciones de investigación de IBM. Los fines de semana no eran de descanso para Gerstner y sus subordinados. Los viernes se llevaba para su casa tres maletines de trabajo. Los domingos en la tarde, telefoneaba a sus subordinados para contarles sus opiniones sobre lo que había leído ese fin de semana. Todo este estudio puso nerviosos e incómodos a los mandos medios. "Por supuesto que se había generado mucha sospecha", recuerda Lucy Baney. "El personal estaba preocupado por su empleo. Creían que IBM perdería su patrimonio y cultura. Era claro que Gerstner planeaba cruzarse de brazos y observar, lo que motivaba sospechas debido a su inactividad"[8].

A pesar de su cautela inicial, Gerstner sí realizó algunos cambios importantes al comienzo, modificaciones que dieron a los ejecutivos senior la primera idea del autoritario estilo gerencial del nuevo hombre. Acostumbrados al "Muchas gracias", a la caballerosa y amable forma de entablar negocios que caracterizó la era de John Akers, estos ejecutivos se vieron, de pronto, frente a un CEO al que le tenía sin cuidado ser amable o caballeroso. Quería resultados. Esto era todo lo que le importaba. No toleraba nada que no entrara en esta tónica. Dada la falsa sensación de que las reuniones largas eran buenas, que realmente no importaba mucho el límite de tiempo, los ejecutivos se encontraron, de repente, con órdenes de movilización expedidas por Lou Gerstner, lo que los forzaría a producir o de lo contrario se atendrían a las consecuencias. El estilo de gerencia de Lou Gerstner no dejaba de ser sorprendentemente intimidante, ya que nadie se había dirigido a estos ejecutivos con ese mismo grado de seriedad o dureza, lo que hacía que este nuevo hombre pareciera muy exigente. Pocos ejecutivos de IBM lo admitieron en público, pero la mayoría reconocieron en privado que en aquellos primeros días tuvieron muchos momentos de preocupación, y tendrían m más en el futuro. Durante aquellos primeros días, convocó a los doce p pales gerentes de IBM al salón de juntas de Armonk, sede de la dirección general de la compañía, y les asignó una tarea: hacer una evaluación concisa y honesta de sus negocios. Pero este reporte debería ser diferente de los que acostumbraban realizar. Esta vez Gerstner les dijo muy claramente que no habría más distorsión de la verdad. Los ejecutivos ya no podrían esconderse detrás de sus múltiples condecoraciones y diplomas. Tendrían que hablar la verdad, o alguien estaría hablando muy pronto por ellos. Pidió a los gerentes que escribieran un reporte de cerca de cinco páginas, en donde respondieran las siguientes preguntas:

¿En qué negocio está usted?
¿Quiénes son sus clientes?
¿Cuál es su mercado?
¿Cuáles son sus fortalezas y debilidades?
¿Quiénes son sus principales competidores?

Gerstner les explicó también que iba a cambiar la naturaleza de las reuniones de negocios en IBM, y que pretendía revolucionar esa parte también. Las reuniones ya no se alargarían indefinidamente. Serían cortas y concisas. Y sólo serían invitados aquellos que tuvieran una razón bien definida para asistir a ellas. Los demás no tenían a qué asistir.

Todo esto era nuevo para IBM y chocaba con su vieja cultura sedentaria. En el pasado, los jefes de IBM no esperaban que sus mandos medios les informaran regularmente sobre sus negocios. John Akers, por ejemplo, creía conocer el negocio de los mainframes al derecho y al revés. Todo lo que necesitaba del director de ese negocio era una actualización de los resultados de vez en cuando. Pero eso no era suficientemente bueno para Lou Gerstner. Quería reflexionar continuamente acerca de su negocio, e incluso, lo más importante, quería que sus mandos medios pensaran acerca de sus negocios, no de vez en cuando, sino *todo* el tiempo.

Un memorando conmovedor

Gerstner sabía lo que se gestaba en la mente de los empleados de IBM: ¿Estaré trabajando en la empresa en un mes? ¿En seis meses? ¿En un año? A los cinco días de estar en el cargo, trató de garantizar a los empleados que aunque algunos sufrirían inevitablemente como consecuencia de la puesta en funcionamiento de su programa de trasformación, haría hasta lo imposible para calmar su dolor. Sabía que esto era lo que todo CEO decía cuando se preparaba para despedir a alguien; pero también sabía lo que quería decir cuando en un memorando que hizo público a todos los empleados el 6 de abril, escribió:

> Algunos de ustedes se resentirán y enojarán por ser declarados "sobrantes", después de años de lealtad, y por algunos reportes de la prensa sobre los índices de rendimiento. Soy muy consciente de que llegué en un mal momento, cuando existe un gran programa de reducción en la organización en todos los niveles. Yo sé que es doloroso para cada uno, pero todos sabemos también que esto es necesario. Lo único que puedo garantizarles es que haré todo lo que pueda para hacer que este gran dolor quede atrás tan rápido como sea posible, para que podamos empezar a mirar hacia nuestro futuro y construir nuestros negocios[9].

Envió el memorando por correo electrónico a todos los empleados de IBM. Ésta era una extraordinaria salida, con respecto a la forma como los anteriores líderes de IBM lo hubieran comunicado a sus empleados. Ya no eran las emisiones formales de televisión de John Akers, cuyos empleados habían decidido ignorar. En este caso, por primera vez, era un CEO de IBM el que enviaba un correo electrónico a toda la compañía. Esto era informal, personal, insólito y difícil de evitar. ¿Quién se atrevería a no abrir un correo electrónico escrito personalmente por el nuevo CEO de la empresa? Desde el comienzo, Gerstner trataba de romper con la tradición, para demostrar que IBM no necesitaba salirse de casillas, que la informalidad también era algo refinado.

Pocos empleados de IBM se calmarían al leer las palabras de Gerstner. Pero él sabía que no había otra elección real. Como lo señaló:

> El mensaje para la década de 1990 es que ninguna compañía, de cualquier parte del mundo, puede garantizar un empleo total. Ésa es una promesa falsa[10].

De todas maneras, sabía que tendría que abrir líneas de comunicación con el *staff*. Esperaba que la mayoría apreciara su franqueza —sí, habría más recortes— pero también esperaba que los empleados que sobrevivieran a estos procesos de reducción comenzaran a sentir que habían empezado a doblar la esquina. Todo esto también lo llevaría a prometer que después de que terminaran estos recortes, ya no habría más apretones. Los sobrevivientes podrían empezar a sentir que sus empleos estaban asegurados por un largo tiempo. Podrían volver a trabajar sin sospechas y sin ningún tipo de preocupaciones infundadas. ¿Qué tan rápido podría comenzar a actuar? En ese momento no lo sabía. Pero había decidido que después de tener que llevar a cabo en forma inevitable el programa de reducción de la organización en todos los niveles, el cual se realizaría por una sola vez, "... podremos decirles a los clientes, empleados y accionistas que no estamos aquí sólo para sacar provecho personal inmediato. Nosotros conseguiremos que esta mala experiencia quede atrás"[11].

Acabar con la tortura china de la lenta agonía

"Debemos concentrarnos en los clientes y no en nuestros procedimientos y discusiones internas".

Durante sus primeras semanas de trabajo, Gerstner recogió de diversas fuentes información sobre la empresa: de sus mandos medios, del personal de productos y de analistas financieros. Cuando los analistas financieros revelaron su documentación, naturalmente deseaban averiguar si Gerstner estaba planeando dividir a IBM. Ése fue el punto más álgido en sus agendas, y ahora tenían la oportunidad de preguntarle directamente. Pero el rostro inexpresivo de Gerstner no lo delató. Al contrario, reprendió a algunos de los que le hacían preguntas por concentrarse demasiado en lo que él llamaba los "sondeos internos" de IBM. Deberían preocuparse más por el desempeño de la compañía que por la reestructuración. Siempre que se le preguntaba cuál era el tipo de visión estratégica que tenía para IBM, no era explícito; su única visión, insistía, era hacer de IBM una organización consistentemente lucrativa.

Sam Albert trabajó para IBM de 1959 a 1989, 18 de los cuales se desempeñó como gerente y director de la industria de lo que él llama las industrias de "apalancamiento": las consultorías, las CPA (servicios de contaduría pública certificada), las asesorías jurídicas y la industria de servicios de computadores. En los últimos años, ha sido analista en la industria de la tecnología de la información y asesor de gestión empresarial. En la primera visita que le hiciera a Gerstner, Albert se sentó en uno de los dos sofás contiguos ubicados frente al gran escritorio del jefe de IBM. En el otro costado de la oficina había un escritorio y Albert sintió como si estuviera sentado en una oficina del tamaño de un campo de fútbol. Gerstner llegó y se acomodó en el otro extremo del sofá frente a Albert. "Gerstner fue directo a las preguntas", recuerda Albert.

"Tomó cinco páginas de apuntes: lo supe porque las conté mientras pasaba las hojas. Era el mejor oyente que hubiera tenido frente a mí"[1]. Gerstner estaba ansioso por saber si Albert sentía que IBM podría mantener un fuerte negocio de mainframes. ¿El System 390, el mainframe más poderoso de IBM, ahora obsoleto, iría a parar a un museo?, le preguntó a Albert. No, le contestó; si bien los ingresos de los mainframes estaban disminuyendo, la gente no los estaba arrojando al bote de la basura. Gerstner le replicó entonces a Albert: "En lo que he leído, usted nunca dice nada sobre nuestros productos. ¿Qué piensa sobre los productos de IBM?". Albert contestó que a los clientes les importan las soluciones. Ellos no están interesados en "lecturas, procesadores o velocidades". Gerstner sonrió y dijo que sentía lo mismo sobre las necesidades de los clientes. Lo que los clientes pedían era soluciones.

Cuando el analista Steve Milunovich, quien trabajaba para Merrill Lynch, sostuvo su primera reunión con Gerstner, el jefe de IBM le dio a entender que tenía toda la intención de mantener intacta la organización. "El hecho de ser un gorila de 600 libras tiene sus ventajas", le dijo Gerstner al analista. "El alcance global y el cubrimiento de los productos de IBM son aspectos tremendamente positivos"[2].

Trataba de leer tanto como fuera posible sobre IBM. En la noche miraba los mensajes por correo electrónico del día, puesto que llegaban miles de cartas en aquellas primeras semanas. No pedía a los empleados de la firma que manifestaran sus pensamientos. No necesitaba nada de eso. Los funcionarios de IBM tenían muchas cosas en sus mentes: la mayoría animaba al nuevo jefe y muchos le hacían sugerencias específicas, como, por ejemplo, dividir la compañía, mantenerla compacta, adquirir ésta o aquella empresa. Al intercambiar tantos consejos y opiniones, resultaba una propuesta común: actuar rápidamente. IBM había pasado por muchos "ajustes". Sencillamente, esta situación no podía seguir así. Se requería una acción rápida ahora o nunca.

Las cifras del primer trimestre de 1993 mostraban que IBM había perdido US$285 millones, mientras los ingresos por ventas de mainframes de la organización seguían bajando y los esfuerzos de reducción de costos contribuían muy poco. Los ingresos totales cayeron 7%, es decir, a US$13,100 millones; la sola venta de equipos cayó 19.4%, es decir, a US$5,700 millones. El negocio de los computadores personales, que había perdido un monto estimado en US$1,000 millones en 1992, fue rentable durante el primer trimestre. La buena noticia era que el negocio de servicios de IBM había crecido, en forma impresionante, 48%, es decir, a US$1,900 millones.

Acciones que aceleran la llegada de la vejez

Cuando Gerstner llevaba apenas 26 días de estar en el cargo, se celebró en Tampa, Florida, la asamblea anual de accionistas de IBM. Aún estaba disfrutando de su luna de miel y en ese momento no se podía esperar que aceptara la responsabilidad o censura por los continuos problemas de IBM. Y, por tanto, las 2,300 personas que asistieron a la sesión no lanzaron agravios contra el nuevo CEO. Al contrario, dirigieron sus duras palabras al consejo directivo, que fue fustigado por la caída de 50% de las acciones, desde el verano anterior. Las acciones cerraron apenas en US$48 la unidad en ese día (seis años antes se había negociado en US$175). El pronunciado recorte en los dividendos, desde el mes de enero anterior, era obviamente deplorable para los asistentes. "Las acciones de IBM ya no aseguran el bienestar para la vejez", dijo el accionista Bill Steiner, quien tenía 1,000 acciones. "Sin embargo, ciertamente esto apresura su llegada"[3]. Esta rápida e ingeniosa observación generó sonoras carcajadas entre la multitud. Evitando dar detalles, Gerstner insistió: "Ustedes no pueden esperar que haya arreglos rápidos". Sólo podría prometer que cuando llegaran las nuevas medidas de austeridad, éstas actuarían como una poderosa medicina.

> Las medidas que tomemos no serán cautelosas, sino audaces, para progresar con rapidez... Trataremos arduamente de hacer que esta compañía tenga la forma adecuada para la industria competitiva en la cual nos encontramos... Quiero que todo esto quede atrás, para que podamos decirles a los funcionarios de IBM que queden en sus cargos: "Ustedes son el equipo que necesitamos. Ahora, adelante".

En ese instante, Gerstner se dio cuenta cuánto habían sufrido los accionistas, debido a los problemas de IBM. "Y ahora, como presidente del consejo directivo, hago parte de la organización, y mi propósito es hacer algo por ella". Luego estableció cuatro objetivos que planeaba alcanzar en 1993:

- Reducir IBM a un tamaño más eficiente
- Desarrollar una estrategia que aclare en qué negocios se centrará la empresa
- Descentralizar la toma de decisiones
- Ocuparse más de los clientes de IBM

Gerstner parecía inclinarse más hacia la opción de mantener compacta la organización, a pesar de los enormes apremios de los accionistas y de los consejos que le daban los analistas financieros y los medios masivos de comunicación. En la asamblea de Tampa, Ralph Whitworth, presidente de la unión de accionistas de los Estados Unidos, dijo: "Hay dos o tres compañías de US$10,000 o US$12,000 millones que están en grandes dificultades, y no necesariamente tienen que estar bajo el mismo techo". "Gerstner respondió que para él tenía poco sentido "lanzar una granada de fragmentación" a la empresa y "atomizarla".

A comienzos de julio, Gerstner había dado pocas luces sobre lo que planeaba hacer para reformar IBM. El programa de compras iniciado por John Akers estaba perdiendo fuerza paulatinamente, y los cálculos eran que unos 50,000 empleados habían optado por aceptar la propuesta de cesantía. Wall Street mostraba paciencia, pues reconocía que Gerstner tenía mucho que aprender antes de imponer sus propios programas a la organización. Las acciones se mantenían alrededor de US$50. Casi todos pronosticaron una nueva serie de recortes, especialmente en el manejo de soluciones de los mainframes. La acción más decisiva de Gerstner, en aquellos primeros días, fue reunir un nuevo equipo de gerencia, lleno de talento y experiencia práctica en asuntos concretos: ningún nombramiento fue tan importante como el del cargo de CFO (Chief Financial Officer), en la persona de Jerome B. York, quien venía de Chrysler Corporation, donde había ocupado el mismo cargo y había ayudado a reestructurar al fabricante de automóviles. Como Gerstner, York tenía una fuerte personalidad, y cuando llegó el momento de reducir la nómina de IBM, desempeñó un papel fundamental en asegurarse de que el programa de despidos marchara sin dificultades. Algunas veces se dijo que Gerstner debía mucho de su éxito al trabajo duro de Jerry York.

Con el propósito de generar lealtad en los 1,200 empleados de IBM justo por debajo del nivel de los altos ejecutivos, Gerstner puso en funcionamiento un nuevo plan opcional de acciones. El nuevo plan les permitía comprar acciones a un precio fijo predeterminado, aun cuando subiera el precio en el mercado; con el nuevo plan, los altos ejecutivos podrían remplazar sus viejas opciones utilizables a los precios más altos entre US$89 y US$169 la unidad (ahora desvalorizadas debido a la caída de las acciones) por las nuevas utilizables a los precios más bajos de US$47.88. Entusiasmado por la posibilidad de mantener a los empleados, Gerstner habló detenidamente sobre el nuevo esquema:

> En este preciso momento, los competidores están en pos del talento de mi personal. Eso lo sabemos. Algunos de ellos tienen listas de nuestra gente clave. Van a seleccio-

> narlos. Yo no estaba aquí cuando las acciones cayeron a US$45, sin embargo, mi deber con los accionistas es revertir esta tendencia. Tengo que trabajar con lo que hay: un grupo de empleados que no tienen, en absoluto, ningún incentivo para estar aquí, debido a que ahora cada una de las opciones accionarias está por debajo de cualquier posibilidad razonable. El nuevo programa es muy poco común. No conozco otro como éste. Ustedes no conseguirán un trueque mano a mano. En promedio, tienen que convertir 2½ opciones de las antiguas por una nueva[5].

Los empleados de IBM tenían que entregar diez opciones de las más antiguas para recibir una nueva. Estas opciones accionarias tendrían diferentes programas de adjudicación, comparadas con las anteriores opciones de IBM. Un empleado tendría que permanecer dos años para que se le diera participación en cualquiera de las nuevas opciones, y cuatro para que se le adjudicaran totalmente.

> En otras palabras, los estoy reteniendo para que formen parte del nuevo equipo. Igualmente, las acciones deben incrementarse 50%, a partir del precio fijado el 23 de abril de 1993, cotizarse y permanecer en ese promedio durante 30 días, antes de que se adjudiquen las opciones. Los accionistas tienen que percibir un aumento significativo en el precio, antes de adjudicarles cualquiera de ellas.

No se trata de cortar por cortar

En el verano de 1993, Lou Gerstner, una vez terminada la revisión de la empresa, estaba listo para tomar sus primeras medidas en la reorganización de IBM. Mientras tanto, los expertos en computación y los grandes inversionistas trataban de discernir en qué se movería Gerstner, pero ninguno podía descifrar el código. Las ambigüedades de Gerstner y sus vagas afirmaciones sólo despertaban interés. Parecía como si todo el mundo estuviera sintonizado con la historia de Lou Gerstner, y cada uno quisiera adelantársele al guión.

Finalmente, a fines de julio, Gerstner actuó. IBM anunció el 27 de julio que reduciría 35,000 empleos en lo que se esperaba sería el esfuerzo final para recortar su nómina en todo el mundo. La mayoría de los recortes se harían fuera de los Estados Unidos. Ese mismo día, a las diez de la mañana, Gerstner hizo el anuncio en un programa en directo por el sistema de circuito cerrado de televisión de la organización. Una hora más tarde daría una rueda de prensa en la ciudad de Nueva York, emitida también en directo a los empleados. Recibió el reconocimiento por informar primero a los empleados sobre los nuevos movimientos de austeridad; en regímenes anteriores, los empleados parecían ser los últimos en saberlo. Gerstner observó que "los empleados de esta compañía han soportado una carga increíble en los últimos años. No obstante, tenemos que dejar atrás toda esta tortura china de la lenta agonía por la que hemos estado pasando". En un memorando dirigido a los empleados el mismo día observó, con un sentido de orgullo, la forma como se había tomado la decisión:

> Hacer reducciones parte por parte, trimestre por trimestre, como lo hemos venido haciendo durante los últimos dos años, es injusto y extenuante. Genera ansiedad en todos los empleados e incertidumbre en muchos de nuestros clientes.

En una extraña nota personal, admitió que las acciones que acababa de emprender "en verdad, me han tenido despierto durante toda la noche".

El proceso de reducción a todo nivel de la empresa fue diseñado, escribió en un memorando ese 27 de julio, para hacer más rentable a IBM.

> No estamos generando ninguna ganancia para reinvertir en el futuro de nuestros negocios. Y esto es crítico porque sin fondos para invertir —en tecnología, en el personal, en nuevos mercados—, en verdad, no hay futuro para ninguno de nosotros en IBM. La rentabilidad genera estabilidad, la estabilidad trae crecimiento, y el crecimiento brinda la seguridad y el bienestar que todos queremos.

Su meta, añadió, era hacer de IBM "la organización más exitosa del mundo. Alguna vez lo fue y estoy convencido de que lo será otra vez".

De ese memorando puede deducirse que Gerstner había aprendido de las numerosas conversaciones sostenidas en los cuatro meses anteriores, que sentía que había muchos más aciertos que equivocaciones en IBM; que las debilidades de la compañía podrían superarse mediante sus fortalezas, específicamente, que la envergadura y alcance global le daban a IBM una insuperable ventaja competitiva. Sabía precisamente lo que tenía que hacer: "... necesitamos dejar atrás los problemas y empezar a concentrarnos, de nuevo, en el crecimiento".

Al hacer eco de estos sentimientos, Jim Cannavino, quien fuera vicepresidente de alto nivel en IBM de la división de estrategia y desarrollo hasta 1995, anotó que "en el pasado, IBM había sacado 80% de sus recursos, antes de que llegara Gerstner; sin embargo, esto se había convertido más en una tortura china que en un movimiento radical. Gerstner lo superó rápidamente; él lo hizo posible. Cuando se acabaron los recortes, dijo a sus empleados: 'Ahora sus trabajos dependen de su desempeño' "[6].

Si se mira hacia el pasado, a Gerstner le hubiera gustado hacer movimientos más rápidos. Sin embargo, nunca tuvo otras ideas concretas sobre las medidas de austeridad: "Teníamos serios problemas financieros. De hecho, financieramente ése fue el peor año de nuestra orgullosa historia. Nadie sufrió más que nuestros empleados, quienes estaban atónitos. Para los demás —clientes, accionistas, proveedores, analistas— ésta era una alerta roja".

De un tope de 406,000 empleados en 1986, la población laboral en la organización bajó a 301,000 en enero de 1993, con la expectativa de que se reduciría otro 25%, es decir, quedarían 255,000 hacia finales de ese año; y 225,000 hacia finales de 1994. Al mismo tiempo, IBM anunciaba otras malas noticias en su panorama de ganancias —una increíble pérdida de US$8,000 millones en el segundo trimestre de 1993—, asociadas a su enorme cuenta por concepto de reestructuración de US$8,900 millones, a fin de pagar las indemnizaciones a los empleados y la reducción de espacio en las oficinas. Éstos eran los impactos financieros más grandes en la historia corporativa de los Estados Unidos. Sin la cuenta por reestructuración, IBM reportó una pérdida en el segundo trimestre de US$40 millones sobre ingresos de US$15,500 millones. En el mismo trimestre de 1992, IBM reportó utilidades de US$734 millones sobre ingresos de US$16,200 millones. (Los despidos y el correspondiente cierre de plantas llevaron a una pérdida de US$8,100 millones en 1993, la más grande en la historia de IBM).

Wall Street aplaude

Wall Street estaba satisfecha con los movimientos de reducción de costos, y las acciones de IBM cerraron el 28 de julio a US$45.62, es decir, se habían incrementado en más de US$3. Bajaron a US$44.50 el fin de semana, y dos semanas más tarde, descendieron a la cifra, sin precedentes, de US$40.62. (En 1991, las acciones de IBM se vendían a más de US$135). A Wall Street le gustaba el hecho de que Gerstner siguiera adelante, con audacia, que hubiera emprendido la tradicional depuración financiera, lo que le permitiría moverse rápidamente hacia el proceso establecido de reconstrucción. Durante mucho tiempo, los analistas insinuaban que IBM había estado asumiendo gastos trimestre tras trimestre, año tras año, y que reaccionaba frente a los cambios en el mercado, en vez de dedicarse a dominar esos cambios.

Sin embargo, los mismos analistas financieros planteaban que Gerstner no podría completar el proceso de trasformación en IBM reduciendo simplemente los costos; tenía que determinar no sólo cómo reducir los gastos (y de este modo incentivar las ganancias), sino que debía hacer que la organización creciera. Así que, esa tarde, cuando los analistas se reunieron con Gerstner, lo presionaron para que les diera detalles específicos; pero él se mostraba renuente a entrar en detalles. En una conferencia de prensa se mostró pujante, dinámico y optimista, y trató de hacer a un lado la idea de que podía dar respuesta a todos los problemas de IBM de una sola vez.

> Se han generado muchas preguntas al respecto. Por ejemplo, cuándo voy a trasmitir la visión de IBM, y me gustaría decir que lo último que IBM necesita es contar con una visión. Lo que se necesita son estrategias realistas y muy efectivas para cada uno de sus negocios.

Su meta por el momento, sostuvo, era contener las pérdidas de la empresa, restablecer la moral de la organización y recuperar el prestigio de IBM con sus clientes, e introducir una agresiva política de precios para los computadores personales y los mainframes.

Al mismo tiempo, su afirmación de que IBM no necesitaba una visión irritó a los analistas financieros que pensaban que era *precisamente* de una visión clara de lo que carecía la organización. En el momento que buscaban indicios de que ahora IBM se encontraba en manos de un líder fuerte, él daba la impresión de ser débil e indeciso.

Durante los cuatro meses anteriores, estos analistas le habían dado a Gerstner el beneficio de la duda. Habían esperado pacientemente, para que elaborara sus planes de recuperación de la compañía y, hasta el momento, sólo había puesto en acción medidas para la reducción de gastos. Querían saber cómo planeaba reconstruir la empresa, y hasta el momento, no lo había cumplido.

Estructurar la mínima burocracia de IBM

Seis semanas más tarde, el 13 de septiembre, Gerstner declaró oficialmente lo que habían sido, en gran medida, las políticas de la organización desde que asumió el mando en abril: que estaba conservando intacta a IBM y descartaría el programa de John Akers de dividir la compañía en unidades independientes. Esta decisión la anunció en una carta de tres páginas que envió a los empleados de IBM, y que comenzaba así: "Queridos colegas".

> He llegado a la firme conclusión de que la descentralización *versus* la centralización no constituye nuestro dilema organizacional más importante. Al contrario, lo es la relación laboral que atraviesan nuestras unidades operativas[7].

Indudablemente, era el paso más importante de Gerstner —y el más controvertido— para la reinvención de IBM. Muchos observadores seguían convencidos de que Akers había estado en el sendero correcto, que había tenido sentido que IBM funcionara como un todo cuando el punto esencial del negocio eran los mainframes, con sus ciclos de tiempo menores y una base de clientes más firme; pero ahora que los computadores personales no tenían rival, cuando podía medirse la vida de los computadores en meses e incluso en semanas, cuando la competencia era feroz, debido a los diversos productos que la industria estaba manufacturando, tendría mucho más sentido que las unidades de IBM compitieran entre sí.

En esa misma carta, comenzó a formular las bases del énfasis renovado en los clientes de IBM. Lo que la empresa necesitaba llevar a cabo, escribió, era "concentrarse en los clientes y no en nuestros procedimientos y discusiones internas, incluidos nuestros productos y, especialmente, haciendo que éstos se comercialicen más rápido". También era necesario "crear una nueva actitud en la que los clientes estén en primer lugar, IBM en segundo y los negocios individuales en el tercero".

Había sostenido numerosas conversaciones con los clientes de IBM durante los meses anteriores, y más de un consumidor le había recalcado el deseo de negociar con la persona encargada de las ventas de IBM, en vez de tener que tratar con una gran cantidad de ellos. Gerstner tomó en serio ésta y otras sugerencias. Tom Watson Sr. le había dado prioridad al cliente. Por esa razón, Gerstner creía sinceramente que no conducía a la organización a una revolución; sencillamente, seguía las huellas de su fundador.

Para mejorar las relaciones laborales con las unidades operativas de la organización, Gerstner anunció la creación de un comité ejecutivo de la compañía de once miembros, que lo conformarían diez mandos medios y él mismo. El objetivo de este nuevo comité consistía en reducir la repetición de funciones y la burocracia. El comité formaría una oficina corporativa y cada uno de los diez ejecutivos tendría como foco principal los resultados totales de la empresa, no el rendimiento individual de las unidades. No escapó a la atención de los observadores de IBM que, al hacer la selección del nuevo comité, Gerstner mostrara que confiaba en los ejecutivos veteranos de la compañía, y no en aquellos que venían de afuera. Los ejecutivos recibirían sus bonificaciones, que se basaban no en sus desempeños individuales, sino en los resultados totales de IBM. Formó otro nuevo grupo al que llamó "consejo mundial de administración", que lo conformarían 35 ejecutivos de diversos grupos de IBM, y que se reunirían en sesiones de dos días, cuatro o cinco veces al año, para discutir las iniciativas a todo lo ancho de la organización.

Gerstner quería garantizar a todos que no se estaba adhiriendo a la burocracia, y que el nuevo comité ejecutivo de la compañía no sería otro nivel de la gerencia operativa: los presupuestos y planes estratégicos serían manejados en el nivel de las unidades de operaciones. No funcionaría como un comité de revisión de operaciones; la principal responsabilidad en el desempeño de las operaciones recaería sobre las unidades de productos y marketing de la empresa. "La atención se centrará, únicamente, sobre políticas de resultados que incluyan diversas unidades", escribió Gerstner.

Según escribió, los cambios que explicó el 13 de septiembre iban dirigidos a

> mantener las unidades de negocios receptivas, descentralizadas y, al mismo tiempo, coordinar los recursos esenciales y las soluciones para los clientes a través de las unidades. Creo que estos cambios, con el paso del tiempo, harán más eficiente nuestra toma de decisiones, acelerarán nuestra capacidad de respuesta al mercado y, quizá lo más importante, incrementarán las relaciones con nuestros clientes.

Los medios de comunicación y los analistas financieros, todavía presionaban fuertemente para obtener un pequeño indicio de la gran visión de Gerstner. ¿Cómo percibirá a largo plazo al gigantesco fabricante de computadores? ¿En qué productos haría énfasis la compañía? ¿La organización seguiría siendo un importante productor de hardware, especialmente de mainframes? ¿O ya no se concentraría más en estas máquinas? (IBM nunca había considerado la posibilidad de deshacerse por completo de los mainframes). ¿Gerstner daría especial énfasis a los computadores personales y su software concurrente, tratando de este modo de ir a la par con los clones de IBM que habían aparecido en la década de 1980? ¿Podría llevar a la organización más allá de los servicios y soluciones, para darle a la producción real de computadores un enfoque de respaldo que otras compañías habían comenzado a seguir? Tales interrogantes quedaron sin respuesta casi en su totalidad en aquellos meses finales de 1993, aunque pocos dudaban que planeaba responderlas muy pronto.

La estrategia parece buena

"El problema de IBM ya no es su supervivencia... ahora el problema es ver si puede crecer".

A los seis meses de estar en el cargo, Lou Gerstner, seguía siendo el Señor Tradicionalista. Con Wall Street acosándole para que hubiese una mejora rápida, sabía que lo único que podía esperar ese año era dirigir mejor a IBM: manejar la organización de tal modo que funcionara eficientemente, mientras equilibraba los costos. No podía hacer crecer las diferentes divisiones de la noche a la mañana; los cambios que había planeado realizar en la línea de productos se demorarían, quizá dos o tres años, para aportar resultados sólidos. No obstante, los analistas financieros de Wall Street se estaban impacientando. Habían sido testigos del empeoramiento de IBM en la década anterior, y supusieron que la contratación de Lou Gerstner significaría una rápida trasformación de la organización. Por supuesto, estaban equivocados; sin embargo, todavía conformaban un antipático grupo de presión, que nunca dejó tranquilo a Gerstner.

Mientras tanto, cada tres meses IBM tenía que rendir cuentas de sus finanzas, y a finales de octubre de 1993 estuvo lista para anunciar los resultados de su tercer trimestre. Wall Street, que siempre se había anticipado apasionadamente a los resultados de IBM, esta vez se mostraba mucho más frenética; después de todo, Gerstner había estado en el cargo durante medio año y las cifras podrían dar una pista sobre cómo lo estaba haciendo.

Las expectativas de los analistas eran que las pérdidas continuarían siendo grandes. Para sorpresa de casi todos, la compañía reportó una modesta pérdida de "sólo" US$48 millones, la cual era menos de un tercio de los US$160 millones que los analistas habían pronosticado. Sumando los US$22 millones que desembolsó para los accionistas privilegiados, la pérdida de la empresa ascendió a US$70 millones. De igual forma, los analistas creían que los ingresos trimestrales caerían, pero éstos continuaron firmes en US$14,700 millones, un poco más altos que los del mismo trimestre del año anterior. Con base en esas "buenas" noticias, las acciones de IBM crecieron en US$1.37, a US$46.25. Los líderes de IBM sabían que era muy prematuro para comenzar a celebrar. Todo lo que dijo Gerstner, era que la organización parecía estar en "la senda correcta". Jerry York, el CFO, también se mostraba prudente: "Un trimestre no constituye una trasformación", dijo ceremoniosamente, "no obstante, al menos, algunos intereses se están moviendo en la dirección correcta".

Una vez más, la máxima estrella era el negocio de los servicios de la organización, los cuales crecieron 27% en el tercer trimestre, con ingresos de US$2,300 millones. Aunque las ventas de computadores personales continuaban fuertes, sus bajos márgenes de ganancias impedían obtener mayores utilidades. Los ingresos por concepto de hardware disminuyeron, así como los del software.

Aunque Gerstner había prometido mantener compacta a IBM, no descartaba la posibilidad de rematar ciertos negocios que no encajaban en su estrategia de reducción de costos. Muchos cargos federales recibían determinadas concesiones con base en un "costo más un tanto por ciento", que consistía en que una empresa reunía una cantidad fija predeterminada de ganancias, las cuales se basaban en un porcentaje de los costos. Independientemente de la cantidad de costos que se redujeran, las utilidades no se incrementarían, puesto que el gobierno había establecido un tope sobre las utilidades. Entonces, no constituía una sorpresa que IBM comenzara a pensar en la posibilidad de vender, a comienzos de noviembre, toda su división federal de contrataciones, unidad encargada de vender computadores y componentes electrónicos a agencias militares y civiles del gobierno federal. Con sede en Bethesda, Maryland, las operaciones de esta división registraron ventas por US$2,200 millones en 1992. La venta de la unidad tenía sentido si sólo se debía a los recortes en los gastos federales, con ocasión del fin de la Guerra Fría. Se suponía que IBM recibiría entre US$750 y US$1,000 millones por la venta. Algunos analistas se preguntaban por qué Gerstner quería deshacerse de uno de los pocos negocios rentables de IBM. En 1993, este negocio aportó US$153 millones al balance final de IBM.

Luego, el 13 de diciembre, se anunció que IBM había tomado la determinación de vender la división de sistemas federales por un monto de US$1,575 millones en efectivo a una organización de defensa con sede en Nueva York, que estaba proyectando un rápido crecimiento y cuyo nombre era Loral. Para Gerstner, tal proceso de reingeniería constituía quizá la parte más fácil de lo que tenía que hacer:

Nuestra primera tarea consistía en atacar los problemas críticos: nuestra incompetente estructura de costos, las ineficiencias y estrategias no consumadas que estaban acabando con las utilidades, y los productos que no representaban ninguna competitividad. Francamente, tomar la decisión de solucionar estos problemas no era difícil. Estaba muy claro lo que se tenía que llevar a cabo[1].

Ahí va la colección de arte

La venta de los sistemas federales dejó huella como el primer y principal esfuerzo de Gerstner por deshacerse de los activos no rentables; sin embargo, ésta no era, de ninguna manera, la última medida que iba a tomar. Entonces tomó la determinación de vender todo lo que no aportara nada significativo al concepto esencial del negocio de IBM, incluidas las 350 pinturas de la colección de arte, valoradas en US$25 millones, la cual fue iniciada por su fundador Thomas Watson Sr. en 1937. También vendería el rascacielos de 43 pisos de la calle 57, localizado en el centro de Manhattan, en US$200 millones (IBM arrendaría algunas oficinas del edificio), y, así mismo, el complejo industrial de 556 acres de Boca Ratón, Florida (el lugar donde nació el computador personal de IBM), por un monto de US$48 millones.

En un periodo de cuatro años —desde 1993 hasta 1997—, Gerstner se deshizo de casi 25.3 millones de pies cuadrados, que se habían utilizado para procesos de fabricación, bodegas y oficinas: un área seis veces superior al espacio de una de las dos torres del World Trade Center de Nueva York.

Durante sus primeros años en la compañía, Gerstner dio otros pasos audaces para mejorar el balance final de IBM. No tenía alternativa: Wall Street no toleraría una compañía estancada. Con ese fin, se involucró en un esfuerzo proyectado en dos flancos: reducir la cantidad de impuestos que IBM tenía que pagar al gobierno federal y readquirir las acciones de IBM.

La tasa efectiva de impuestos sobre ingresos de IBM era de 41.5% en 1994 y de 47% en 1995. La redujo a 37.7% en 1995; luego a 32.5%; y en 1997, a 32.5%. Este proceso de reingeniería financiera se llevó a cabo mientras la empresa se extendía a mercados que tuvieran efectivas tasas impositivas más bajas. Otras grandes organizaciones tenían tasas de impuestos que oscilaban entre 30% y 35% aproximadamente.

Con el objetivo de mejorar el balance final, Gerstner realizó otro movimiento inteligente de reingeniería. A comienzos de 1995, inició un agresivo programa que consistía en un pacto de compra de acciones de IBM (la cifra alcanzaría los US$20,000 millones en 1998). Él prefería utilizar el flujo de fondos en efectivo de la compañía para volver a comprar acciones, en vez de hacer adquisiciones; las adquisiciones no sólo no eran comunes en IBM, sino que Gerstner sabía los riesgos que implicaba comprar otras empresas.

Mientras ponía, definitivamente, a la organización en el sendero correcto, trascurriría un tiempo antes de que la política de reducción de costos de Lou Gerstner se hiciera evidente en el balance final de IBM. A finales de 1993, la cuenta de ingresos de la compañía aún era desalentadora. Los ingresos bajaron a US$62,700 millones, US$1,800 millones menos que el año anterior, y US$6,200 millones menos que la cifra registrada en 1990. Pero el verdadero desastre tenía que ver con la rentabilidad de la empresa, o la falta de ésta. Nunca antes IBM había registrado una cifra peor: US$8,100 millones en pérdidas. Ése fue un día triste para la organización; no obstante, para Gerstner, las cifras tenían una perspectiva consoladora. Sin lugar a dudas, la compañía ya había tocado fondo; al menos él esperaba que en adelante las cosas no fueran peores. Gerstner pudo haberse reconfortado al saber que, al emprender su nuevo programa de austeridad, él mismo había hecho que las cifras lucieran peor, un fenómeno temporal que esperaba se corrigiera lo más rápido posible.

El canto fúnebre ha terminado

Las primeras señales concretas del proceso de trasformación que emprendió Gerstner llegaron en abril de 1994, cuando la empresa anunció los resultados de su primer trimestre. Aunque las ventas de mainframes cayeron 12% más en el primer trimestre (después de caer 32% en 1993), los ingresos netos eran, una vez más, a favor, pues llegaron a US$392 millones, en contraste con los US$399 millones en pérdidas que la organización había registrado en el primer trimestre del año anterior. Dan Mandresh, el analista de Merrill Lynch, lo llamó "un trimestre definitivo, en realidad, va sobre rieles y adelante en el juego, en todo sentido"[2]. A pesar de la mejoría, Jerry York no hizo ningún alarde: dado que las ventas fueron de US$1,330 millones para ese trimestre, sentía que el nivel de utilidades "no era nada del otro mundo"[3]. Estaba satisfecho sólo con la rentabilidad de unos pocos negocios importantes de IBM, incluidos el hardware y software de los minicomputadores y el servicio de mantenimiento. (Las utilidades del primer trimestre fueron infladas, debido a la ganancia única de US$248 millones por la venta de la división de sistemas federales de IBM).

Aquellos US$13,300 millones en ingresos representaban un incremento de 2% con respecto al primer trimestre de 1993. La mejoría se percibía en las ventas generales de hardware, las cuales crecieron 9%, es decir, US$6,300 millones, más de lo que habían pronosticado los analistas.

A Lou Gerstner nunca se le vio tan optimista, como cuando se presentó ante los accionistas de IBM, en la asamblea anual del 25 de abril, en Toronto. "A menos que suceda algo imprevisto, planeamos obtener utilidades en 1994"[4], predijo. En ese momento, tal afirmación sería la primera escuchada desde 1990 cuando IBM atravesaba tiempos sombríos. "No podemos cantar victoria todavía", dijo con prudente reserva en su voz. "Sin embargo, ha llegado la hora de acabar con los cantos fúnebres".

Los accionistas se sintieron mejor, por cuanto las acciones de IBM se cotizaron en esa semana en US$58.25, debido a los sólidos resultados del primer trimestre. A finales de junio, *The New York Times* comentó: "Hasta ahora, la estrategia de Gerstner parece un plan muy bueno"[5]. Mientras tanto, el mismo CEO de IBM se abstuvo de afirmar que la trasformación de la compañía ya era una realidad. "Observen, éste es un proceso en el que se dan tres pasos adelante y uno atrás"[6], insistió. "Y, ciertamente, todavía no podemos cantar victoria, pero creo que estamos empezando".

En la tercera semana de julio, IBM anunció los resultados del segundo trimestre, que una vez más excedían en gran medida las expectativas de Wall Street. Los ingresos netos habían llegado a US$689 millones en ese trimestre. Los analistas estaban de acuerdo en que el asunto ya no era si Lou Gerstner podría trasformar radicalmente a IBM, sino qué tan lejos y qué tan rápido podría llevarla en el próximo año o los dos siguientes. Al hacerse evidentes en el balance final los esfuerzos de Gerstner, los analistas concluyeron que el mayor reto de la organización era mejorar los ingresos. Había algunas buenas noticias en la parte de los ingresos: las ventas de equipos de computadores —que incluían no sólo sus mainframes que generaban altas utilidades, sino también sus computadores personales que producían bajas utilidades— representaron la mayor participación en ventas trimestrales por valor de US$7,700 millones, un incremento de 3% sobre el mismo trimestre en 1993.

Una vez más, hacia fines de octubre, IBM reportó unas sólidas cifras trimestrales. Sólo la división de computadores personales seguía desafiando la varita mágica de Gerstner, con ventas que llegaron escasamente a 3% con respecto al trimestre anterior. Las utilidades ascendieron a US$710 millones en el tercer trimestre, con ingresos de US$15,400 millones; en el mismo trimestre del año anterior, la compañía había perdido US$87 millones. Las ventas de hardware en el tercer trimestre aumentaron cerca de 13%. Las acciones de IBM seguían creciendo y estaban ahora alrededor de US$75 la unidad. Una razón importante había sido la habilidad de Gerstner para reducir US$5,600 millones en costos; la mitad de esa asombrosa cifra la logró en 1994; la empresa esperaba recortar en total US$8,000 millones para 1996. IBM había disminuido su tamaño: de 302,000 empleados que tenía a fines de 1992, bajó a 232,000 en el otoño de 1994, aunque el ritmo era más lento de lo que se esperaba, debido a la nueva demanda de sus productos.

Por tanto, 1994 fue un año decisivo para IBM. Durante ese año obtuvo ganancias por US$3,000 millones —su primer año rentable desde 1990—, lo suficiente para ubicarse en la novena posición como la organización más rentable, según la clasificación de la publicación *Fortune 500*. No obstante, el logro de Gerstner se hizo aún más notable, debido a que las utilidades de la compañía habían pasado de US$8,000 millones en pérdidas, registradas en 1993, a US$3,000 millones en utilidades en 1994: en resumen, ¡un viraje en las utilidades de US$11,000 millones! En 1994, IBM también había logrado su primer año en crecimiento en cuanto a los ingresos desde 1990, puesto que el total de ingresos aumentó a US$64,000 millones, 6% más, comparado con el año anterior. Su drástico programa de reducción de costos estaba ahora en pleno funcionamiento: había recortado US$3,500 millones en 1993, y otros US$2,800 millones en 1994. IBM terminó 1994 con más de US$10,000 millones en efectivo. Esto contribuyó a reducir su deuda básica —dedicada a soportar las operaciones— de US$3,300 millones a US$2,900 millones.

Gerstner estaba profundamente complacido con lo que había realizado hasta el momento, en su propósito de trasformar la organización. "Creo que ahora es preciso decir... que el problema de IBM ya no es su supervivencia... Hemos estabilizado financieramente a la empresa e incluso, se ha fortalecido. IBM ha regresado, y estamos aquí para quedarnos. Ahora la cuestión es ¿podrá IBM crecer? Yo creo que sí... y así será..."[7].

PARTE III

CONSTRUIR UNA NUEVA CULTURA EMPRESARIAL

*"Es necesario cambiar la forma de pensar
y actuar, cada hora, de cada día,
por el resto de nuestras carreras en IBM".*

No liquidar: dividir es una tarea muy difícil

"Mantener unida a IBM y hacer de la eficiencia de sus productos, servicios y experiencia su más potente ventaja competitiva".

Ellos tamborileaban los "Bebés Azules". Ellos constituirían el nuevo y desafiante mundo de IBM, a través de una nueva federación de negocios que podría salvar la moribunda compañía. De acuerdo con el plan de Akers, Armonk sería poco más que una compañía matriz, y manejaría un portafolio de negocios distintos. Akers había tomado esta osada decisión a finales de 1991, con la convicción de que en IBM las partes superarían la totalidad, y que lo mejor sería que cada una de estas unidades buscara su propio destino. Él sabía que algunas o todas las unidades podrían ser exprimidas totalmente y con cada logro IBM renunciaría cada vez más a su otrora ostentosa identidad corporativa. Pero Akers sentía que tenía muy pocas opciones. Cruzarse de brazos sin hacer nada parecía ser la fórmula segura del desastre.

Entonces, a cada unidad individual se le asignó un nombre propio, anticipando su eventual independencia. Al negocio de almacenamiento de información se le asignó el nombre de Adstar, el negocio de impresoras de alta velocidad fue renombrado como Pennant, y el de las impresoras más económicas y los suministros para impresoras se desmanteló, convirtiéndose en Lexmark International Group. Cada negocio también contrató su propio equipo de relaciones públicas.

Aparentemente, la división de IBM sólo tendría sentido si cada una de las unidades independientes, recientemente creadas, tuviera una mejor opción de competir con sus rivales. Wall Street había manifestado constantemente su adhesión a la fragmentación de una compañía grande como ésta, con el convencimiento de que la suma de las partes de la organización sería más valiosa que la totalidad existente. La sensación percibida era que con la separación de IBM en unidades, podría lograrse un mayor acercamiento a sus mercados. Ya no tendría que enfrentar los gastos generales que estaban devorando sus ganancias, y podría incrementar la motivación al brindar ciertos incentivos a los mandos medios, como las opciones para la compra de acciones.

Independientemente de la acogida que tuviese la idea en Wall Street, John Akers enfrentó cierto malestar en los altos rangos de la organización. El grupo de ejecutivos argumentó que podrían perderse completamente todas las fortalezas que la firma había cultivado a partir de su reconocida condición como entidad corporativa individual: fortalezas como tener una imagen ante el consumidor, economías de escala, sinergias entre los negocios de IBM, etcétera. Si la compañía hubiera estado funcionando mejor, Akers hubiera podido prestar mayor atención a sus planteamientos. No obstante, estaba desesperado. Sabía que la empresa estaría inmersa en dificultades durante un año, lo que le reportaría pérdidas por varios miles de millones de dólares, y con la perspectiva latente de sufrir pérdidas aún mayores. Simplemente, hacer algo y empezar su plan de fragmentación parecía el curso de acción más prudente.

La decisión más difícil de Gerstner

El consejo de dirección de IBM parecía estar a favor del plan de Akers cuando escogieron a Gerstner, pero él no estaría obligado a inclinarse por una opción específica. Aun así, los mandos medios de IBM partieron del supuesto de que el nuevo jefe tendría interés en implementar el plan de división de Akers. Este proyecto gozaba de amplia popularidad dentro de la empresa y muchos creían erróneamente que Gerstner había sido seleccionado para el trabajo, con el fin de que continuara con la fragmentación. Cuando asumió el cargo de IBM en abril de 1993, Lou Gerstner enfrentó una de las decisiones más difíciles para cualquier CEO en la historia: ¿Debería mantener intacta a la compañía? ¿O debería permitir que el plan de Akers siguiera adelante? Estaba seguro de cómo abordar los problemas más críticos a corto plazo en IBM —su estructura de costos poco competitiva, sus ineficiencias, su excesiva burocracia, etc.—sin embargo,

> no había claridad todavía en qué clase de compañía se pretendía convertir a IBM. Teníamos un par de opciones. Pudimos haber adoptado uno de los modelos que estaban funcionando para otras empresas: dividir a IBM en un conglomerado de negocios. Es-

> to hubiera permitido que las partes compitieran con sus propios medios contra los otros 60,000 participantes de nichos dentro de la industria. La organización se proyectaba por este camino cuando me integré al consejo de dirección. La alternativa entonces fue mantener unida a IBM y hacer de la eficiencia de sus productos, servicios y experiencia la más potente ventaja competitiva.[1]

Aquellos que creían que Gerstner hundiría aún más la estaca en el corazón de IBM, estaban profundamente equivocados. Su falla consistió en que no comprendieron que Lou Gerstner sólo quería el crecimiento de las compañías, no presidir su destrucción. La filosofía gerencial de Gerstner tendiente a mantener intacta a IBM como un negocio integrado tenía raíces profundas. Fue él quien, en enero de 1989, dijo a los que querían que se hiciera cargo de RJR Nabisco: "Si ustedes buscan a alguien que liquide su organización, se equivocaron de individuo. Yo soy un constructor". Gerstner se enorgullece de ser un artista en la trasformación de empresas, y para el pensamiento de uno de estos artistas era fundamental que la empresa que iba a dirigir permaneciera unida y completa. En 1989, Gerstner afirmó: "Me encanta construir compañías más que cualquier otra cosa", queriendo decir, implícitamente, que no tenía el mínimo deseo de atomizarlas. Gerstner sabía lo que decían las personas que patrocinaban la idea de la confederación, que los negocios autónomos se moverían más rápido en el mercado. No obstante, desechó esa noción por ser "sólo una teoría"[2], que obviamente no compartía.

Nadie hubiera censurado a Lou Gerstner por continuar con el plan de división de John Akers, pero el nuevo CEO y presidente del consejo de dirección de IBM tenía otras ideas, como explicó en una entrevista concedida a *The Economist*:

> Cuando accedí a asumir este cargo, comencé por leer todo acerca de la organización. Recuerdo haber leído, y detesto tener que decirlo, pero creo que fue en un artículo bastante agrio de *The Economist*, que, además, me molestó. Éste decía que la industria se estaba fragmentando en piezas horizontales. Que se generarían estos estratos y que la forma real de competir era alrededor de éstos, y que IBM era el ejemplo más antiguo. Y me dije: eso suena interesante; no obstante, no me impresionaba como cliente. La idea de que el cliente fuera a comprar esta tecnología tan rígida, tan complicada y tan difícil de integrar, de este modo, no tenía ningún sentido para mí[3].

Como ocurrió con la mayor parte de las decisiones importantes que tomó Gerstner después de convertirse en el director de IBM, se tomaría su tiempo para decir la última palabra. Pero dos meses en el cargo fueron suficientes para saber cuál camino podría seguir:

> No creo que para conseguir los parámetros económicos correctos en un negocio se requiera algo como la descentralización. Existe la mala interpretación de que lo pequeño siempre es mucho mejor que lo grande. El simple hecho de fragmentar una organización no genera las condiciones suficientes para alcanzar el éxito. Si tuviera la opción de "blanco o negro" entre centralización y descentralización, mi posición se inclinaría por la segunda alternativa. Sin embargo, no quisiera verme forzado a tomar una decisión de ese tipo. La tarea corporativa en IBM consiste en tratar de descentralizar las responsabilidades en el servicio al cliente, para acercarnos a él cuanto más se pueda. Nuestra segunda tarea es buscar la manera de brindar la fortaleza de toda la empresa a aquellas unidades descentralizadas, con el mínimo de burocracia. Aún no sé cuál es el equilibrio que debe existir entre los dos extremos[4].

Mantener a IBM intacta

En un memorando enviado a sus empleados, el 27 de julio de 1993, Gerstner dio otra clave importante de su decisión de mantener intacta a IBM cuando dijo: "Ustedes y yo queremos hacer de IBM la organización más exitosa del mundo. Alguna vez lo fue, y estoy plenamente convencido de que lo será de nuevo"[5]. Si hubiera estado pensando en la desmembración, no habría hablado tan afectuosamente de IBM como una corporación completa.

En septiembre de 1993, Gerstner había consolidado su idea: no fragmentaría a IBM. Ninguna de las decisiones que tomó en la fase inicial cobraría tanta importancia como el hecho de descartar el plan de Akers. Nunca hubo un anuncio formal, sólo ofreció una serie de pronunciamientos discretos que dejaron saber a los empleados que el proyecto de Akers había sido descartado. Como lo demostraría con claridad en su memorando del 13 de septiembre a los empleados de IBM, su meta era mantener intacta a IBM y obtener la mayor cantidad posible de sinergias a través de los negocios. Para tal fin, creó el comité ejecutivo corporativo, encargado de "conducir la implementación de las iniciativas de integración corporativa total a través de la compañía y asesorar los amplios aspectos relacionados con la estrategia corporativa". Este nuevo comité se pondría en marcha, no con el objetivo de destruir a IBM, sino para mantener en funcionamiento sus múltiples partes como un solo equipo. Como escribió Gerstner casi al final de ese texto:

> En resumen, los cambios planteados apuntan directamente a un objetivo: mar la capacidad de respuesta de la organización, descentralizar las unidades de ne... mientras que, al mismo tiempo, se coordinan los recursos esenciales y las soluciones al cliente a través de las unidades[6].

Gerstner llegó a la decisión de mantener intacta a IBM después de haber escuchado algunos clientes que invirtieron una parte de su tiempo en comunicar sus deseos. "Queremos 'soluciones' a los problemas existentes en los sistemas de información cada vez más complejos y deseamos que éstas vengan de un solo fabricante". En otras palabras, los clientes deseaban que una organización como IBM se encargara de *todas* sus necesidades de computadores, que los abasteciera de los equipos necesarios y les brindara los servicios requeridos. Una desintegración de IBM no podría ofrecer a los clientes el tipo de enfoque integral que ellos buscaban. Sólo una empresa unificada, que mostrara una sola imagen al cliente, podría lograr estos propósitos. Gerstner entendió que IBM tendría una ventaja competitiva siempre y cuando permaneciera unida. Y agregó: "Nuestra capacidad de integración es la ventaja distintiva de la compañía".

Wall Street se quitó el sombrero ante Gerstner. Como lo anotó en un reporte de Lehman Brothers: "Gerstner puso fin a la fragmentación de IBM, de acuerdo con el supuesto de que si una organización pudiese brindar soluciones a los computadores de principio a fin, en un mercado cada vez más complejo, los clientes valorarían mucho este aspecto. IBM era, y sigue siendo todavía, la única empresa posicionada para ofrecer este tipo de estructura debido a su gran tamaño y participación de mercado en la industria de los computadores"[7].

No quedó satisfecho sólo con el Louvre

En algunos puntos, sin embargo, Gerstner fue criticado por desmantelar el plan de Akers. Los comentarios más irónicos vinieron del veterano analista de IBM, Robert Djurdjevic, quien argumentó que la decisión de Gerstner de mantener intacta a la compañía era apenas una maniobra para dar brillo a su imagen personal.

> Quizás —escribió el analista en un boletín— la clave, no abiertamente manifiesta, para entender por qué el CEO de IBM está tan radicalmente en contra de su fragmenta-

> ción es que ¡una organización como IBM ya no necesitaría un lugar como Armonk! Entonces, Armonk no requeriría la figura de un "rey CEO" que tuviera injerencia en todo, sólo necesitaría un buen tenedor de libros. Esto haría que Armonk tuviera varios "reyes CEO" en competencia encargados de manejar las diversas unidades atomizadas. No obstante, una IBM en esas condiciones necesitaría un líder con visión, que pusiera la billetera de los accionistas por encima de su ego. Evidentemente, Gerstner, en este caso no es el tipo apropiado. Por el contrario, al igual que Luis XIV, por ejemplo, que no quedó satisfecho sólo con el Louvre y tuvo que construir Versalles, el Luis XIV de IBM ya anunció la construcción de un Armonk II. Los estudiosos de la historia pueden recordar lo que sucedió a la postre con los antiguos residentes del Louvre y de Versalles. Aquellos que no aprenden de la historia están condenados a repetirla, dice el viejo adagio. El presidente del consejo directivo de IBM haría bien en prestar atención a esta lección[8].

No es necesario decir que a Lou Gerstner no le gustó que se le comparara con Luis XIV. Pero se conformaba con el hecho de que grandes segmentos de la comunidad financiera lo elogiaran calurosamente por mantener unida y completa a IBM. Por ejemplo, J. Gerald Simmons, presidente de Handy HRM Corp. de la ciudad de Nueva York y ejecutivo retirado de IBM, redactó una carta para la revista *Fortune*, que se publicó en la edición del 24 de enero de 1994, en la que anotaba: "He seguido de cerca a la empresa durante varios años, en particular desde que Lou Gerstner se posesionó. En nuestro papel como asesores de la gerencia, trabajamos en particular con empleados de informática de importantes organizaciones, y puedo asegurarles que ellos están más interesados en un proveedor que posea las mejores soluciones que en otro que tenga los complejos y sofisticados equipos. Y Gerstner tenía toda la razón cuando dijo: 'De los miles de clientes con los que hablé, ninguno manifestó el deseo de que IBM se dividiera en pequeñas partes' "[9].

En efecto, Gerstner había apostado a que una IBM *completa* sería más valiosa que la suma de sus partes. Deseaba incrementar el valor al accionista (una de sus metas principales) y esto sólo podría provenir de una IBM unificada y completa. Así que envió un mensaje a la comunidad de negocios: iba a hacer su mejor esfuerzo para asegurarse de que IBM sobreviviera y prosperara.

En una entrevista concedida a *Software Magazine*, reiteró el porqué de su decisión de mantener unida a IBM:

> Cuando llegué, en la primavera de 1993, la compañía tenía que tomar una gran decisión. Debíamos decidir si IBM iba a convertirse en una confederación disgregada de

organizaciones —cada una con su nicho— compitiendo en el nivel de piezas y partes de nuestra industria, o si pretendíamos mantener unida a IBM y hacer que la eficiencia de los productos, los servicios y la experiencia se convirtieran en una ventaja competitiva. Honestamente, al llegar a IBM como cliente de esta industria, tenía la fuerte convicción de que había la necesidad de alguien que desempeñara el rol de integrador —que hiciera algo más que entregar buena tecnología—, que brindara a los clientes esa tecnología como una solución integral a los problemas de negocios[10].

Gerstner se convenció de que el propósito de la tecnología de la información no era simplemente incrementar la productividad de un empleado. Más bien, la tecnología de la información se había hecho vital para la forma como funcionaba una compañía. De acuerdo con este principio, los CEO tendrían que pensar en la tecnología de la información como un punto crucial para sus estrategias de negocios. Y si lo hacían, sus compañías obtendrían ventaja competitiva sobre otras menos interesadas en esta tecnología. Si se pretendía estar en posición de ofrecer a estas empresas la mayor variedad en servicios de tecnología de la información, brindarles un paquete de "soluciones", proveer el servicio que se convirtiera en el ingrediente clave de la tecnología de los computadores de la década de 1990, se requería, entonces, que IBM permaneciera unida.

No era fácil, desde la perspectiva de los clientes, relacionarse con una industria de computadores que parecía estar desintegrándose frente a sus ojos. Todo era terriblemente confuso. La forma de enfrentar esa confusión era, para una organización como IBM, tomar las diferentes partes de la industria de computadores e integrarlas, unir todas las aplicaciones en un solo conjunto distribuido en red. Las compañías individuales que vendieran sólo una línea de productos tendrían muchos problemas para satisfacer las complejas exigencias de los clientes.

Al tomar la decisión estratégica de mantener intacta a IBM, Gerstner sabía que la estrategia sólo funcionaría si él podía obtener lo mejor de sus empleados. En julio de 1997 pudo decir, con confianza, que había tomado la decisión correcta.

La decisión significaba que tendríamos mucho trabajo por hacer porque la estrategia sólo funcionaría si cada uno de nuestros productos ofrecidos podía permanecer y competir por sus propios méritos. Teníamos que recuperar la competitividad de nuestras líneas de productos, movernos con mayor agresividad en el campo de los servicios y construir unas soluciones de negocios que empezaran con una comprensión de los principales problemas de los negocios del cliente: rapidez, competitividad, expansión global, satisfacción del cliente...[11].

Creímos que la decisión de mantener unida a IBM era la correcta en ese momento. Hoy en día, cuando la industria se desplaza hacia un modelo de procesamiento de información basado en las redes globales, nuestros clientes valoran todavía más la recompensa de la integración. Observen lo que muchos de nuestros competidores están haciendo; se compran entre sí, concretan convenios y alianzas para poder ofrecer más elementos de solución. En muchas formas, están tratando de cubrir en equipo todo lo que IBM ya tiene.

A pesar del consiguiente éxito de Gerstner, al probar la audacia de mantener intacta a IBM, algunos de sus empleados no se sintieron impresionados con el desempeño de Gerstner en el cargo y se mostraron molestos por no haber implementado el plan de fragmentación de Akers. Uno de estos ejecutivos de las décadas de 1960 y 1970, recordaba, en el verano de 1998:

Cuando me uní a IBM, me sentía muy orgulloso, era la mejor empresa del mundo. En la actualidad es sólo una organización más del montón; Gerstner la convirtió en una compañía vulgar. Destruyó, en efecto, su orgullo, su cultura. La gente puede argumentar que si él no hubiera conservado intacta a IBM, la empresa se hubiera ido a pique. Desde mi punto de vista, Gerstner heredó parte de lo que logró. La forma como tomó las decisiones fue muy exitosa desde la perspectiva de Wall Street; sin embargo, desde el punto de vista de alguien que supiera lo especial que era esta compañía, fue una tragedia. Hubiera preferido ver a la organización fragmentada. Ya no se percibe un espíritu empresarial. Muchas personas hacen las cosas por inercia. Ésta ya no es una organización con un estilo de vida. Gerstner la maneja como otra institución financiera del mercado. Lo que en realidad me molesta es que tengan algo tan valioso en sus manos. Mi apreciación es que, como entidades más pequeñas, se pudo haber preservado parte de la cultura ya creada, algo del espíritu empresarial. Eso se perdió. Todavía recuerdo el ambiente que se respiraba[12].

Los expertos argumentarían los pros y contras de mantener unida a la compañía y, ciertamente, quienes defendían la posición de la unión de IBM ganaron la discusión. Pero, igualmente, Gerstner, al no fragmentar a IBM, se convirtió en una de las figuras de negocios más importante de los Estados Unidos. Gerstner tuvo en cuenta todos estos factores cuando tomó su decisión. Si hubiera permitido el desmembramiento de IBM, no habría tenido una organización gigante para trasformarla, y Lou Gerstner se habría convertido muy rápido en noticia del pasado.

Vive y pregona la cultura o simplemente no pasará nada

"Si el CEO no vive ni predica la cultura, y no lo hace firmemente, entonces, no pasará nada".

Nada permaneció tan vigente en el plan de Lou Gerstner para reorganizar a IBM como su cultura empresarial. En el momento que se hizo cargo de la compañía, hacía mucho tiempo que Thomas Watson Sr., su fundador, se había ido, al igual que su hijo, Tom Watson Jr. Sin embargo, su influencia, particularmente la del mayor, se mantenía mas firme que nunca. La cultura que crearon y configuraron fue la columna vertebral de IBM en sus días de gloria, y esa misma cultura, 180 grados diferente de la versión original, fue la que llevó cuesta abajo a la compañía en años recientes. Gerstner sabía que el cambio cultural no sería una tarea fácil, por cuanto éste constituía el pegante que mantendría unida la compañía. Sin embargo, Gerstner también era consciente de que IBM necesitaba urgentemente una nueva cultura empresarial, si se pretendía su recuperación.

Thomas Watson Sr. construyó una compañía que no tenía rival y, al mismo tiempo, estableció una cultura empresarial que era paternalista y, de acuerdo con los estándares actuales, parece anticuada y pasada de moda. No obstante, cuando se probaron sus espectaculares ganancias y el crecimiento, esta cultura convirtió a sus hombres y mujeres en un ejército de obreros muy capacitados y con mucha motivación. El propósito de Watson era generar en IBM una atmósfera familiar en la cual los empleados se sintieran seguros y cómodos, asegurarse de que ellos trabajaran con tesón, pero, también, que tuvieran tiempo para relajarse. Así como los miembros de un núcleo familiar conocen su lugar y sus reglas, los empleados de la compañía no tendrían ningún problema para distinguir entre un comportamiento aceptable y uno reprochable.

El soporte principal de tal cultura, ese sostén que haría sentir seguros a todos los trabajadores de la empresa, era la política de no despedir a nadie. En el cumplimiento de este principio, la organización no difería de muchas otras que ponían las necesidades de sus empleados por encima de los intereses de la compañía. Su director no sólo les ofrecía seguridad para toda la vida, sino que también quería que ellos sintieran que formaban parte de una gran familia feliz y productiva. Watson, como cabeza de esa "familia", asumiría la responsabilidad por el bienestar y tranquilidad de sus empleados, en particular, fuera de sus instalaciones. Y, de este modo, la IBM de Watson haría todo lo que estuviera a su alcance para atender sus necesidades y las de sus familias: les proporcionó vivienda, encontró trabajo para sus cónyuges y les concedió privilegios en los clubes campestres privados. En resumen, quería asegurarse de que los empleados tuvieran pocas preocupaciones en sus hogares, y estuvieran así libres para centrar su atención en los negocios de la organización.

Yo te canto, Thomas Watson

La cultura empresarial no era simplemente patriarcal. Enviaba mensajes sutiles y, a cambio, esperaba que los trabajadores mostraran una profunda lealtad a IBM. Tal devoción, supuestamente, haría que ellos fueran más productivos. Así como un entrenador de fútbol intenta que su equipo se movilice con mayor rapidez en el próximo partido, Watson incentivaba a sus gerentes para que mantuvieran charlas informales con sus empleados y los "motivaran" para sus próximas sesiones dedicadas a las reuniones de ventas. A cambio, entonces, se esperaba que los empleados manifestaran el mismo grado de lealtad a la empresa, tal como los miembros de la familia lo demuestran a su grupo familiar. Sin embargo, con frecuencia, tal sentimiento hacia la compañía y hacia Thomas Watson Sr. empezó a confundirse, o al menos se confundía casualmente, como cuando su fundador encargó que se compusiera una serie de canciones para la compañía, con títulos como: "Siempre adelante" y "Aclama a IBM", que contenían letras como las siguientes:

Nuestras voces crecen en medio de la admiración
por T. J. Watson, voces que orgullosamente cantan;
él siempre será nuestra inspiración;
para él cantamos en voz alta

Con el propósito de que las canciones inspiraran a los empleados, se diseñó una serie completa de lemas que aparecían en las oficinas, en los baños y hasta en los casilleros, para hacer que ellos trabajaran con mayor ahínco. Estos lemas no eran muy claros, pero llamaban la atención:

PIENSA
Haz que las cosas sucedan
sigue siempre adelante
da lo mejor de ti

Watson, el elitista, creó toda una mística alrededor de IBM, que consistía en hacer creer que sus empleados eran una clase especial, distinta del resto del mundo empresarial. Y, en esa misma medida, sus empleados deberían sentirse orgullosos de pertenecer a la organización y, lo más importante, de acuerdo con la definición de Watson, el conservador, no denigrar a la empresa a través de comportamientos indecentes. De este modo, impuso reglas firmes que regían lo permisible y lo prohibido. Esto dio como resultado la creación de la "excelencia del empleado", compatible con cualquier otro trabajador de la compañía. El código de presentación personal en el trabajo hacía parte de un estilo de vida bastante conservador, en el que perduraban los valores del fundador. Era una apariencia casi puritana que invadía todos los rincones de IBM; los principios de la organización prohibían fumar y consumir alcohol. Al empleado que tomara una copa de licor a la hora del almuerzo, no se le permitía regresar a la oficina. Tomar en casa estaba permitido con moderación; sin embargo, no debían quedar evidencias de lo sucedido. El consumo excesivo de alcohol, menoscababa las posibilidades de lograr un ascenso. Así mismo, el divorcio no se veía con muy buenos ojos. En verdad, todo lo que pudiera avergonzar a la empresa era reprochable.

Si alguien se burlaba de algo de IBM o la corporación era ridiculizada por determinado comportamiento, a Thomas Watson Sr. en verdad no le importaba mucho. Él veía cómo su compañía crecía a pasos agigantados, y se enorgullecía enormemente por haber creado la empresa más exitosa de Estados Unidos. La cultura empresarial era efectiva. En verdad, eso era todo lo que importaba.

Éste debe ser el edificio de IBM

La misma cultura obsesiva que fomentó nuevos estándares de excelencia para el desarrollo de los productos y el desempeño de los empleados, también motivó una combinación poco saludable de complacencia y arrogancia. Esto ocasionó que se debilitaran el entusiasmo y la energía. Toda esa uniformidad, que durante décadas había producido el "empleado modelo", condujo a la rigidez en la compañía. Esta rigidez se ilustró mejor con una ingeniosa broma que recorrió los círculos de la industria de los computadores: ésta se refería al piloto de una avioneta que había perdido su ruta mientras volaba sobre Atlanta en medio de la niebla, debido a un relámpago que dañó su radio. Mientras se dirigía a tientas entre la niebla, finalmente vio a un hombre asomado a la ventana de un edificio alto.

> "¿Dónde me encuentro?", exclamó el piloto.
>
> El hombre le respondió: "Estás en un avión".
>
> El piloto ladeó su avioneta y pronto aterrizó en el aeropuerto.
>
> Un pasajero observó: "Es un verdadero milagro que usted pudiera aterrizar a salvo con nosotros en este lugar, pero no entiendo cómo diablos lo ayudó el hombre de la ventana".
>
> "Ah, muy fácil", respondió el piloto con una sonrisa. "Lo que él dijo era totalmente cierto e irrelevante para mi problema, entonces me di cuenta de que debía ser el edificio de IBM".

¿Quién podría culpar a la empresa por ser tan rígida? Había alcanzado un nivel exitoso sin precedentes en los anales de la vida corporativa de los Estados Unidos. Había llegado a dominar sus mercados hasta tal punto que el efecto fue embriagador. La rigidez parecía una bendición en tales circunstancias. Jim Cannavino, quien hasta 1995 se había desempeñado como vicepresidente de alto nivel de IBM para la división de estrategia y desarrollo, recordaba cómo, a finales de la década de 1950, IBM había invertido US$5,000 millones en su nuevo mainframe System 360. "Éramos una empresa avaluada en US$1,000 millones e invertimos cinco veces el monto de nuestros ingresos: US$5,000 millones era el dinero destinado para investigación y desarrollo del proyecto. De este modo, terminaríamos controlando el mercado, y de igual modo controlaríamos los precios. Tengamos presente que los mainframes 360 generaban márgenes muy altos. Una vez que te envicias, cada vez serás menos competente. El vicio radicaba en la propia habilidad para incrementar constantemente los precios"[1], en lugar de recortar costos y ser más eficientes. Para resumir, IBM empezó a sentirse invencible.

Nosotros sabemos que trataste de hacer lo mejor

Aparte de esa nueva rigidez, hubo otras consecuencias desagradables. Para ese entonces, la cultura había motivado el consenso general, pero ese nuevo elemento no constituiría un impedimento para el proceso de toma de decisiones. Ahora, se convertiría en parte fundamental del lema de la organización, lo que contribuiría a que siempre llegaran las decisiones. Un ejecutivo de alto nivel de IBM afirmaba:

> Nuestra cultura era muy condescendiente, tanto, que nunca sabías a dónde ibas. Las reuniones siempre marchaban sobre ruedas. Tú entrabas, y todo era muy apropiado y las personas tenían buena apariencia, y un grupo de empleados se sentaba a conversar temas amenos. Los resultados podían ser buenos, y aquellos individuos decían: "Muchas gracias". O los resultados podían ser desastrosos, y aun así exclamaban: "Muchas gracias, sabemos que hiciste lo mejor que estuvo a tu alcance"[2].

El consenso estaba destruyendo la capacidad de IBM para operar productivamente.

La necesidad de consenso, en sus peores manifestaciones, originó un aislamiento en toda la compañía. Si IBM había sido el modelo mediante el cual se juzgaba al resto de las organizaciones en la industria de los computadores, con el paso del tiempo, sus empleados se sintieron cada vez más apartados de las nuevas tendencias que se desarrollaban a su alrededor. Nada tipificaba más tal aislamiento que el lenguaje específico que se empleaba en IBM para describir los productos de la informática, un lenguaje totalmente anticuado con relación al utilizado en el resto de la industria. Los empleados de IBM llamaban "archivos duros" a las unidades de disco; a las tarjetas de circuitos se les conocía como "tarjetas planares"; a los computadores personales y las estaciones de trabajo se les decía "clientes"; los mainframes se convirtieron en "servidores".

Para trasformar la organización, Lou Gerstner no sólo tendría que luchar con la cultura existente; era necesario crear una nueva cultura en el interior de la compañía. La tarea era intimidante. No sólo porque la cultura de IBM estaba profundamente arraigada, no sólo porque la exorbitante cantidad de empleados no conocía otra forma de comportarse, sino también porque, como sucede con el nuevo muchacho de la cuadra, lo mirarían con recelo y desconfianza.

Él sabía cuán difícil era llevar a cabo el cambio cultural en grandes organizaciones.

El proceso es muy personal, en el sentido de que no puedo articularlo e
Puedo expresar lo que quiero hacer realidad, sin embargo, no puedo de
de llevarlo a cabo. No puedo realizarlo por otras personas, no puedo decir
re, quiero que demuestre que posee espíritu empresarial. Esto es lo que us ... ha-
cer; ahora léase este libro". Mi gran reto es cómo conservar nuestro ímpetu mientras la organización crece, sin malgastar todas mis energías en el proceso.

Gerstner sacó como conclusión de sus experiencias previas de liderazgo que, en una gran organización, existía un espacio de oportunidades muy pequeño para implementar el cambio. Al comienzo, los empleados le concedían al nuevo jefe una especie de período de luna de miel: él podría intentar el desarrollo de estrategias importantes, y encargarse de ellas directa y prácticamente. No obstante, una vez que el espacio de posibilidades comenzara a cerrarse, el acercamiento práctico daba lugar a un tipo de administración más distante. De esta manera, la enseñanza que Gerstner trajo consigo a IBM fue la siguiente: "Si quieres hacer cambios, hazlos rápidamente".

Hay que considerar el aporte creativo ante cualquier problema —las perspectivas reales y los aspectos importantes se determinan en las primeras etapas de solución de un problema—; la solución se obtiene a partir del planteamiento de tal problema, en los supuestos que se hagan, en la metodología de investigación seleccionada. En las primeras etapas, la solución del problema contiene un enorme potencial para generar perspectivas. A medida que se avanza, se encuentran dos o tres opciones a disposición. El nivel real de alternativas de solución se ha filtrado ampliamente meses atrás[3].

Gerstner recordaba lo difícil que le había resultado implementar cambios en American Express. Cuando buscaba renovar la cultura de la compañía, descubrió que ésta se centraba en muchos aspectos, pero no en el que tenía en mente: el desempeño.

En una de las divisiones (de American Express), la longevidad había sido un factor importante en el pasado; en otra división había sido la política de pertenecer al grupo apropiado. En ese entonces, se valoraba la rápida movilidad hacia los diferentes cargos. "¿Qué tan rápido podré llegar al próximo puesto?". Cuando llegué a la compañía, el tiempo promedio en un cargo era algunas veces menor de un año. Si alguien ocupa un cargo por sólo un año, ¿cómo puede demostrar su desempeño? ¿Cómo puede desarrollar a los empleados? ¿Qué probabilidades habrá de que genere la sensación de poder hacer ese trabajo mejor que cualquier otro empleado?[4].

A partir de su experiencia en American Express, Gerstner se había familiarizado suficientemente con las culturas corporativas, que ya no encajaban con el actual entorno de los negocios; con compañías cuyos ejecutivos gastaban más energía luchando entre sí en vez de tratar de comprender dicho entorno; con ejecutivos tercos que consideraban que su forma de hacer las cosas era la mejor salida, la única alternativa. Al recordar la rígida estructura organizacional de American Express, el alto nivel de competencia interna entre las unidades operativas, la rivalidad interna entre las nuevas y viejas líneas de productos, se dio cuenta de que lo peor de todos estos defectos se encontraba en la resistencia a la idea de que el mundo podía cambiar. Descubrió que, ante todo, era una actitud de: "Así lo hemos hecho durante muchos años y hemos tenido éxito. A nosotros no nos hablen de nuevos competidores".

> En nuestra planeación estratégica, identificamos a nuestros competidores; sin embargo, no siempre llegamos a interiorizar lo que sucedía afuera, algo que nos dijera lo que debíamos hacer adentro de la organización. Quizás, este fenómeno se relacionaba con el gran éxito —casi exclusivo— que la empresa había disfrutado con el paso de los años[5].

Dolorosamente, consciente de la probabilidad de volver a encontrar algunos de estos mismos problemas cuando se hizo cargo de la organización, Gerstner entendió que un tesoro estadounidense, un gran símbolo como IBM, se resistiría a aceptar el cambio. Durante décadas había alimentado una cultura que fijó normas y patrones de comportamiento para cientos y miles de empleados. El cambio era un anatema. El cambio era algo opuesto a la cultura. Era el enemigo. Sin embargo, para efectuar las correcciones apropiadas en la empresa, Lou Gerstner tendría que abordar esa cultura, con el fin de asegurarse de que los arrolladores cambios que planeaba llevar a cabo fueran aceptados por los empleados de IBM. En ciertos aspectos, sería su mayor reto, uno que sería aun más difícil por el hecho de que IBM comenzaría a fragmentarse en 13 negocios autónomos.

Gerstner sabía que había sólo una forma de cambiar dicha cultura, y que a él le correspondería liderar esa lucha como si fuera un general en pie de guerra.

> Si el CEO no vive ni predica la cultura y no lo hace firmemente, entonces simplemente no va a ocurrir nada. Se trata de una condición *sine qua non*: no suficiente, pero sí necesaria[6].

No obstante, no se hizo falsas ilusiones de que sería fácil efectuar el cambio en la cultura de IBM.

> Por fin pude entender, después de un año o dos en American Express, que cambiar la organización era mucho más difícil de lo que había pensado. Yo creía que me tomaría un año llegar a ubicar los elementos básicos en su lugar y estar listo para salir adelante. De hecho, me tomó cuatro años. Pronto, tuve claridad de que era muy importante generar un ambiente donde el cambio pudiera darse definitiva y rápidamente[7].

¿Qué pensaba Lou Gerstner de la antigua cultura de IBM? En primer lugar, reconocía que ésta había sido benéfica para la compañía. Pero también era consciente de sus deficiencias.

> Casi puedo decir que no estoy tratando de entender la cultura de IBM. En cierto sentido, puedo parecer irreverente. Algunos aspectos de esa cultura son muy importantes, y trato de hacer énfasis en aquellos que apuntan a la excelencia: un alto nivel de atención al cliente, capacidad de respuesta con relación al individuo que se encuentra en el interior de la empresa, dedicación a la calidad. Esos valores han formado parte de las culturas que he generado en otras partes. Sin embargo, no estoy interesado en el aspecto cultural que define los procesos como enemigos de los valores. No quiero que nadie me hable de procesos[8].

A él le parecía muy importante este aspecto. Durante sus primeros meses en IBM, Gerstner tuvo la impresión de que los anteriores líderes se habían inmiscuido demasiado en las operaciones cotidianas, en vez de permitir que la empresa funcionara de acuerdo con un conjunto bien definido de principios operativos.

> No creo que podamos o debamos ser una compañía conducida por los procedimientos. Eso no significa que no tengamos procesos. Los procesos efectivos que sirvan al cliente son importantes. No obstante, en esta compañía hay más procedimientos que los que haya podido ver en toda mi vida. Le decimos al personal cómo comportarse, qué hacer, cómo hacerlo todo. Tenemos que parar todo esto. Debemos ser una empresa que base sus decisiones en unos principios operativos fundamentales. Si todos los entendemos, y trabajamos con base en ellos, entonces convertiremos a IBM en una empresa líder y triunfadora[9].

Después de dos meses en el trabajo, Gerstner todavía no estaba preparado para poner un manto de duda sobre la cultura de la organización.

> Todavía no he llegado a una conclusión que me indique si hay complacencia o no. Lo único que sé es que vamos a resolver algunos aspectos que son absolutamente necesarios, y luego vamos a proceder muy rápido. Me niego a hacer una propuesta como ésta: "Pongamos todo en tela de juicio y tomemos una decisión acerca de lo que no marcha bien en IBM. ¿Qué hicimos mal?". Desde que he estado aquí de mi boca no han salido tales palabras. No tengo interés en actos de contrición o en hacer penitencias[10].

"Hemos caído en una onerosa burocracia y nos hemos preocupado mucho por nuestra propia visión del mundo",[11] escribió. También manifestó que la compañía era juzgada por su reputación de arrogancia, "pero en esta oportunidad no va a suceder lo mismo".

Sin duda alguna, Lou Gerstner planeaba cambiar la cultura de IBM. Sabía que ésta necesitaba trasformarse, aunque no quería hacer demasiado hincapié en todas las razones que lo justificaban. Eso había quedado en el pasado. Y sólo le interesaban el presente y el futuro inmediato. Gerstner sabía que llevar a cabo un cambio cultural era vital para la organización, aunque problemático. También era consciente de que había poco tiempo para poner en práctica sus cambios. De igual modo, sabía que el mejor camino para dirigirlos era conceder, en lo posible, el mayor poder para que los individuos a su cargo tomaran las decisiones apropiadas. A pesar de tales verdades, no permitiría que se le presionara. Su plan era ser un CEO activista, y no iba a permitir que la longeva cultura empresarial de 80 años de IBM se cruzara en su camino.

Hacer a un lado la cultura empresarial obsoleta si es necesario, pero hacerlo inmediatamente

"Busco gente que tenga las agallas de enfrentarse y superar las dificultades internas existentes en todos los rincones de la organización".

Aunque Lou Gerstner había tomado la firme decisión de producir un gran impacto en IBM, se enfrentaba a cierto dilema: la mayor parte de lo que el fundador Thomas Watson Sr. había inculcado en la compañía, él lo encontró útil e importante. Le agradaba decir que, de muchas maneras, la IBM que se había imaginado era en realidad un retorno a la antigua IBM. Con eso quería decir volver a las épocas de Watson Sr., no a lo que vendría después. No la IBM que gastaba mucho tiempo para tomar decisiones o la que era tan complaciente, hasta el punto de llegar al estancamiento.

> Estoy hablando de la *antigua* IBM, la compañía que vivía obsesionada por el cliente. Eso no significaba comenzar por preguntar "¿Qué tipo de tecnología desea?", sino, más bien: "¿Cuáles son los aspectos clave de los negocios que necesita resolver?", es decir, la IBM que consistentemente daba la pauta y guiaba esta industria. La IBM que apostaba a una visión —el System/360— y ganaba en grande. La IBM que definía la excelencia para las organizaciones de negocios y que una y otra vez inventaba el futuro.
>
> No he abordado mucho este punto, porque me parece que es importante centrarse en otros aspectos más urgentes: la supervivencia, luego el crecimiento, y enseguida establecer nuestra pertinencia en una nueva era de los computadores. Así mismo, con franqueza, muchas personas en este momento miran el pasado de la compañía con una nostalgia improductiva. Hemos convertido algunos aspectos del pasado en

> ídolos y nos arrodillamos a su alrededor para rendirles culto, en vez de reaccionar frente al mundo que nos rodea y mirar la manera como está cambiando. Es algo que ni T. J. Watson Sr. ni Thomas Watson Jr. hicieron. Sin embargo, ahora considero que estamos listos para cumplir con nuestro destino, y eso significa retomar una gran cantidad de aspectos que esta compañía siempre había defendido[1].

Al tratar de modificar la cultura empresarial de IBM, Gerstner se mostró muy cuidadoso en observar que él no quería destruir las fortalezas estructurales de IBM, su tecnología, su brillante personal. No quería arrojar el agua de la bañera junto con el bebé. Sin embargo, sí quería cambiar la cultura.

> (El problema) era más de actitud, el tipo de estructuras y el comportamiento de la gerencia que se habían generado frente al éxito. A esto le llamo la maldición del éxito[2].

Al tratar de modificar la manera como se comportaba el personal en IBM, Gerstner no tenía interés en remendar la estructura corporativa.

> Tenemos un dominio geográfico por el cual las demás organizaciones se matarían. Todo el mundo habla de la era asiática. Obsérvese el volumen de las operaciones asiáticas de IBM y cuánto tiempo han estado allí. Y también en Latinoamérica. Contábamos con todas estas grandes experiencias y, no obstante, nos las ingeniamos para confundirnos. Así que es necesario abordar los problemas de comportamiento. Me siento muy afortunado al tener que trabajar únicamente en la parte del comportamiento. También me siento afortunado por el hecho de que se necesita una crisis para centrarse en la necesidad de cambiar. Básicamente, lo que quiero comunicar a los que se encuentran presentes en este momento es que acabamos de perder US$17,000 millones y 150,000 personas se quedaron sin sus empleos, y los medios de comunicación nos están arrojando al depósito de chatarra. Parece que lo que estábamos haciendo no funcionaba. ¿Están de acuerdo con esto? En efecto, debemos tratar de hacer algo diferente. La capacidad de atraer a un grupo de personas inteligentes, que obviamente percibió que el antiguo sistema no estaba funcionando, ha sido algo muy constructivo[3].

Lo que él intentaría —y esto, por supuesto, era muy diferente— consistía en tratar de motivar a los empleados de IBM para que adoptaran una nueva actitud hacia la compañía, que fuesen más serios con su trabajo y, lo más importante, que tuvieran mayor disposición para cambiar sus formas de actuar. Él describió la nueva cultura de IBM que quería cultivar como "inquietante autorrenovación". ¿Esa "inquietante autorrenovación" podría (tirse en una característica permanente de la nueva cultura de IBM?

> Debe ser así, si se pretende liderar durante un periodo de grandes cambios. Recuerden, nuestro mercado es increíblemente dinámico. Es muy versátil; constantemente se renueva y reinventa a sí mismo... si se desea ganar este juego, hay que despertarse todos los días *esperando* un cambio. De hecho, es algo que debe disfrutarse.
>
> Es la otra cara de la moneda, es el deseo de querer ganarlo todo, el hecho de nunca sentirse satisfecho con un segundo lugar, de desear marcar todos los puntos, de sentir en carne propia cada revés. Esto significa adoptar el cambio. Si hay algo que nos aleja del crecimiento y de liderar nuestro negocio, hay que cambiarlo, incluso si se trata de un proceso o de la manera como trabajamos, o abiertamente, si se trata de nuestras propias habilidades. IBM necesita convertirse en una cultura de alto desempeño caracterizada por una inquietante autorrenovación. Y en algunas partes de la compañía, ya estamos en este proceso[4].

Había que esperar el cambio y la convicción de Gerstner era ésta: debes tener el sentido de la respuesta inmediata, estar dispuesto a trasformar inmediatamente, en la medida que sea necesario. De lo contrario, sería imposible mantenerse al ritmo —y tener éxito— en la rápidamente cambiante industria de los computadores de la década de 1990.

Gerstner generó de nuevo el sentido de respuesta inmediata en una compañía que había llegado a equiparar la agresividad con la deshonra. La vieja cultura de IBM había alimentado cierto desdén por hablar demasiado acerca de las rivalidades; había algo malo al parecer demasiado insistente. Debido a enfrentamientos pasados de IBM con el Departamento de Justicia, entidad que había pretendido reducir el monopolio percibido de la compañía sobre la industria de los computadores, la cultura de la empresa había desanimado a los empleados de pensar como monopolistas, de trabajar como si la organización fuera el famoso gorila de 400 kilos que perturbaba a los demás. Su fuerza de ventas había recibido órdenes en el sentido de no menospreciar a los rivales, de no llamar la atención del gobierno. Eso podría ser contraproducente. El resultado fue una compañía que sentía que no podría ejercitar sus músculos. Sin embargo, Gerstner quería una IBM diferente. Deseaba escuchar de nuevo el fragor de la lucha, quería empleados con deseos de triunfar. Cuando IBM perdía un contrato, personalmente se hacía cargo, y esperaba que los demás en la compañía actuaran de la misma forma.

Sentido de respuesta inmediata

La respuesta inmediata era la consigna de Gerstner. No sólo deseaba el cambio, también quería hacerlo rápidamente. En parte, lo logró al obligar a los empleados de la empresa a que pensaran de nuevo en el desempeño, a que reflexionaran en una nueva forma de llevar los productos al mercado, al comunicar al personal que sus empleos *no* estaban 100% seguros, al crear un ambiente más informal y menos autoritario donde las ideas conservadoras y cautelosas del pasado eran obsoletas, y donde se aplaudirían los esfuerzos por asumir riesgos con un espíritu empresarial. Con el propósito de hacer énfasis en la importancia que representaba para él todo esto, Gerstner tomó los pagos de los ejecutivos y las opciones de compras accionarias y los asoció al desempeño general de IBM, lo que forzaría a los gerentes a centrarse en componer sus negocios. Con respecto a los miembros de la alta gerencia, les pidió que tuvieran acciones de acuerdo con una fórmula fija: los miembros del comité ejecutivo corporativo deberían poseer tres veces su salario básico anual más un bono; el comité administrativo en todo el mundo, dos veces; el grupo de gerencia de nivel medio, un monto igual a su salario básico anual más un bono. Gerstner se impuso un exigente requerimiento de propiedad: él debía poseer cuatro veces su salario básico anual más un bono. Antes, no había un requisito similar de propiedad accionaria para los miembros no ejecutivos; por el contrario, Gerstner amplió el programa para la compra de opciones en IBM para los no ejecutivos; en el pasado estas opciones se habían reservado únicamente para la gerencia de nivel medio.

¿De qué manera cambió Gerstner los viejos estilos en IBM? ¿Qué hizo él para romper con la antigua cultura? Primero que todo, abandonó la política de "no despedir a nadie" propugnada en pasadas décadas, política que engendró la apatía y la indiferencia, más que ninguna otra parte de la cultura empresarial. Los empleados de IBM ya no disfrutarían el lujo de contar con un empleo de por vida; ya no estarían en un ambiente donde la norma era dejarse llevar por la corriente y no mantenerse alerta; ya no estarían tan seguros de que, independientemente de su negligencia o de la cantidad de horas libres que se tomaran en un día, sus trabajos estarían asegurados. Al descartar la política de "no despedir a nadie", Gerstner quitó la cubierta protectora que encubría a muchos de los empleados de IBM que no estaban poniendo de su parte. Entonces, podría identificarlos, y enviarlos a la calle. Sólo se mantendrían aquéllos en verdad talentosos. En julio de 1993, hizo su movimiento decisivo, y anunció un plan único para despedir a 35,000 empleados. Este plan era diferente de los del pasado; simplemente no utilizó una reducción de personal común y corriente ni paquetes atractivos de retiro anticipado para reducir la nómina. Con este plan en realidad sí sacó personal. Gerstner expresó pesar, pero no ofreció disculpas.

En el otoño enunció los ocho principios de IBM mediante los cuales se guiaría. El número ocho en particular rezaba así: "Somos conscientes de las necesidades de todos los empleados y de las comunidades en las cuales operamos". Esto contrastaba en gran medida con los valores establecidos por el fundador Thomas Watson Sr., quien propugnaba el "respeto por el individuo" como punto inicial en su lista de prioridades. Gerstner también demostraría respeto por los empleados, pero esperaba que trabajaran con ahínco, y les exigía resultados. Su enfoque pragmático contrastaba evidentemente con el pasado. Nunca más podría decir alguien en IBM: "Bien, sabemos que trataste de hacer lo mejor". Ya no habría planteamientos eternos, y las decisiones no se postergarían una y otra vez. Él trajo un nuevo estilo duro, un estilo rudo con el cual no habría prisioneros, estilo que muchos hallaron atemorizante y francamente desagradable. Sin embargo, a Gerstner no le preocupó nada de esto. De hecho, le agradaba que los demás sintieran terror en sus corazones cuando tenían que reunirse con él. Bajo tal presión, se verían obligados a desempeñarse mejor.

Hacer que las cosas funcionen

Lo que a Gerstner le importaba era el desempeño, no ofender a los empleados. Para IBM, él representaba un aire renovado. Durante mucho tiempo, los ejecutivos de IBM habían ejecutado los movimientos de reestructuración, reduciendo costos, comenzando un programa tras otro, hasta que los medios masivos de comunicación y los analistas financieros llegaron a la conclusión de que los problemas de la compañía simplemente eran infranqueables. Lou Gerstner se burló de tales ideas. Comprendió desde el comienzo que las dificultades no eran insuperables; los problemas existían porque nadie había estado dispuesto a hacerles frente. Él había dado con la forma de trasformar a una gran compañía cuando estuvo en RJR Nabisco, y tenía mucha confianza en poder hacer lo mismo en IBM.

Gerstner desafió la antigua cultura de IBM en varias formas significativas. Trabajó para destruir las influencias y los feudos que se habían erigido en IBM. "No puede haber políticos", afirmaba. "Hay que echar a esos políticos"[5]. Para que se dieran cuenta de que en realidad estaba hablando en serio, Gerstner empleó otra táctica: "...Tuvimos unas cuantas ejecuciones públicas de personal que no quería involucrarse en los nuevos programas. Eso le dijo a todo el mundo, que nosotros estábamos hablando en serio". Una de esas ejecuciones públicas involucró a alguien muy cercano al nuevo CEO: su propio hermano, Dick Gerstner.

Caín y Abel

Dick Gerstner, era una persona cálida, sociable y popular. Era el compendio de la antigua IBM. En cierta medida, las personas consideraban que Dick, no Lou, podría ser el Gerstner que remplazaría a John Akers.

Dick comenzó su carrera en 1960 como ingeniero industrial; obtuvo un ascenso y se convirtió en el director del Grupo del Pacífico Asiático de IBM y en 1988 fue escogido para arreglar los problemas que tenía la división de negocios de computadores personales. Antes de asumir el último cargo, lo aquejó un misterioso mal que lo mantuvo por fuera del trabajo durante tres años. Se le diagnosticó la enfermedad de Lyme, pero antes había sido sometido a dos cirugías en la columna vertebral. Dick abandonó IBM en noviembre de 1992, pero regresó en la primavera siguiente para desarrollar un proyecto de consultoría de 90 días, que le permitió ocupar un puesto en primera fila en el momento de llegar su hermano Lou.

Los dos hermanos se encontraron en una situación *sui generis*: Lou dispuesto a dirigir la compañía, Dick en la posición de hacerle saber a todo el mundo en IBM cómo era en realidad el nuevo jefe. Lou no se encontraba feliz con su hermano rondando por ahí. Y no se trataba de que Dick hablara mucho del nuevo jefe. Lou adoraba a su hermano, pero quería que se fuera, para comenzar de cero, y Dick se atravesaba en su camino. Lou planeaba utilizar una nueva escoba para barrer a IBM. Personas como Dick eran las que tenían que desaparecer. Sin embargo, eran hermanos. Dick y Lou. Caín y Abel.

Aunque estaba decidido a expulsar a cientos de empleados, Lou podría haber hecho una excepción en el caso de Dick; podría haber dejado que aquél continuara en trabajos de consultoría en IBM. No obstante, Lou sintió que, conscientemente, no podría pregonar a los empleados de IBM que había grandes cambios en perspectiva, y al mismo tiempo mantener a su hermano rondando por ahí.

Dick recuerda la primera reunión de los dos hermanos: "Era una situación un poco tensa para los dos", reconoce. "Lou y yo experimentábamos que no tenía sentido que yo permaneciera en la empresa. Estaba enfermo. No había trabajado la mayor parte del tiempo durante tres años. Yo formaba parte del equipo que había complicado todo. Lo último que Lou quería era que se presentara alguien de la vieja guardia y que esa persona fuera su hermano". Además, afirma Dick, estaba dispuesto a partir. "Todos me preguntaban cómo era Lou y cómo debían poner de su parte. Era una locura. Me puse muy feliz cuando vi que se acababan mis tres meses"[6]. Sólo se esperaba que dicha charla se hiciera pública. Aun así, el comportamiento de Lou Gerstner golpeó a muchos miembros de la compañía, pues no fue muy fraternal, por decirlo de alguna manera.

Si la decisión de dejar ir a su hermano era dolorosa, Lou Gerstner no dio muestras de ello. Lo que hizo *fue* mostrar que tenía la firme determinación de darle una nueva vida a IBM. Los demás empleados, al ver la decisión del nuevo CEO de sacar a su propio hermano, lo llamaron inclemente, un rudo bastardo que vendería incluso a su propio hermano para fijar su posición. Y así era, no estaban equivocados. Pero había algo que Lou Gerstner estaba ansioso de hacer: estaba dispuesto a atacar, y esperaba que lo tomaran en serio. De lo contrario, habría más ejecuciones públicas.

Los guerrilleros de Gerstner

Gerstner deseaba el cambio, y eso mismo se lo hicieron saber los empleados de IBM. Eso quedó muy claro a partir de los mensajes por correo electrónico que le enviaron al nuevo CEO. Simplemente, no sabían cómo comenzar. Gerstner planeó darles alguna ayuda. Durante los primeros meses en el cargo, solicitó 5,000 voluntarios para que le ayudaran a generar el cambio en IBM. Se esperaba entonces que los "voluntarios" influyeran en miles más, y así sucesivamente. Su propósito no era lanzar un programa formal. El estilo de Gerstner era más que un desafío, un llamado a la guerra para estimular una campaña popular dentro de IBM, con el objetivo de cambiar la cultura de la compañía. A fin de efectuar un verdadero cambio cultural, Gerstner sintió que tendría que comenzar en pequeña escala, y con la esperanza de que su cuadro de voluntarios iba a crear un movimiento que crecería con el paso del tiempo.

Gerstner recibió cartas de cientos de empleados que respondieron positivamente a la propuesta, y solicitaban que se les aceptara. Un escritor les noquete de "guerrilleros de Gerstner"[7]. En respuesta a las ofertas, redactó una carta en la cual agradecía a aquellos que contestaron ado. En ésta les pedía que lo pensaran dos veces, antes de tomar la decisión de ingresar porque los requerimientos para los futuros miembros serían bastante exigentes. Quería personas que fueran:

> Comprometidas con el éxito a largo plazo de toda IBM, en un entorno de cambios rápidos, de negocios globales intensamente competitivos. El compromiso con su carrera y con las unidades de negocios no es suficiente.
>
> Gente con mucho entusiasmo en hacer que las cosas funcionen para el cliente, en particular cuando las necesidades de éste requieran la participación de secciones muy diversas de IBM. No necesito barones y baronesas.
>
> La burocracia, los obstáculos y el criterio de "ésta es la forma como siempre lo hemos hecho" no deben representar ningún tipo de impedimento. Puedo asegurarles que existen individuos en la compañía que se opondrán en cada punto. Busco gente que tenga las agallas de enfrentarse y superar las dificultades internas existentes en todos los rincones de la organización.
>
> Gente dispuesta a asumir riesgos frente a la sapiencia y prácticas convencionales.
>
> Personas que permanentemente vean todo lo que hacemos con ojo crítico, que busquen nuevas formas de hacer las cosas mejor y de manera más productiva. Necesito empleados que inviertan el dinero de la compañía y utilicen los recursos de IBM de manera tan prudente como gastarían su propio dinero y recursos.
>
> Individuos que sean conscientes de que se trata de una competencia a grandes velocidades, y que estén dispuestos a imponer su ritmo en un ambiente intenso.
>
> Gente que mire el futuro con confianza. ¡Aquí no se admiten timoratos![8].

¿De qué manera darían los primeros pasos estos agentes de cambio?

> Básicamente, necesitan modificar la manera de pensar y actuar, cada hora de cada día durante el resto de su carrera en IBM. Deben hacer una evaluación constructiva y una crítica de todo lo que sucede en sus respectivas unidades, y hacerlo mejor.

Al final de la carta, Gerstner hizo una advertencia implícita a aquellos empleados que no pudiesen aguantar la conmoción ocasionada por el cambio, es decir, aquellos que se sentían muy cómodos con la tradición y los procedimientos: podrían hallarse en problemas en IBM. No fue muy específico en la advertencia, pero concluyó la carta diciendo: "... si están listos para fijar metas difíciles y alcanzar altos estándares de desempeño, estaré orgulloso de contar con ustedes a mi lado, a medida que nos desplazamos futuro". Él deseaba sólo a aquellas personas que estuvieran dispu aceptar su propuesta de negocios.

> Para que los individuos realmente tengan éxito, tienen que cambiar. Nuestra cultura debe modificarse. Y ustedes saben qué significa todo esto.
> No podremos compartir conocimiento, no podremos llegar a nuestros clientes, si continuamos operando en celdas aisladas en el interior de IBM. Si vamos a compartir ideas, si pretendemos incrementar nuestra velocidad, si vamos a tener una conexión perfecta entre nuestros clientes y nosotros, tenemos que integrarnos en el interior de la organización. Debemos trabajar como equipo. No podemos formar parte de una división o un producto; tenemos que formar parte de IBM: llegar en conjunto, proporcionando soluciones.

El nuevo estilo recatado de IBM

Para Lou Gerstner, parecía que todos llegaban a trabajar a IBM como si fuesen a un funeral. De hecho, el conservadurismo —casi fúnebre— del estilo del atuendo había sido uno de los hábitos más arraigados y molestos de la compañía. Al modificar esa costumbre, de acuerdo con la decisión de Gerstner, se ayudaría a romper con los demás aspectos de la vieja cultura empresarial. Entonces, se pasó la voz a los empleados de IBM acerca de la contraportada de un ejemplar de la revista *Think*. En la publicación se decía que el antiguo estilo de uniforme —caracterizado por una camisa blanca almidonada— estaba mandado a recoger, y había sido remplazado por una camisa a rayas más casual. Gerstner haría que se abrieran las puertas. Incluso antes de que llegara al escenario, muchas divisiones de IBM ya habían cambiado a un estilo de presentación más informal. En público, ocasionalmente hacía referencia a la forma como se suponía que debía vestir el personal de IBM. La manera de vestir en el trabajo exigía cierto sentido común, dijo Gerstner en privado a sus colegas, y confiaba en que los empleados de la empresa supiesen cómo vestirse, sin tener que ceñirse a pautas específicas.

De hecho, no tomó mucho tiempo para que todos en la compañía comprendieran que Gerstner había acabado silenciosamente con el anticuado y arraigado estilo de vestir. Los empleados de las oficinas principales de IBM se sintieron muy contentos porque a su ropa no almidonada y metida en el vestier de casa podría ahora dársele buen uso. De ahora en adelante, los hombres podrían lucir pantalón, camisas deportivas y zapatos estilo mocasín, y las mujeres usarían blusas y pantalón, sin temor de que sus empleos se vieran amenazados. Fundamentalmente, lo que Gerstner trataba de decirle a sus tropas era: luzcan más alegres. Su teoría era ésta: convocar un cambio en torno a la forma de vestir, le facilitaría convencer a los empleados de que se hicieran otros cambios más significativos en toda la compañía.

El mensaje implícito real en el cambio de estilo era éste: el personal de ventas de IBM tendría que olvidarse de sus símbolos de poder, de sus trajes de dos piezas, de las presentaciones evasivas, y buscar la manera de comprender lo que en realidad querían los clientes. En resumen, dejar de actuar como si supiesen todo. Como manifestó un observador de la organización:

> IBM se ha convertido en una compañía casual. Ya no es una empresa rígida y acartonada. Y eso simplemente no sucedió al azar. Lou Gerstner lo impuso. Él deseaba romper el molde. Dijo que ya no habría más códigos de presentación personal. Haz lo que quieras. El nuevo estilo de presentación personal se convirtió en la forma de expresar que de ahora en adelante las cosas serían diferentes. El estilo pasó de las camisas blancas a las camisas azules, y luego a las camisas de cuadros escoceses. Parte de lo que intentaba llevar a cabo era hacer que los empleados de IBM pensaran más como el resto de la industria, puesto que en California ellos no se visten de etiqueta.

Una construcción que hace énfasis en la disponibilidad

Junto a este estilo de presentación personal más flexible, se generaría un nuevo toque sin presunciones en IBM, simbolizado en forma muy apropiada por las nuevas oficinas de la dirección general que fueron construidas en un sitio no lejano del lugar donde se encontraba la edificación de la antigua sede. En septiembre de 1994 se comenzaron las obras y la nueva sede de la dirección general se inauguró en el verano de 1997. La nueva construcción era más pequeña y más abierta que las anteriores oficinas principales, menos tediosas, menos formales y más íntimas. La publicación *The Economist* describió, las nuevas oficinas de la sede principal, hechos de granito pulido y acero inoxidable brillante, como "modestas".

> "Las nuevas oficinas de la dirección general de IBM en Armonk, en el estado de Nueva York, se encuentran tan discretamente ocultas en un valle que sólo pueden verse hasta estar casi sobre ellas. Éste describe una leve curva en forma de S rodeada de

> árboles y rocas que fácilmente pudieran haberse demolido. Para una compañía que emplea a más de 270,000 personas y que obtiene ingresos por casi US$80,000 millones al año, es una edificación increíblemente diminuta. En su interior, se observa una construcción con mucha iluminación, de ambientes abiertos, que presenta una alta tecnología discreta y un ambiente muy tranquilo. La sede de la dirección general presenta un tono recatado, la antítesis de las otrora lujosas construcciones de IBM[9].

La antigua construcción tenía, desde el punto de vista de Gerstner, demasiadas oficinas y muy poco espacio para dar cabida a las reuniones con los clientes. Era desconcertantemente obsoleta, con cableados demasiado viejos para instalar los rápidos módems necesarios para manejar el tráfico de comunicaciones por computador. Casi no se cumplían los requerimientos de infraestructura de la gigante firma de computadores en cuanto a instalaciones de cableado con el que se pudieran efectuar trasmisiones por cable, vídeoconferencias o trasmisiones vía satélite. (Cuando Gerstner decidió trasmitir un mensaje de año nuevo en todo el mundo a los empleados, se vio forzado a hacerlo en las oficinas de IBM en Manhattan).

En la antigua sede de la dirección general de 420,000 pies cuadrados, donde trabajaban 900 empleados de IBM, la oficina de Gerstner se encontraba en un espacio enclaustrado al final de un prolongado corredor lleno de oficinas. En la nueva construcción de 280,000 pies cuadrados, Gerstner y otros ejecutivos de nivel medio ocupan las oficinas del piso superior en la parte central del edificio, de tres plantas, diseñado en forma de Z; la mayoría de los restantes 600 empleados trabajan en cubículos. La idea de Gerstner era tener la mayor cantidad de empleados tan cerca de él como fuera posible. Es un ambiente donde se ven pocas paredes y pocas puertas. El punto central es la disponibilidad. Si el cableado representaba un problema en las antiguas instalaciones, la nueva edificación acabaría con la necesidad de tener estos dispositivos de cableado en algunos casos. Ahora, los empleados, pueden llevar sus computadores portátiles a cualquier lugar del edificio y conectarse inalámbricamente a Internet. En algunos rincones quedarían residuos de la antigua IBM, los avisos de "Piensa" se encuentran sobre las mesas de vidrio en las salas de espera para los clientes. Sin embargo, para la mayoría de la gente, éste es el monumento de Lou Gerstner en la nueva IBM: una compañía sencilla, menos formal, diseñada con la última tendencia en tecnología y más discreta. Los visitantes que recorren la construcción encuentran una pared con fotografías del tamaño de cartel de los CEO de IBM, los monumentales nombres del pasado, Watson Sr., Watson Jr., Learson, Carey, Opel. Pero la fotografía del nuevo CEO de IBM, Lou Gerstner, brilla por su ausencia. ¿Por qué la omisión? ¿Gerstner había decretado que su deseo era que se le percibiera como un CEO recatado, acorde con una discreta IBM? ¿Sentía que todavía no se había ganado el derecho a unirse al panteón de las superestrellas de IBM? ¿O era un acto de modestia premeditada para evitar que los empleados de IBM hicieran las mismas críticas que le hicieron a Tom Watson Sr.? ¿Por qué razón tendrían que ver su foto en cada rincón? Nadie en IBM tenía la respuesta inmediata, pero cualquiera que fuese la razón, ciertamente parecía curioso que alguien que se sentía muy orgulloso y experimentaba una enorme satisfacción por lo que había logrado para IBM, hubiese insistido en este tipo de anonimato.

La vieja cultura empresarial se estaba desmoronando. Comenzaba a imponerse una nueva. La anticuada cultura había convertido a IBM en un imperio alrededor del cual se habían erigido barreras, barreras diseñadas para evitar que el Gigante Azul fuera impactado por el ambiente externo. Eran las barreras que tenían como propósito preservar la vieja cultura. Pero, como él mismo lo planteó al referirse al debilitamiento de la vieja cultura, no pretendía aparecer como un revolucionario. Sus ideas eran sólo a corto plazo. Muchos hubiesen preferido que iniciara una revolución para salvar a IBM. Pero Gerstner era muy conservador, demasiado cauteloso, muy cuidadoso, para dar tales saltos. Por ahora, estaba satisfecho de preservar muchas partes de la vieja cultura. Esa revolución era suficiente para él.

No hay que preocuparse por la gran visión

"Lo último que IBM necesita en este preciso momento es una visión. Lo que IBM requiere, en realidad, es una serie de estrategias muy concretas, orientadas al mercado y altamente efectivas en cada uno de sus negocios".

En tan desesperados aprietos se encontraba IBM cuando Lou Gerstner se convirtió en su CEO, que pocos creían que la compañía se podría salvar. Sin embargo, el solo hecho de que un nuevo CEO hubiese sido nombrado para remplazar a John Akers generó ciertas esperanzas. Entonces, surgió un consenso en el sentido de que justamente Lou Gerstner ya había trasformado otras organizaciones, y que haría lo mismo en IBM. Muchos se mostraron obstinados en que Gerstner debería llegar a IBM con un proyecto de recuperación en el bolsillo. Una visión estratégica, si se quiere. El problema con tal criterio era que Lou Gerstner deseaba adoptar un enfoque de desarrollo gradual para IBM. Su *modus operandi* para trasformar a las compañías en el pasado no había sido examinarlas. Más bien quería tomarse el tiempo suficiente, el que fuera necesario para saber por qué se hallaba la compañía en tal condición, y, sólo entonces, comenzaría a atacar los problemas. La visión estratégica, en cuanto a su interés inmediato, ocupaba un lugar propio. Sin embargo, los CEO sólo deben articularla después de reflexionar bastante y tomarse el tiempo suficiente para aprender cómo funciona la compañía.

Gerstner había modificado su forma de pensar relacionada con la pregunta acerca de la rapidez con que un CEO debería articular una visión estratégica. En otro tiempo, percibió la ventaja de proyectar tal visión lo más pronto posible cuando se encontraba en American Express en 1985.

> Primero hay que decidir qué tipo de compañía se desea tener. Si no se cuenta con una visión en la que usted crea, no puede alcanzarla. La gente simplemen-

te no creerá en usted, y no podrá comunicarla efectivamente en todo lo que hace.

Y cuando asumió el cargo de CEO en IBM en abril de 1993, sintió que era necesario comenzar inmediatamente por saber hacia dónde querría llevar a la compañía.

> Debemos tener un sentido trasparente de dirección, una apreciación de las prioridades, de la misión: de IBM en general y de sus partes individuales. Sin una estrategia, se fracasa, y sin una estrategia en una industria tan cambiante como ésta, el fracaso llega irremediablemente mucho más rápido[1].

Los medios de comunicación y los analistas financieros estuvieron de acuerdo con él. Gerstner parecía cada vez más el mítico caballero montado en su caballo blanco. Era inconcebible que no tuviese un plan preconcebido a largo plazo para la recuperación de IBM. Sentían que era necesario exigirle a Gerstner tal visión estratégica para IBM, así que parecerían estar sugiriendo en forma categórica que la nueva visión tendría que diferenciarse radicalmente de las estrategias fallidas de la década de 1980 y comienzos de la de 1990.

Tengo que sumergirme en la compañía

En marzo 29 de 1993, un día antes de que el consejo de dirección de IBM le eligiera formalmente como su nuevo presidente del consejo de dirección y CEO de IBM, Gerstner se sentó en una oficina en el piso 40 del rascacielos de la compañía localizado en el centro de Manhattan, y en una entrevista concedida a *Business Week* ofreció algunas declaraciones iniciales acerca de cómo se comportaría los primeros días y semanas de su gestión. A partir de esa entrevista, dejó en claro que no bombardearía nada en las primeras semanas. En realidad, quería tomarse su tiempo, para aprender y sensibilizarse sobre la compañía. Luego decidiría los pasos que iba a dar en IBM, sólo después de completar una mayor tarea de reconocimiento.

> Tengo que sumergirme en esta compañía. Quiero ver lo que más pueda, escuchar en lo posible a todos y palpar tanto como pueda la ejecución de las actividades cotidianas de esta compañía[2].

A Gerstner le pareció frustrante el celo de los medios de comunicación de dar primicias acerca de los planes de la compañía. "No tengo idea de cómo organizar mejor a IBM"[3], comentó perplejo ante lo que tildaría de "prensa frenética y maniática que anuncia todo con varias semanas de anticipación". Por la época en que se unió a IBM, solía hacer chistes a sus colegas: "Yo era una noticia vieja". Siempre le preguntaban acerca de sus metas. Cuando un reportero de la revista *Fortune* le preguntó si planeaba adherirse a las metas de John Akers para IBM —entre las que se incluía un retorno de 18% sobre el capital de los accionistas, un retorno sobre los activos de 8%, una reducción de gastos en 23% y dejar US$4,000 millones de flujo de caja libre—, respondió que ésa era la primera vez que había escuchado tales propósitos y, evidentemente, no tenía ninguna obligación de plegarse a éstos.

> "No he pasado el tiempo fijando metas. Lo he empleado tratando de comprender nuestra posición competitiva y viendo cómo se puede servir a los clientes. A partir de nuestra estrategia competitiva, surgirá el conjunto apropiado de objetivos financieros[4].

¿Tenía en mente un cronograma? ¿Tenía una fecha límite en la cual articularía su visión estratégica?

No en realidad. No podía imaginar que sólo después de 30 días en el cargo, la gente esperara que esquematizara un calendario para efectuar los cambios en una compañía tan grande y tan compleja como IBM.

> Por otra parte, en realidad, deseo desilusionar a sus lectores acerca de la idea de que éste va a ser el gran plan que surgirá de la nueva gerencia en algún momento. Eso no va a suceder. Es el momento de que IBM actúe y luego hable, y no lo contrario. Seremos muy cuidadosos cuando haya necesidad de hablar, y nos comportaremos como seres maniáticos, haciendo lo que nos gusta hacer[5].

No se requiere una visión

El enfoque de "primero obrar, luego hablar" pudo haber parecido modesto, pero no fue bien recibido en algunos sectores de Wall Street y de los medios de comunicación. ¿Por qué el enfoque de avanzar en forma gradual, se preguntaban obstinadamente, cuando IBM se encontraba en tales dificultades? Incluso, algunos clientes mostraron cierta preocupación, en el sentido de que

Gerstner era demasiado ambiguo: deseaban saber cómo evolucionarían la tecnología y los productos de IBM. Los clientes potenciales deseaban saber si IBM pretendía salir del negocio de los mainframes. Gerstner les debía respuestas claras e inmediatas, y sentían que no había ninguna a la vista.

En diferentes instancias, Gerstner daba señales de sus planes generales para la compañía, pero eran insuficientes y en gran parte no aclaraban nada. Por ejemplo, el 2 de julio de 1993, escribió un memorando a sus altos ejecutivos, en el que declaraba que IBM seguiría haciendo lo que había realizado bajo el mandato de Akers, sólo que con mayor eficiencia: "No deseo emprender una reorganización mayor en IBM en este momento"[6]. Les dijo que la compañía debería concentrarse en los clientes, mercados y competidores durante los próximos 12 a 18 meses, y no en propiciar cambios internos. No estaba interesado en gastar mucho tiempo componiendo a medias a la organización de IBM, lo que él llamaba su "ajuste interno", y agregó: "Deseo tener la seguridad de que el sistema actual se implemente bien, antes de intentar alternativas".

Gerstner no veía ningún tipo de beneficio al propiciar un cambio inmediato. Al preguntársele si se consideraba un revolucionario, respondió:

> No, de ninguna manera. Simplemente estoy tratando de ayudar a nuestros clientes. No fui el artífice de estos cambios. Aquellos cambios se crearon a partir de esta muy significativa ciencia, conocida como tecnología de la información, que además es extraordinaria. Intentamos tomar la ciencia y orientarla realmente a aplicaciones innovadoras. Y si usted pretende afirmar que eso es revolucionario —la verdad es que la revolución de IBM no consiste en que estemos muy enamorados de la tecnología y profeticemos que, una vez más, todos estarán conectados con todo el mundo, y todas aquellas profecías—, lo que quiero decir es que este punto no tiene mucho interés para nosotros. Lo que nos importa en realidad es: ¿Cómo se pueden crear aplicaciones de ruptura (*breakthrough*) para nuestros clientes? ¿Cómo crear una revolución para nuestros clientes?[7].

Gerstner sintió que debía concentrarse en medidas que estabilizaran la compañía. Estaba dispuesto a pensar en cuáles tipos de estrategias serían las apropiadas para IBM, pero a finales del verano de 1993 todavía no estaba preparado para divulgar sus ideas a largo plazo. Todavía era muy consciente de que la IBM de la década de 1980 había ido pasando de una visión estratégica a otra; siempre planeando redefinir la compañía, siempre juzgando erróneamente el ambiente competitivo. No tenía ningún interés en ofrecer todavía "otra visión estratégica" proyectada para reacondicionar la compañía. Una visión estratégica no era una varita mágica, no solucionaría los problemas inmediatos de la compañía de la noche a la mañana. En su momento, ofrecería un programa detallado para lograr un crecimiento de gran envergadura, pero por ahora tenía que enfrentar problemas más inmediatos: una compañía con una estructura en costos fuera de control, una organización que empleaba demasiadas personas. Por ahora, estaría satisfecho con solucionar aquellas dificultades a corto plazo. Gerstner no ocultaba su desdén por las visiones estratégicas. "Ha habido muchas especulaciones acerca de cuándo voy a entregar una visión", dijo durante una rueda de prensa en el verano de 1993.

> Lo último que IBM necesita en este preciso momento es una visión. Lo que IBM requiere en realidad es una serie de estrategias muy realistas, orientadas al mercado y altamente efectivas en cada uno de sus negocios[8].

"Lo último que IBM necesita en este preciso momento es una visión"; los analistas financieros se aferraron a ésta como una prueba veraz de que el jefe de IBM era una completa desilusión, por lo menos durante sus primeros meses en el cargo. Los analistas que creían que sólo un conjunto arrollador de visiones estratégicas podría salvar a IBM, no podían comprender por qué Gerstner se mostraba tan cauteloso. No los convencía el argumento de que necesitaba avanzar lentamente. Querían saber cuáles eran sus planes, y cuando se sintieron desilusionados, constantemente hacían referencia a aquella declaración para ilustrar la inercia en la dirección con la que se pretendía guiar a IBM.

Imperativos estratégicos

Gerstner expuso un paquete de ocho principios en el otoño de 1993, aunque en conjunto difícilmente constituyeran una visión estratégica[9]:

- El mercado es la fuerza motriz que está detrás de todo lo que hacemos.
- En nuestro núcleo, somos una compañía tecnológica con un compromiso predominante con la calidad.
- Nuestra principal medición del éxito es la satisfacción del cliente y el valor del accionista.

-)peramos como una organización con espíritu empresarial con un mínimo de burocracia y un enfoque inagotable en la productividad.
- Nunca perdemos la perspectiva de nuestra visión estratégica.
- Creemos y actuamos con un sentido de respuesta inmediata.
- Las personas extraordinarias y dedicadas hacen que todo sea realidad, en particular cuando trabajan en equipo.
- Somos conscientes de las necesidades de todos los empleados y de las comunidades en las cuales operamos.

Ninguno de estos principios, sin embargo, proporcionaría una pista sobre la dirección adonde Gerstner quería llevar a la compañía. ¿Quería seguir orientado por los mainframes? ¿Deseaba colocar todos los recursos de IBM en servicios y soluciones? ¿Qué pasaría con los computadores personales y el software? Los principios se esbozaron con el fin de estimular a los empleados para que trabajaran mejor y tuvieran en cuenta que IBM fabricaba productos para los *clientes*, no para sí misma. En cuanto a la dirección de la compañía, Gerstner tenía sus cartas bajo la manga. Este tipo de precaución era típico en este líder reflexivo y cauteloso para actuar.

En el reporte anual de 1994, Gerstner fue un poco más concreto; allí revelaría lo que denominó los seis "imperativos estratégicos": el mapa de ruta del futuro a corto plazo de IBM. Pero incluso estos planteamientos, en gran medida, creaban muchas dudas:

- Explotar la tecnología de IBM.
- Incrementar la participación de IBM en el mercado de computadores cliente/servidor.
- Establecer liderazgo en las nacientes redes centrales del mundo de los computadores.
- Realinear la forma como IBM proporciona valor a los clientes.
- Expandir rápidamente su posición en mercados geográficos nacientes clave.
- Apalancar su tamaño y escalas para lograr ventajas de costos y de mercado.

Seis meses después, en marzo de 1994, al dirigirse a los analistas de Wall Street, Gerstner sugirió una vez más que no tenía intenciones de anunciar visiones estratégicas de amplia envergadura para la compañía, en ese momento prematuro. "Ustedes deben comprender que no trato de crear una reforma completa en IBM, no intento crear una nueva marca IBM, sino, más bien, generar un sentido de respuesta inmediata, dirección y compromiso"[10].

Él concentraría sus energías en hacer que las diferentes partes de IBM funcionaran mejor. La tarea, admitió, era como "desaguar un pantano". A regañadientes, quizás en un intento por calmar los nervios de los analistas que habían depositado grandes esperanzas en él, el jefe de IBM declaró lo que algunos podrían haber considerado como un enunciado de la visión: IBM sería "la compañía de tecnología de la información más exitosa e importante del mundo, introduciría tecnología a los clientes y continuaría siendo la pionera en el campo de la tecnología".

Pensar como un hombre de negocios

Después de casi un año en el cargo, Gerstner todavía parecía inseguro acerca de cuál dirección tomaría IBM. A él se le reconocía por dar pasos seguros, aunque cautelosos. No obstante, cuando *Gannett News Service* hizo una encuesta a varios analistas, expertos industriales y consultores de computadores, algunos afirmaron que Gerstner estaba actuando con lentitud e ineficacia exageradas. La mayoría, sin embargo, le dio el beneficio de la duda y dijo que un año era muy poco tiempo para corregir una situación tan extrema. Su enfoque dirigido a estabilizar la compañía, consideraban, era apropiado y —para lo que estaba sucediendo en ese momento— suficiente. Wall Street parecía aprobar el enfoque de Gerstner: las acciones de IBM habían subido 40% en el año transcurrido desde que Gerstner asumió el cargo. Lo mejor de todo, IBM había acumulado utilidades por US$382 millones en el cuarto trimestre de 1993, después de haber perdido dinero cada trimestre a partir del verano de 1992. En lugar de esbozar una visión estratégica, Gerstner había trabajado duro para evitar que se cometieran grandes errores, y se esforzó por darle a Wall Street y al resto del mundo la sensación de que estaba enfrentando los problemas de IBM. Edwin Black, editor de la publicación *OS/2 Professional*, una revista norteamericana de computadores con sede en Rockville, Maryland, elogió el desempeño general de Gerstner, y anotó lo siguiente:

> Él piensa como hombre de negocios, e IBM, durante muchos años no había tenido a alguien en la cima que considerara las cosas como negociante. Los presidentes del consejo de dirección de IBM han tratado a la compañía durante años como una institución que no podría cambiar. Sin embargo, Gerstner está generando en IBM un renacimiento metódico y libre de sentimentalismos"[11].

A sus 18 meses en el cargo —en el otoño de 1994—, Gerstner todavía estaba lejos de ser el revolucionario que se esperaba. A él le gustaba describirse como "un gerente general", e implícitamente afirmaba que apenas era un pastor que guiaba su rebaño para superar situaciones, y no lo preparaba para una revolución. Además, los resultados parecían muy buenos. Los márgenes de utilidades estaban creciendo, y lo mejor era que las acciones estaban aumentando de precio. Algunos cínicos decían que simplemente era cuestión de suerte el que hubiera mejorado la imagen financiera de IBM. Por ejemplo, se había presentado una inesperada demanda grande por los mainframes, algo en lo que Gerstner no había tenido ninguna influencia.

Gerstner aceptaba el hecho de que un cambio significativo tomaría tiempo, y aunque pregonaba un sentido de respuesta inmediata en IBM, no se fustigaba porque la compañía no hubiese alcanzado su objetivo de US$8,000 millones en reducciones en costos. Se sentía muy complacido porque IBM había logrado reducir US$4,800 millones, es decir, 20% de sus gastos totales.

> Nuestros resultados en cuanto a la reducción de gastos han sido más que satisfactorios. Trasformar a IBM no es algo que podamos hacer en uno o dos años. Cuanto mejor solucionemos algunas de las dificultades a corto plazo, más tiempo tendremos para enfrentar los problemas a largo plazo. En realidad, no se puede comenzar a abordar las dificultades a largo plazo, a no ser que ya se cuente con una estabilización[12].

¡Explíquese!

Era una situación irónica. Los analistas financieros y los medios de comunicación deseaban que Lou Gerstner expusiera, o esbozara, un mapa de ruta que mostrara hacia dónde planeaba llevar a IBM durante la próxima década o algo parecido; pero él pensaba que trazar esas rutas era absurdo, y no le daba temor manifestarlo. Cuando se opuso a sus exigencias de dar a conocer sus planes específicos, muchos le acusaron de ser como los viejos líderes de IBM, impreciso, inseguro de sí mismo, complaciente: sí, incluso obstruccionista. Gerstner escuchó todas las críticas y se encogió de hombros. Sabía que era diferente de los líderes anteriores del Gigante Azul. Y, en su momento, la gente llegaría a apreciar la diferencia.

Nada es más importante que la ejecución de los planes de negocios

"El aspecto fundamental, desde mi perspectiva, es la ejecución. La estrategia es la ejecución".

Las grandes visiones no tenían ningún valor para Lou Gerstner. Eran simplemente palabras sobre el papel. ¿Quién tenía tiempo para llevar a cabo planes y estrategias a largo plazo cuando el paciente se encontraba sobre la mesa de cirugía? Él no tenía otra opción que centrarse en el aquí y el ahora. Quizá, si todo fuese bien, si IBM tuviese su casa en orden, si el balance final mostrara un mejoramiento estable durante un periodo prolongado, entonces quizá podría encontrar la oportunidad de convertir la gran visión en parte de su tarea. Gerstner sabía que allá afuera había personas —en los medios de comunicación, en Wall Street— que pensaban que no podía liderar exitosamente a IBM sin una visión; pero él no les ponía cuidado. En ese preciso momento, consideraba que no tenía otra alternativa que ser pragmático, acelerar el ritmo y el accionar de la compañía, es decir, ejecutar.

A pesar de sus problemas, el jefe de IBM tenía mucha fe en la organización, en sus productos, en su gente. Ninguna compañía hubiera podido amasar casi US$63,000 millones en ingresos anuales (como lo había hecho IBM en 1993), sin haber cerrado un gran contrato. Él consideraba que no había nada intrínsecamente censurable en IBM. Antes había hecho el trabajo de surgir con los productos apropiados, comercializarlos adecuadamente, generar ingresos masivos y utilidades considerables. Entonces, ¿qué estaba mal?

Desde su punto de vista, IBM simplemente no estaba ejecutando sus tareas en forma correcta. Era como si un entrenador de fútbol hubiera diseñado las mejores jugadas, hubiera colocado a los mejores jugadores en el campo, pero hubiera obrado con negligencia y no le hubiera dado el tiempo necesario al equipo para que aprendiera y practicara las jugadas. Cuando recorrió a IBM durante las primeras semanas de su ejercicio en el cargo, Lou Gerstner sintió desfallecer con lo que había encontrado: en diferentes partes había todo tipo de planes sólidos de productos y de mercadeo que, simplemente, se encontraban tirados sobre los escritorios del personal. Una y otra vez, cuando preguntaba qué había sucedido con el producto una vez que había llegado al mercado, se vio impactado por una respuesta reiterada: el producto nunca fue lanzado, nunca había visto la luz del día, y había alcanzado cero ventas. ¡Por el amor de Dios!, ¿por qué? Gerstner continuó haciendo sus pesquisas. La única respuesta era una mirada desesperada de los empleados que se encogían de hombros. Entonces, no le tomó mucho tiempo, como nuevo CEO de IBM, imaginarse qué era lo que sucedía: carencia de ejecución. El personal dormía sobre su trabajo. Los empleados no llevaban a cabo sus funciones. Las jugadas estaban a la vista de todos, pero el equipo no se las aprendía o no las practicaba en forma apropiada.

Ejecutar es trabajar intensamente sobre los aspectos pertinentes

Gerstner sabía que antes de articular una gran visión, tendría que hacer funcionar de nuevo a IBM. Para llevar a cabo esto, tendría que enseñarle a la compañía el verdadero significado de ejecución.

> La ejecución no es ir a las reuniones, convocar las fuerzas de tareas, debatir los temas, estudiar las oportunidades y superar los problemas. La ejecución es cerrar contratos, llamar a los clientes, despachar productos, cumplir los objetivos (y superarlos). No es trabajar más duro o durante más horas. Es trabajar sobre los aspectos pertinentes, aquellos que tengan el mayor impacto en el mercado[1].

Cualquier empleado que no se centrara en "los aspectos pertinentes" se vería en serios problemas. Esa persona aprendía a ejecutar, o habría un ajusticiamiento. Ésa era la actitud de Lou Gerstner.

Algunos especialistas habían propuesto la idea de que IBM debería convertirse en una compañía de servicios, que, aunque había sido el negocio tecnológico por excelencia en el mundo, ya no estaba en capacidad de sacar productos. Gerstner rechazó tales ideas, insistiendo en que IBM era el líder de la tecnología en la industria. La forma como IBM volvería a retomar su

sendero no sería tratando de deshacerse de su parte de manufactu
mejorando la manera de llevar los productos al mercado.

> Nuestros clientes saben que somos el líder en tecnología. El problema es que no hemos llevado la tecnología al mercado con suficiente rapidez, y con toda franqueza, cuando lo hacemos, a menudo se nos han presentado problemas de calidad. Por tanto, debemos reasegurar nuestro compromiso de mantener consistentemente altos estándares de calidad.[2]

Una vez más, la convicción de Gerstner consistía en que la mejor forma de solucionar los problemas debía ser ejecutar adecuadamente.

> En una trasformación como la que IBM pretende hacer, la parte difícil no ha comenzado. Se trata de una trasformación de principio a fin. Tenemos una gran cantidad de trabajo acumulado tras nosotros, y hemos aprendido bastante: desde el cambio cultural hasta saber cómo utilizar mejor nuestros propios sistemas de tecnología de la información, y a involucrarnos más en las áreas de mayor crecimiento de los negocios[3].

A medida que aprendía más sobre la compañía, Gerstner comenzó a comprender por qué IBM no ejecutaba con eficacia. Los obstáculos, algunos obvios, otros más sutiles, habían limitado a IBM, lo que cada vez le haría más difícil implementar los planes de negocios. Por supuesto, una de estas barreras fue la política de "no despedir a nadie". Cuando la organización pasaba por buenas épocas, la política no era nociva; pero en tiempos difíciles, cuando se resintieron las ventas de IBM, los costos de la empresa se hicieron aún más excesivos, mientras caían los ingresos. Cuando se hizo necesario recurrir a retiros directos, el régimen de Akers lo único que hizo fue implementar una serie de medidas que permitieron que los empleados se acogieran a generosos paquetes de retiros; y esa medida eliminó empleos a través de un proceso de reducción normal. Finalmente, al poner fin a la perdurable política de "no despedir a nadie" en IBM, Gerstner anunció el despido real de 35,000 empleados durante el verano de 1993.

Para hacer que los empleados de IBM ejecutaran de manera apropiada, Gerstner sintió que tendría que comunicar un sentido de respuesta inmediata. Supo, entonces, que en su trabajo tendría que tomar atajos:

> Todavía gastamos mucho tiempo tomando decisiones. Todavía hablamos demasiado en los grandes comités. Todavía estudiamos mucho las cosas. Y no contamos con un sentido uniforme de respuesta inmediata en toda la organización. Más que en cual-

> quier otro momento en la historia, la victoria de hoy va a toda velocidad. Ser rápido puede ser mejor que ser perspicaz. No significa obrar con imprudencia ni ordenar: Listo, apunte, fuego. Lo que pretendo decir es que hay que jalonar los proyectos y actividades con un compromiso apasionado *para hacer que se hagan realidad hoy.* ¡Necesitamos una gran dosis de impaciencia constructiva en IBM!

Para trasformar a IBM, Gerstner sintió que no necesitaba estrategias ilusorias. Lo único que necesitaba era hacer que los empleados de IBM se desempeñaran mejor en sus trabajos.

> El aspecto fundamental, desde mi perspectiva, es la ejecución. La estrategia es ejecutar.

Reorganización de la baraja

A la postre, los ejecutivos de IBM comenzarían a tomar con seriedad a Gerstner. Sam Palmisano fue nombrado para el cargo de la división de computadores personales en abril de 1996 con la esperanza de que hallaría formas de estimular el crecimiento. Al tener en cuenta el tema de respuesta inmediata de Gerstner, Palmisano se impuso una meta: con el fin de atraer nuevos clientes, la mitad de los productos que su división generaría para ese año serían nuevos. Se encontraba en el cargo desde hacía sólo tres semanas cuando comprendió que se había fijado una tarea imposible para él. En una visita al complejo industrial de producción de computadores personales en Raleigh, Carolina del Norte, se dio cuenta de la gravedad de la situación. Las cosas se estaban moviendo a paso de tortuga, y comenzó a desesperarse por la necesidad de acelerar el proceso. A las siete de la mañana, un día convocó a su equipo de producción y le dio una breve charla que reflejaba su desesperación: "Debemos llevar a cabo esto rápidamente. Si no lo hacemos, tendremos que asesinar a nuestros niños". ("No quiero decir en realidad asesinar a los niños", explicó posteriormente, "pero ustedes me comprenden").

Gerstner comenzó a reorganizar la baraja, reasignando responsabilidades diferentes a sus ejecutivos senior. Los empleados no harían largas exposiciones para mostrar el beneficio de las reuniones; por el contrario, tendrían tiempo para efectuar más pruebas de los productos y acelerar el ritmo de las pruebas totales. Estimuló a la fuerza de ventas para que empezara a impulsar los productos con juicio, incluso antes de que éstos estuviesen listos para el mercado. "Sam", le dijo un representante de ventas, "si lo hacemos y no cumplimos (la fecha límite de marketing), no se nos considerará un proveedor confiable"[4]. Palmisano tenía una respuesta para ello: "Si los muchachos no impulsan el producto en este momento, perderemos ventas". Seis semanas después, los computadores personales salían por la puerta. Por primera vez en esta década, los computadores personales de IBM fueron los primeros en salir al mercado; como resultado, la unidad ganó un punto fijo de participación en cada uno de los últimos tres trimestres de 1996. Palmisano hizo una gran celebración y dio bonificaciones a sus empleados, las primeras que veían en años. Pero permaneció cauteloso: "Diez meses no significan una tendencia. Debemos continuar ejecutando. En este negocio no puede haber incompetentes"[5].

Al finalizar 1996, Gerstner se mostró complacido al observar que IBM estaba mostrando un notable mejoramiento en un área vital: la velocidad. "Me atrevo a decir que no hay una compañía que haya estado cerca de lo que hemos hecho. La cultura se ha centrado más en la rapidez"[6]. Los analistas también comenzaron a notar una diferencia. Frank Dzubeck, presidente de Arquitectos de redes de comunicaciones, hizo el siguiente comentario: "Hago llamadas allí a las seis de la tarde y el personal todavía está trabajando. Se sabe que contamos ahora con empleados que dan los números telefónicos de sus hogares a quienes deseen hablar con ellos en la noche y durante los fines de semana. Nos dan respuestas inmediatas a los mensajes por correo electrónico, provenientes de Europa y China"[7].

Parte de la ejecución adecuada consistía en no prometer lo que no se pudiera cumplir. Éste era otro aspecto importante de la filosofía gerencial de Gerstner y era algo que había aprendido antes de hacerse cargo de IBM. Prometer excesivamente era contraproducente. Era una forma de menoscabar la reputación de alguien y, a la postre, de perder a los clientes. "No comprendo. En otros lugares donde trabajé, mis abogados me decían que iría a la cárcel por tareas que el personal decía que iba a cumplir en esta industria, y luego no las llevaban a cabo"[8].

Por esta razón, aunque hizo énfasis en la necesidad de respuesta inmediata y toma de decisiones rápidas en sus primeros días en IBM, Gerstner siempre fue cuidadoso de no hacer muchas promesas. Se aseguró de no prometer a los accionistas que él trasformaría a IBM de inmediato. Decía que cambiar a la compañía posiblemente tomaría de cinco a diez años. El hecho fue que logró resultados notables mucho más rápido. El no prometer en exceso lo hizo ver mucho mejor ante los demás.

En pos del liderazgo

En la reunión de accionistas de 1996, efectuada en Atlanta, Gerstner observó que, de hecho, había intentado proceder con lentitud, no había prometido una revolución de la noche a la mañana:

> Hace tres años, cuando me uní a esta compañía y me dirigí a los accionistas por primera vez en Tampa, IBM se encontraba en la lista de especies en vía de extinción. Hablé de emprender fuertes acciones necesarias para salvar a nuestra compañía. Hace dos años, hablé de estabilidad. En el último año, la preocupación era por el crecimiento. Ahora, vamos en pos del liderazgo[9].

En una entrevista concedida en el otoño de 1998, Gerstner no había echado al olvido este punto, pues todavía consideraba que si los empleados de IBM hacían sus tareas lo mejor posible, la empresa florecería.

> El mayor desafío en IBM es hacer realidad todo esto dentro de la organización. Es ejecutar. Indudablemente, somos la compañía más compleja en el mundo. No sólo por nuestro tamaño y alcance, sino debido a esta tecnología... El punto concreto es cómo ejecutar en una compañía de 300 mil empleados en 170 países, en una industria que cambia en forma tan notable como la nuestra. Cuando podemos ejecutar lo que queremos hacer frente a los clientes, somos exclusivos. Casi siempre ganamos. Es un enorme desafío gerencial[10].

Si pudiera recortar las reuniones, hacer que sus ejecutivos tomaran decisiones más rápido, si pudiera hacer llegar los productos al mercado con mayor rapidez, Lou Gerstner sabía que podría movilizar a IBM en la dirección correcta. Para poner en movimiento a IBM, tendría que introducir una nueva respuesta rápida en la nueva organización. Sin embargo, la respuesta rápida no era suficiente. Los empleados, desde los altos cargos hasta los puestos inferiores, tendrían que centrarse con mucho mayor rigor en lo que pretendieran hacer: mantener gastos bajos y hacer crecer la compañía. Gerstner tenía confianza en que podría hacer que los empleados de IBM dieran lo mejor de sí, y el resto se daría por añadidura.

PARTE IV

DESHACERSE DE LA COMPLACENCIA CORPORATIVA

"Hice muchas preguntas a nuestro personal. Les pregunté cómo hacer más con menos... para cambiar una cultura que consideraba garantizado el éxito... que la había convertido en presa fácil de la competencia".

No perder más tiempo, ¡hay que dar en el clavo!

"... tenemos muchos programas por terminar, demasiadas revisiones, muchas fuerzas concentradas... Y todavía le damos más valor al 'tiempo que gastamos discutiendo' que a los resultados".

A Lou Gerstner no le gusta desperdiciar el tiempo, bien sea el suyo o el de las demás personas. Si existe una forma más rápida de hacer algo, la aprueba. Si otros individuos obstruyen la realización de una tarea, no le gusta verse rodeado de ese tipo de gente. Para él, las personas que se la pasan hablando en todo momento son el tipo de gente que puede arruinar un negocio.

Cuando se encontraba en American Express, se aseguraba de invitar sólo a aquellos empleados que verdaderamente necesitaba en reuniones vitales en las cuales se generarían múltiples ideas, aunque eso implicara irritar a aquellos que no fueran invitados. A veces, solicitaba un retiro de tres días e invitaba a un pequeño grupo selecto.

> Sé de antemano qué personas deben estar en una reunión. Habrá unos cuantos individuos que se sentirán molestos porque quedaron por fuera de este encuentro. Los más francos vendrán a mi oficina y me dirán: "Mi carrera se ha terminado. ¿Por qué me hace esto?" Eso es un problema. Entonces, tengo que decirles: "Mire, será una pequeña reunión. Creo que usted hará aportes valiosos en otras áreas. Considero que no es vital que vaya a esa reunión. Usted forma parte del equipo gerencial senior, de modo que los resultados evolucionarán a partir de este proceso, y usted, por supuesto, participará en la revisión de estos resultados, en la medida que tengan impacto en su área de negocios. Tendrá algo que decir sobre éstos. Sin embargo, se trata de una sesión importante donde se van a generar múltiples ideas y allí estarán las personas que deseo estén en esa reunión".

Gerstner sabía que incluso este tipo de palabras para apaciguar los ánimos fastidiaría a sus interlocutores. Pero a él, en realidad, no le preocupaba.

> Trato de evitar que el concepto de retribución se asocie con estas reuniones. En las sesiones regulares de carácter informal que duran hasta tres horas, conscientemente he excluido las retribuciones. Éstos son encuentros duros. Muchas personas salen extenuadas de estas reuniones; ellas no las ven como una retribución[1].

Mírenme de frente a los ojos

Cuando conformaba su equipo gerencial en IBM, Gerstner dijo a los ejecutivos: "No me preocupa si ustedes son la próxima estrella o si tienen que salir por esa puerta. Ustedes comienzan de ceros conmigo". A los ejecutivos senior que habían estado con la compañía durante años no les agradaba escuchar tales cosas. No obstante, le prestaban atención.

¿Recuerdan las reuniones de IBM antes de Gerstner? Eran agradables, pero no producían grandes resultados. Ahora, las reuniones presididas por Gerstner no eran precisamente agradables. Antes del encuentro con casi todos los que van a participar, exige que se le presente algo por escrito, en donde se establecen los hechos, se definen los problemas, de tal manera que estos apuntes le permiten omitir rápidamente las pequeñas charlas innecesarias y abordar de inmediato los asuntos concretos. Las reuniones con Gerstner son aterradoras para los acosados empleados de IBM, acostumbrados a sacarle el cuerpo a los problemas.

"¡Ay, Dios mío, ahora tengo que mirar a ese tipo de frente a sus ojos!", era lo que decía un ex empleado de IBM.

Él quería que salieran decisiones de las reuniones. "Antes"[2], observaba Jim Cannavino, el ex vicepresidente senior de IBM de la división de estrategias, "cuando usted asistía a una reunión en IBM, parecía como si ya se hubiera tomado la decisión. No sucedía lo mismo con Lou. Si tenía una reunión, él esperaba tomar una decisión. Si contaba con suficientes hechos, tomaba una decisión. No iba a las reuniones con ideas preconcebidas. Las reuniones eran más cortas y con menos personal que antes. Antiguamente, si un tipo, ubicado tres niveles abajo, poseía alguna información, se esperaba que aquellos que estuvieran dos niveles por encima asistieran a la reunión. Lou cambió ese procedimiento y al comienzo fue difícil para el personal. Todos estaban paranoicos; sin embargo, se acostumbraron a la forma de actuar de Lou".

De acuerdo con el enfoque de Gerstner de ir a los temas concretos, abolió los esquemas adornados y gráficas en las reuniones. "Yo no quiero una muy buena presentación donde ustedes pretendan impresionarme. Yo quiero saber cómo van sus negocios. Mírenme de frente a los ojos"[3]. Una vez, un ejecutivo senior se apareció con su proyector de diapositivas y carteleras. Mientras se acercaba a la máquina, se sorprendió al ver que Lou Gerstner también se aproximaba a ella. El jefe de IBM apagó la máquina mientras agregaba estas palabras: "Si no puede explicar su negocio, del cual usted es el experto y gerente, sin tener que utilizar toda clase de aparatos, en realidad no entiende su negocio". Antes de llegar al consejo directivo, los ejecutivos de IBM presentaban minuciosas exposiciones en las reuniones, dejando poco tiempo para efectuar análisis serios. De esta manera, lo que le gustaba al nuevo jefe eran informes concisos: éste era un vestigio de los días que pasó en McKinsey, cuando exigió que una presentación para un cliente no podía excederse de 15 páginas. Su frase favorita es: "Nunca confunda actividad con resultados". Para él, los resultados siempre deben ser reales. Le gustaba decir: "No busque señales para predecir el diluvio. Busque la manera de construir el arca". De este modo, Gerstner mejoró en gran medida la calidad de las ideas en IBM.

¿Qué diablos es esto?

Las llamadas telefónicas que hacía el jefe de IBM no eran las mejores. Cuando llamaba, nunca ofrecía un cumplido. En cambio, era conciso, directo y hasta brusco: algunas veces empezaba sus llamadas con la expresión "¿Qué diablos es esto?". Cuando se encontraba en el edificio, tampoco era conveniente pasearse por los pasillos. Los ex gerentes de IBM recuerdan que los cogía de sorpresa y les pedía una evaluación improvisada de otro colega, que se podía referir, incluso, a su propio jefe. Esto era tremendamente halagador, pero también muy aterrador. Gerstner comenta: "No hay duda de que, durante el primer año, hubo algunos intentos para alimentarme con arsénico intelectual: algunas ideas malas, algunos proyectos especiales"[4].

Gerstner admite todo esto. Como lo hizo en una entrevista concedida a la revista *Fortune*:

> Soy obstinado. Soy rudo en las situaciones de negocios. Estoy muy concentrado y tengo poco tiempo. Supongo que también soy relativamente brusco, pero, si quiere sa-

:r si soy apasionado, competitivo, concentrado, brusco y rudo, en efecto, lo soy. Así ;. Soy culpable. Muy honestamente, no me siento a gusto hablando naderías. Cuando voy a las reuniones del consejo directivo, llego dos minutos antes, y salgo cuando éstas se han acabado. No me quedo para el almuerzo ni salgo antes para ir a tomar café. Pero si la arrogancia significa orgullo, es decir, el deseo de obtener reconocimiento por todo sin pedir consejos a los demás, no considero que ésta sea una apreciación justa"[5].

Los funcionarios de IBM sugirieron que Gerstner se refería a aquellas juntas directivas de empresas sin ánimo de lucro, no al consejo directivo de IBM.

No sea cándido

Gerstner odiaba perder tiempo. Y no le gustaba que nadie perdiera su tiempo falseando la verdad. Parecía saber con precisión cuándo alguien le decía verdades a medias. "Es una persona sumamente brillante. Más que cualquier otro ejecutivo", comenta un ex ejecutivo de IBM que había trabajado con Gerstner, "usted no podía decir sandeces en presencia de este tipo. Él percibe, instintivamente, cuándo la otra persona no tiene una respuesta". Los empleados aprendieron muy rápido que la forma de sobrevivir en IBM era contándole la verdad al jefe, no dando rodeos ni obrando cándidamente en los negocios. Si usted era sincero con Gerstner, le iba bien. El ejecutivo añadió: "Lou no es de las personas de las que todo mundo piensa que es cálida, amigable, tierna, él no tiene esa clase de personalidad. No obstante, es un individuo con el que usted se llevará de maravilla si no lo trata con rodeos. Ante todo si obra con inteligencia, y es concreto, y le dice lo que sucede y aparece con soluciones para arreglar un problema. Se trata de un tipo con una fuerte orientación a los resultados. Es la clase de individuo que siempre está pensando en manos a la obra, sin embargo, IBM no se había comportado de esa forma. Él no era un encanto, pero la compañía no necesitaba una dulzura de persona; requería un tipo pertinaz, brillante y pragmático que pudiera motivar a los demás".

Gerstner pondría nerviosas a muchas personas, pues ya no esperaría que se le presentaran con un desempeño por debajo de lo normal. Haría a un lado a los tejedores de verdades reveladas. Su equipo gerencial senior estaba conformado por una interesante combinación de empleados internos y agentes externos. Para las áreas de soporte, Gerstner contrató personal clave que él conocía, a fin de suplir cargos de *staff* senior. David B. Kalis, su hombre de relaciones públicas senior, y Lawrence R. Ricciardi, su consejero general, quienes trabajaron en American Express y RJR; Abby Kohnstamm, director de marketing, que también había pasado por American Express; Richard Thoman, quien remplazó a York como CFO y ahora posible heredero en Xerox, trabajó con Gerstner desde los días de McKinsey; también llamó a su asesora ejecutiva, Isabelle Cummins, quien había trabajado con él desde 1978. "Después de haber hecho esto en tres ocasiones, déjeme decirle, es muy desolador el hecho de aterrizar completamente solo en una compañía"[6], admitió Gerstner. "Es sumamente útil tener personas con las que se puede contar y confiar porque uno las conoce muy bien".

Cuando Gerstner deseaba distanciarse de alguien, no recurría de una vez al despido inmediato. Con frecuencia, asignaba una tarea sin importancia a esa persona, lo que le trasmitía un mensaje claro: a usted no lo quiero ver por estos lados.

Gerstner también se impuso una disciplina práctica para su agenda personal. No parecía perder un sólo minuto. Leía bastante material todos los días, visitaba los clientes de IBM con frecuencia y organizaba su calendario con constantes visitas a las sedes de IBM. Se encontraba tan ocupado, que John M. Thompson, el ejecutivo responsable de la unidad de software, una vez tuvo que esperar un mes completo para poder tener una reunión de rutina con el jefe.

Demasiado tiempo invertido en discusiones

Después de pasar cinco años tratando de modificar las cosas en IBM, Gerstner sabía que tenía un largo camino por recorrer para hacer más eficiente a la compañía.

> Mis investigaciones indican que los puntos donde IBM se encuentra peor con relación a la industria en general tienen que ver con nuestra burocracia y nuestra cultura. Todavía tenemos muchas reuniones. Todavía tenemos muchos programas por terminar, demasiadas revisiones, muchas fuerzas concentradas, que agregan trabajo pero no mucho valor. Y todavía le damos más valor al tiempo que gastamos discutiendo, que a los resultados. Necesitamos tener más confianza mutua: confianza en que nuestros colegas pueden liderar y hacer las cosas apropiadas, de tal modo que no tengamos que ir a todas las reuniones y verificar todos los detalles[7].

Gerstner comenzó a exigirse al máximo, y del mismo modo se comportó con IBM. Los ejecutivos de IBM ya no se alegrarían de tener que asistir durante horas a una reunión. Ya no se permitiría que los ejecutivos estudiaran un problema en extremo. No bajo la vigilancia de Lou Gerstner. Tomó la decisión de aplicar un severo freno a lo que ocurriera en IBM, y se enorgullecía de su actitud: "No veo el rol del CEO como la posición empresarial distante que alaba las estrategias"[8], decía en una entrevista efectuada en 1992. "Acérquese y échele una mirada a la estrategia empresarial de las divisiones. No deseo que me suceda esto. Quiero acertar en este punto". Y así se generaba una nueva atmósfera de presagios en la IBM de Gerstner. Cuando el jefe decía saltar, el empleado preguntaba qué tan alto. Y comenzaba la búsqueda para alcanzar el próximo eslabón.

Establezca altas expectativas: No acepte la mediocridad

"Ha llegado el momento de volver a ganar, ejecutar y trabajar en equipo... Uno no se levanta cada mañana y les da la bienvenida. Uno se levanta cada mañana y los vive".

El estilo gerencial de Lou Gerstner de "no tomar prisioneros" era justamente apropiado para una compañía que se encontraba en medio de grandes dificultades. Él no toleraría actividades en las que se perdiera tiempo. Igualmente, no soportaba a los empleados que no pusieran de su parte. Siempre había detestado la mediocridad y tenía la convicción de establecer altas expectativas. Éstos eran los valores que había aprendido desde sus días en McKinsey. Como alguien que se desempeñara en el negocio de consultoría, creía firmemente en que los negocios debían hacer frente a la realidad, había que deshacerse de la gente inútil, e insistía en que los negocios se manejaran en la forma más productiva y eficiente posible. Mucho antes de asumir el cargo en IBM, siendo presidente de la junta directiva de American Express, hizo gran énfasis en el mismo punto a la división de Servicios Relacionados con Viajes cuando se dirigió a una reunión de su división estrella para evaluar el desempeño de los gerentes de ventas en Fort Lauderdale, Florida. El punto principal ese día, en 1985, fue "redefinir la excelencia". En ese encuentro hizo énfasis en qué tan importante era que cada empleado se impusiera nuevos desafíos, tanto personales como profesionales. Entonces, comparó a American Express con Roger Bannister, quien logró romper la marca de cuatro minutos en la milla, y dijo:

> No hay nadie que pueda compararse con nosotros. Hemos hecho algo único. ¿Ahora qué sigue? En este momento debemos establecer nuestros propios estándares, ex-

lorar nuevas fronteras, desarrollar nuevos enfoques, dar soporte a las personas au-
:orrenovadoras que sienten que siempre están luchando para llegar a la última meta.

La prohibición de términos jactanciosos

La paciencia no era el punto fuerte de Gerstner. Él era, por decir lo menos, una persona difícil de complacer. Cuando dirigía a RJR Nabisco, una vez le dijo a un vendedor de cigarrillos: "Nadie ha satisfecho mis expectativas, a excepción de mi esposa". Eso pudo haber sido una exageración, pero la reputación de Gerstner como tipo pragmático era ampliamente reconocida. En RJR Nabisco, él y sus ejecutivos prohibieron ciertos "términos jactanciosos", frases que pudieran dar la impresión de que se habían cumplido las expectativas. Entre las frases y expresiones excluidas se encontraban las siguientes:

Tuvimos un año excelente
Me siento orgulloso...
Prometo...

Cuando asumió el cargo en IBM, Gerstner se dio cuenta rápidamente de que el liderazgo había sido demasiado complaciente con sus empleados. Si en el pasado a los ejecutivos senior se les permitía decir: "Gracias, sabemos que has dado lo mejor de ti", al dirigirse a los empleados de IBM, Gerstner ya no toleraría tal compasión. Ésa era una forma fija de asegurar que los trabajadores *no* dieran lo mejor de sí mismos. Él ya no toleraría la pereza, los errores o la carencia de entusiasmo. Y, ciertamente, no aguantaría a aquellos que no parecieran estar a la altura de sus cargos. En una ocasión, cuando asistió a una reunión de 400 gerentes de IBM de diferentes países, les solicitó que levantaran unas pancartas con el nombre de sus competidores más fuertes. Gerstner se quedó estupefacto ante la mínima cantidad de pancartas que aparecieron. ¿Cómo era posible que los gerentes de IBM no supieran, o peor aún, que no se hubieren percatado de cuáles eran sus más enconados rivales? A partir de esa reunión, Gerstner sacó la conclusión que debería trabajar con tenacidad para eliminar la complacencia existente en la compañía.

Dictatorial y autocrático

Gerstner les aclaró que él no se pondría la meta de ocupar un segundo puesto. "Cada negocio debía ser exitoso"[1], recuerda Jim Cannavino, el ex vicepresidente senior de la división de estrategias y desarrollo en IBM. "Cada tarea que usted realice debe ser de clase mundial. Los negocios que desechaba no eran mediocres; simplemente no generaban efectivo". El mensaje que trasmitió fue que aquellos que no se desempeñaran a la altura de sus estándares, serían despedidos. Cannavino anota: "Puso mucho más poder en manos de los muchachos que se encontraban en la línea del frente. El *staff* corporativo se había hecho poderoso y tenía mucho más poder que los muchachos en la línea del frente. Lou hizo un gran movimiento para hacer que aquellos muchachos movieran los negocios. Les dijo: 'Hagan su trabajo o tendrán que salir' ".

Desempeñarse a la altura de los estándares de Gerstner significaba muchas cosas, pero había un aspecto en particular: significaba la disponibilidad de ajustarse al cambio, modificar la manera como IBM hacía los negocios, cambiar el entorno de los negocios, es decir, una trasformación general. En el pasado, IBM había luchado a brazo partido contra el cambio, y Gerstner estaba decidido a asegurarse de que eso no sucediera bajo su mando. Al comienzo de la gestión de Gerstner en IBM, se realizó una encuesta interna en la que se mostró que 40% de los gerentes dudaba que fuera necesario llevar a cabo un cambio radical. Irritado ante los resultados, Gerstner comunicó a ese "40%" que ellos deberían considerar la posibilidad de dejar la compañía, o de adoptar el programa. Sobra decirlo, varios ejecutivos de IBM calificaron el estilo gerencial de Gerstner como severo, excesivo, autocrático y dictatorial. Era un estilo, admitían a regañadientes, apropiado para manejar una organización debilitada que necesitaba un movimiento radical para ponerla en forma. Pero, a puerta cerrada, se escuchaban rumores de palabras más fuertes contra el CEO de IBM: sólo llegaría hasta ese punto con sus tácticas de tipo rudo; podría transformar a la empresa, pero no sería capaz de devolverle su papel predominante en la industria.

Para Gerstner, tales cuestiones parecían irrelevantes al comienzo. Sabía qué acción debería tomar inmediatamente, y eso era todo lo que le preocupaba.

Cuando me uní a IBM en 1993, hice muchas preguntas a nuestro personal. Les pedí hacer más con menos... cambiar una cultura que daba por garantizado el éxito... una que la había hecho complaciente y convertido en presa fácil de la competencia[2].

Una de las grandes pruebas de Gerstner

El mensaje de Gerstner de desempeñarse o ser despedido se filtró en uno de los segmentos de negocios más importantes de la compañía, la división de computadores personales. El PC era la mayor unidad de hardware de IBM y respondía por casi una sexta parte de los ingresos de la empresa.

Cuando Gerstner llegó al consejo directivo, encontró esta división en estado lamentable. En una época, la división de computadores de IBM había sido el líder predominante en cuanto a ingresos en su mercado. Pero a mediados de 1990, había caído al lugar número cuatro en los Estados Unidos y al número dos en el mundo (Compaq ocupaba el número uno). Los estándares en realidad eran bajos: los pronósticos dejaban mucho que desear: tenían una enorme cantidad de computadores en inventario que no se estaban moviendo, y muy pocos de aquéllos en realidad lo estaban haciendo. El desarrollo de productos también se encontraba en condiciones lamentables: el personal en este campo se movilizaba con excesiva lentitud, no cumplía las fechas límite críticas, y eso le costaba a la compañía mucho dinero. Los diseños que llegaban a la etapa de manufactura salían terminados sólo en dos terceras partes, lo que hacía costosos los cambios de ingeniería y dejaba muy poco tiempo para efectuar las pruebas del producto.

Gerstner sabía que la división de PC representaba una de sus mayores pruebas: si podía solucionar los errores en esta parte, tendría una buena oportunidad de encarrilar a toda la compañía. El jefe de IBM sabía que todas las miradas se dirigían a la afligida división de PC. La estrategia de Gerstner era sencilla: seleccionaría a alguien con una reputación excelente para que dirigiera la unidad; luego establecería metas muy ambiciosas y, lo más importante, se conformaría sólo con el éxito absoluto.

Para enfrentar el caos de la unidad de PC, Gerstner nombró a G. Richard Thoman en el cargo en enero de 1994, y le dio una orden contundente: trasformar el negocio. Thoman había deseado ser diplomático e hizo un doctorado en economía, pero se incorporó a McKinsey, y allí compartió experiencias con Lou Gerstner. Luego siguieron juntos en American Express y RJR Nabisco, y después en IBM. La tarea de Thoman como director de la unidad de PC era difícil, puesto que Gerstner había establecido metas muy altas. Gerstner insistía en que llevara los productos al mercado mucho más rápido, que solucionara los problemas de inventario y adoptara una estrategia de precios mucho más dinámica, con el fin de asegurar el movimiento de los productos.

La teleconferencia de los sábados por la mañana

Thoman se involucró en un tipo de microgestión efectiva con la cual tenía la esperanza de liderar y lograr mejores resultados. Cuando Thoman asumió el cargo, se vio muy sorprendido al descubrir que la división sólo recopilaba cifras mensuales que le acarrearon dos problemas desastrosos. Los inventarios se amontonaban, e IBM simplemente no podía modificar los precios rápidamente para responder a los cambios en el mercado. Cada sábado a las 8:30 de la mañana, sostenía una teleconferencia con unos cuantos gerentes alrededor del mundo, en Raleigh, en Carolina del Norte, en París y en otras ciudades. Juntos estudiaban con atención un documento de 44 páginas en el que se detallaban la producción diaria y las cifras relacionadas con las ventas. Thoman preguntaba a cada gerente:

> ¿Cuántos computadores construyeron esa semana?
> ¿Qué tipos de computadores?
> ¿En cuáles plantas se fabricaron?
> ¿Cuántos computadores se habían despachado?
> ¿Se cumplieron las fechas de entrega?

La teleconferencia duraba casi hasta el mediodía, y al terminar, Thoman tenía una idea de qué había sucedido la semana anterior. Evidentemente, era un nuevo avance.

Thoman estableció un sistema para que los gerentes de PC de IBM recibieran un reporte sobre lo que habían fabricado el día anterior en cada una de sus plantas. Un gerente de planta, entonces, podía recibir una llamada airada de Thoman si las cifras en producción habían caído con respecto a las del día anterior. Al principio, los reportes de IBM eran tan superficiales que Thoman no podía decir cuántos computadores laptop (portátiles) y desktop (de escritorio) se encontraban en inventario. Al mejorar los procedimientos de elaboración de reportes, proporcionó a los gerentes de planta una forma de saber cuáles eran las líneas de productos que se estaban moviendo y cuáles no.

Thoman, entonces, emprendió la labor de abordar otros problemas de la división de PC. Al ajustar las operaciones internas, Thoman produjo algunos resultados fantásticos: el inventario de productos terminados cayó 65%; los costos de adquisición y despachos cayeron 50%, y la división clausuró 13 bodegas europeas. Los márgenes brutos, el estrecho 13% de 1994, subió hasta 19%, y se estaban aproximando rápido a los márgenes de 25% de Compaq Computer.

De igual importancia, los equipos de investigaciones y desarrollo de IBM comenzaron a crear, a un ritmo mucho más rápido, nuevos productos para la división de computadores personales. Gerstner y Thoman adoptaron la medida crucial de que éstos trabajaran en conjunto en Raleigh, en vez de que lo hicieran, como en el pasado, en nueve puntos diferentes de los Estados Unidos. El microcomputador notebook Butterfly fue el mejor ejemplo acerca de la cuota de velocidad intensificada en la unidad de PC. Había pasado, en sólo año y medio, de ser un proyecto de laboratorio para convertirse en un producto final viable comercialmente, estableciendo un récord en IBM.

Thoman estaba decidido a cumplir las altas expectativas de Gerstner. Por ejemplo, cuando visitó las fábricas, insistió en que los gerentes de planta enviaran sus productos a distribuidores y clientes en el tiempo prometido. En consecuencia, los computadores personales de IBM llegaron puntualmente cuatro de cada cinco veces en el verano de 1995; ése fue un gran mejoramiento con relación al año anterior, cuando por lo menos uno de cada dos llegaba tarde.

Thoman tenía un mayor desafío: arreglar el desorden existente en las fábricas. El problema era que IBM producía una cantidad exorbitante de modelos diferentes de computadores personales: 3,400 para ser exactos. Al finalizar 1996, el jefe de la división de PC en IBM pudo reducir esa cantidad a una cifra más manejable: 125. Ésa no fue una proeza fácil, dados los seis millones de computadores que despachó IBM solamente en 1996.

No toleraré las fallas

Quizás el paso más crucial que dio Thoman en la resurrección del negocio de los PC fue convencer a todos, incluidos los ejecutivos senior, de que no toleraría las fallas. Él parecía ser una persona de muy buenos modales, y algunos consideraban que daba la apariencia de ser más un individuo académico (es hijo de un profesor universitario), que un ejecutivo de alto nivel del campo de los computadores. Sin embargo, su aspecto era engañoso. Despidió a un gerente de producto que no cumplía con los estándares, y de los 24 gerentes senior que estaban trabajando en la división de PC cuando asumió el cargo, sólo quedaron nueve en el verano de 1995. "Tenemos una clara responsabilidad con Lou Gerstner"[3], aseguró. "Si no puedo trasformar este negocio, entonces Lou debe remplazarme, y no debería estar aquí". A la postre, en 1997 fue nombrado presidente y heredero forzoso de Xerox Corporation.

Un compromiso personal

En su búsqueda por obtener una nueva IBM sumamente mejorad, no planeó dar a los empleados charlas para animarlos todos los días. El esperaba que ellos se motivaran por sí solos.

> Lo que importa en realidad es el compromiso personal de cada uno de nosotros con relación a cómo va a ser nuestro comportamiento, cuánta atención dedicamos, cuánto seremos capaces de dar, qué tan dispuestos estaremos a aprender y adaptarnos, en qué pensaremos todos los días, que nos conduzca a realizar bien nuestras funciones.
>
> Creo que ha llegado el momento de volver a ganar, ejecutar y trabajar en equipo. No se trata de un lema o ni siquiera de valores institucionales. Son compromisos personales. No son cosas que pasen por la cabeza, son del corazón y provienen de nuestras entrañas. Son aspectos del comportamiento, y no de carácter intelectual. Uno no se levanta cada mañana y les da la bienvenida. Uno se levanta cada mañana y los vive. Hemos completado, en gran parte, la tarea de reestructurar la institución. Nuestro éxito en este momento va a estar en función del comportamiento personal: el comportamiento de todos y cada uno de nosotros. Eso no lo podemos arreglar mediante procedimientos[4].

Bajo el mandato de Lou Gerstner, el empleado de IBM era un prototipo muy diferente del de su predecesor. No sólo habían desaparecido los trajes oscuros y las camisas blancas; tampoco se sentía la presencia celestial de Thomas Watson Sr., quien ya no estaría con su mirada vigilante, mientras alguien se toma una copa de licor o bota el humo de su cigarrillo. El empleado de IBM estaba más motivado: para trabajar duro, para encontrar la manera de desarrollar su trabajo y hacerlo de la manera más rápida y eficiente posible. Gerstner tenía una gran ventaja sobre los ex líderes en IBM: tenía la libertad de despedir a las personas. Con ese poder, le fue mucho más fácil fijar las más altas expectativas, y asegurarse de que todos y cada uno de los empleados cumplieran aquellos estándares. Después de todo, el clima competitivo de la década de 1990 era un entorno muy diferente del de la década de 1950. Gerstner difícilmente podría admitir una fuerza laboral satisfecha que imaginara que su empleo estaba garantizado.

Comunicar confianza en sí mismo, demostrar liderazgo

"Si vamos a dirigir, debemos indicar el camino y marchar hacia allá. Si los competidores nos siguen, eso no es importante. Lo que importa es ganarse el mercado, ganar clientes".

Lou Gerstner comprendió que implementar las estrategias de negocios apropiadas era importante, pero también demostrar liderazgo. Y la forma de demostrar liderazgo era irradiar confianza en sí mismo y comunicarlo de manera efectiva: a sus empleados, a las personas que se encontraban por fuera como los medios de comunicación y los analistas financieros, de hecho, a todo el mundo. Gerstner sabía que las mejores estrategias de negocios del mundo no funcionarían sin el liderazgo efectivo y la comunicación significativa en todos los niveles. Gerstner comprendió muy bien que comunicar era la esencia del liderazgo. A él le gustaba decir que el liderazgo no era innato. La única forma de proclamar el liderazgo era demostrándolo.

Gerstner sabía qué *no* era el liderazgo: era no dejarse influenciar por los rivales.

> El liderazgo no es un concurso de popularidad. Es posible que nuestros competidores no compartan nuestros puntos de vista. No nos podemos dejar distraer por lo que ellos digan o hagan (o, con mayor frecuencia, por lo que dicen que harán). Pueden dirigirse a sitios que son correctos para ellos, pero erróneos para nosotros. Si pretendemos liderar, debemos indicar el camino y marchar hacia allá. Si los competidores nos siguen, eso no es importante. Lo que importa es ganarse el mercado, ganar a nuestros clientes[1].

La prueba real para Gerstner —y él lo sabía— no sería sólo encontrar las estrategias apropiadas, sino ganarse la lealtad de sus trabajadores. Entonces, podría apalancar esa lealtad para asegurar que, entre otras cosas, los productos llegasen a tiempo al mercado. No cumplir las fechas de entrega había sido un problema importante para IBM en el pasado. Para ganarse su lealtad, Gerstner tendría que comunicarse con efectividad y hacer que se le respetara por sus capacidades de liderazgo.

La comunicación efectiva tendría también el efecto importante de reformar la imagen de IBM. Una imagen reforzada constituía la clave para ganar clientes en el mercado y asegurar el soporte crucial de Wall Street. Gerstner comprendía esto y se sentía complacido porque su imagen y la de IBM iban de la mano, puesto que no tenía ninguno de los problemas de otros CEO más modestos y humildes, los cuales se identificaban como la única causa del éxito de la organización. Gerstner tenía ambiciones elevadas para sí mismo. En efecto, con frecuencia reflexionaba acerca de cómo lo juzgaría la historia algún día. Deseaba pasar a la historia no sólo como el hombre reconocido por hacer una de las mayores trasformaciones en los negocios; también quería que se lo recordara como uno de los más grandes líderes de negocios de la historia. "Lou quiere estar en la más alta categoría de los líderes de negocios"[2], según James W. Johnston, su director de la división de cigarrillos en RJR. Jerome B. York, CFO de IBM, durante la crucial fase inicial de la trasformación de Gerstner, le dijo al personal que Gerstner podría convertirse en el Jack Welch de la década de 1990. Ser favorablemente comparado con el legendario presidente de junta directiva y CEO de General Electric era algo que agradaba a Gerstner.

Ansiosos de sinceridad

Desde el comienzo, Gerstner probó que era un buen comunicador. Incluso cuando apenas estaba conociendo el negocio, se paró frente a una audiencia de IBM y expuso vigorosa y convincentemente sus puntos de vista sobre la compañía. Habló *sin* llevar apuntes y parecía hablar con el corazón. Rara vez le solicitó a su *staff* de comunicaciones que le preparara un borrador para una charla, ni le comentaban los temas de la conferencia. Comunicaba sin problemas sus mensajes, y podía convencer a la audiencia de su sinceridad. Sabía que su audiencia, a menudo, estaba colmada de gerentes ansiosos de proteger sus propios territorios. Pero él buscaba superar los problemas de los feudos, al hacer que sus colegas colocaran en primer lugar al cliente. Quienes lo escucharon recuerdan que la gente parecía ansiosa de tal sinceridad. Tenía una forma instintiva muy práctica de pasar por los puntos que la audiencia deseaba escuchar. Y lo que la audiencia quería oír de Gerstner era cómo planeaba trasformar a IBM. Aunque no era muy específico, estaba rebosante de optimismo y confianza en sí mismo, y eso era suficiente para conquistar a la mayoría de las audiencias.

Gerstner estaba decidido a ganarse los medios de comunicación para que trataran a IBM con más respeto. La imagen de la compañía, bajo Akers, no pudo haber sido peor. La caída mortal de IBM a comienzos de la década de 1990 llevó a que los medios centraran su atención en cada deficiencia, en todas las debilidades y en cada lamentable revés financiero. Si IBM era un tren desbocado camino al abismo, los medios de comunicación parecían ansiosos por registrar la catástrofe en vivo y en directo. El descarrilamiento del tren todavía parecía probable, incluso después de la llegada de Gerstner en 1993. El solo hecho de que fuese el nuevo muchacho del pueblo levantó un poco la imagen de IBM; ahora las cámaras se centraban menos en el posible descarrilamiento, y más en el esfuerzo de hacer funcionar apropiadamente la máquina. Gerstner comprendió que este manejo de los medios tendría mucho que ver con la forma como el público percibía a IBM. Por eso no escatimó esfuerzos para asegurar que los medios escribieran sólo sobre aspectos positivos del alicaído gigante de los computadores.

Se revela una gran historia

Bajo el mandato de John Akers, IBM manejaba una política sencilla para sus relaciones con los medios de comunicación: cuando la situación se ponía pesada, había que meter la cabeza en el caparazón. En otras palabras, la mejor respuesta para una historia vergonzosa era: "sin comentarios". Gerstner no hizo uso de esta estrategia con los medios de comunicación de "no hacer ningún tipo de comentarios". Comprendió que un aspecto importante para vender la imagen de IBM a Wall Street y a la opinión pública en general era hacer sonar la alarma de la compañía. Tuvo un buen comienzo desde su mismo nombramiento como CEO, lo que implicó un gran torrente de declaraciones nuevas y optimistas. Los periodistas adoraban el drama de IBM: aquí estaba un símbolo de los Estados Unidos en caída libre, seguido de un nuevo líder, un intruso, escogido no por su experiencia en tecnología, sino con la esperanza de que, gracias a su marca en procesos de reingeniería financiera, salvara a IBM. Con los periodistas ansiosos por cubrir la noticia, con un Gerstner capaz de atrapar la atención de los medios de comunicación, quedaba una pregunta por responder: ¿sería capaz de explotar el recién nacido interés de los medios de comunicación en IBM, más allá del montón de historias que se tejían a su llegada a la empresa?

Al tomar las relaciones con los medios en una forma tan seria, un nuevo punto de partida para un CEO de IBM, Gerstner señaló el comienzo de una nueva era. Peter Thonis, quien formaba parte del *staff* de comunicaciones en IBM cuando Gerstner fue nombrado, se dio cuenta de inmediato de que su nuevo jefe comprendía el papel que los medios podrían desempeñar en ayudar a levantar la imagen de IBM. "Antes de que llegara Lou, a nosotros (el *staff* de comunicaciones) se nos consideraba el patito feo. No sentíamos que formáramos parte vital de la organización"[3]. Lo más importante es que Gerstner trajo a un profesional en comunicaciones (David Kalis) como su vicepresidente para esa área. En el pasado, IBM le había asignado la tarea de comunicaciones al personal de marketing y de ventas, pues no comprendía que esta función debería asumirla un especialista profesional en ese campo para que se entendiera con los medios. Gerstner también se aseguró de tener injerencia directa en los asuntos de los medios de comunicación. Thonis recuerda que "cuando se llegaba a la anterior gerencia senior, si alguien tenía un problema, ellos no lo respaldaban. Decían: 'Bien, eso se solucionará solo'. En cambio Lou se levantaba e intervenía inmediatamente si alguien lo necesitaba. Lou tenía injerencia en todo, incluso, despedía al personal. Haría lo que fuera para trasformar la compañía. Muy pronto nos dimos cuenta de que él permanecería a la expectativa. Se podían llevar a cabo algunas tareas, que no se pudieron hacer durante años, porque Lou ahora sí nos respaldaba"[4]. Thonis cita un ejemplo: en el momento de la llegada de Gerstner, IBM tenía ocho voceros que se comunicaban con *The Wall Street Journal*. El *staff* de comunicaciones sabía que eso era absurdo, y solicitó a Gerstner que designara solamente a un vocero para que se las arreglara con el *Journal*. No fue fácil hacer implementar la orden. El *staff* solicitó a Gerstner que hiciera algunas llamadas telefónicas a las personas que no habían captado el mensaje la primera vez. "Usted sólo tenía que lograr que él llamara a alguien una sola vez, y la voz corría inmediatamente"[5], anotó Thonis. "Eso pudo haber tomado cinco años para su solución, sin un CEO enérgico. Nos tomó aproximadamente cinco meses. Eso fue más que un alivio".

Cuando asumió el cargo, la estrategia de Gerstner para con los medios de comunicación era efímera y, a la postre, él mostró parte de la misma reticencia para interactuar con los medios, tal como había ocurrido con los anteriores ejecutivos de IBM. Ciertamente, se veía irónico que alguien que parecía comprender el poderío y la importancia de los medios de comunicación, se hubiera distanciado bastante de los periodistas. Lo peor fue que llegó a tener airadas discusiones con ellos. Su actitud hacia los medios se ajustó a la imagen de tipo rudo, pero a veces también tuvo fallas garrafales que le afectaron directamente cuando antagonizó con las mismas personas que pudieron haberle dado un impulso a IBM.

Al comienzo, aunque los medios estaban ansiosos por obtener detalles acerca de cómo planeaba trasformar la empresa, Gerstner habló con precaución y vagamente. Los periodistas deseaban abordar el tema en cada ocasión. Pero él insistió en que tenía que hacer funcionar el negocio, y prefería pasar el tiempo detrás de su escritorio, o viajando a las diferentes instalaciones de IBM. Los medios comenzaron a manifestar cierta impaciencia con el nuevo timonel.

Preferiría hablar con cualquiera, menos con un periodista

Gerstner lucía mucho más cómodo hablando en eventos industriales, que con los periodistas. Cuando daba conferencias, no acostumbraba responder las preguntas. No le gustaba ponerse en la mira de los periodistas. Además, consideraba que las conferencias le daban el tiempo y la oportunidad de hablar de la industria en general. Parecía más feliz cuando se ocupaba del pasado y el futuro de la industria. No es de extrañarse puesto que, a menudo, era descrito como una de las figuras líderes de la industria. Debido a que estaba ganando las batallas en IBM, a Gerstner se le destacaba con frecuencia en las listas de las revistas como una de las personalidades más poderosas en la industria de los computadores.

Sin embargo, cuando llegaban los medios, parecía abiertamente incómodo. Evidentemente, prefería dirigirse a sus clientes y a sus propios empleados, que a los medios de comunicación. Un analista financiero opinó que Gerstner ayudaría a la causa de IBM si fuera entrevistado con más frecuencia por los medios. Un día, un analista arrinconó a Gerstner y presionó para que le diera una respuesta: ¿Por qué no le habla un poco más a la prensa? Gerstner respondió con decisión: "Mi tiempo lo invierto mejor con los clientes". No obstante, sostuvo varias ruedas de prensa, e inauguró las reuniones de analistas financieros invitando a un selecto grupo de periodistas. Y a veces parecía disfrutar el hecho de enfrentarse con los medios de comunicación. "Le gustaba la idea de enfrentarse a los medios y decir algo provocador para llamar la atención", observa Peter Thonis. "No se siente intimidado para nada por los medios. Les dice lo que piensa"[6]. Los medios lo acosaban, los reporteros lo seguían en los congresos de ventas, y preguntaban a los clientes y a los demás cómo era en realidad el jefe de IBM, adónde planeaba llevar a IBM, si tenía una visión. Él era más bien una historia aburrida.

Sin embargo, el jefe de IBM rara vez dio entrevistas. Esperó cuatro años y medio antes de conceder una entrevista al *The Wall Street Journal*. Simplemente no le gustaba encontrarse en situaciones en las que no pudiese controlar la agenda. Otorgar una entrevista a un periodista generaba la posibilidad de que se le planteara todo tipo de preguntas que no deseaba responder. Los medios sentían que había una orden de ocultar el marcador de los triunfos y derrotas de IBM, y Gerstner consideraba inútil ocultar ese marcador. Sabía que necesitaba tiempo para curar las heridas de IBM y llevar al paciente por el sendero de la recuperación completa, mucho más tiempo de lo que los medios parecían estar dispuestos a conceder.

El control de las entrevistas

En aquellas raras ocasiones en las cuales concedió entrevistas, Gerstner buscaba controlar todo el proceso de principio a fin. Sus asistentes exigían que los periodistas limitaran sus entrevistas a uno o dos temas, y que les hicieran saber por anticipado los puntos que se iban a cubrir. Gerstner argumentaba que quería estudiar con profundidad aquellos temas en forma anticipada para la entrevista. Algunos periodistas se oponían a esas restricciones. Sin embargo, Gerstner tenía la última palabra. Siempre podía cancelar la entrevista si el periodista no se sometía a sus exigencias. Y, así, los periodistas no lograban nada. "Lou no opera de esa forma", era la única explicación que sus asistentes daban a los periodistas que buscaban liberar ese freno en sus entrevistas. A todos se les exigía que presentaran una lista anticipada de las preguntas. Gerstner también limitó la duración de la entrevista: nunca más de 45 minutos. A los periodistas que hacían preguntas que lo irritaban, los trataba con displicencia, mientras sacudía la mano con una actitud desdeñosa para hacerles ver la incomodidad que le causaban. Siempre dio repuestas breves. Los periodistas opinaban que su comportamiento hacia ellos era raro, pues habían escuchado que era una persona alegre e incluso cálida cuando se dirigía a los clientes. Pero para los periodistas, lucía distante y frío.

Gerstner parecía obsesionado con la imagen de IBM, hasta tal punto que se quejaba si en la difusión de la noticia se llegaba a utilizar una sola palabra que él considerara iba en contra de IBM. En cierta ocasión, un reportero sugirió que él se había involucrado en una "maniobra financiera" cuando IBM volvió a comprar las acciones de la organización y modificó las categorías tributarias. Gerstner odiaba la palabra "maniobra" porque parecía menoscabar sus logros. El término también parecía implicar que había practicado cierto tipo de trampas en su tarea de trasformar a IBM. Sin embargo, eso no fue todo. También atacó a un reportero por su sarcasmo evidente. El periodista escribió que el jefe de IBM se había alegrado cuando supo que el computador de Bill Gates había estallado en un evento público. Esta clase de comentarios sarcásticos molestaban al jefe de IBM, y Gerstner no tenía problema en dejar salir su cólera.

La mala fortuna de *Fortune*

Sin embargo, su reacción más curiosa frente a los medios de comunicación se presentó con la publicación de un informe especial en la revista *Fortune* sobre Gerstner e IBM, difundido en abril de 1997. El tono de la crónica, en general, era optimista y durante la mayor parte se retrató a IBM bajo una perspectiva favorable. No obstante, como se sugirió en el titular del informe de *Fortune*, la revista no tenía intenciones de endiosar a Lou Gerstner:

> *Es inteligente. No es un tipo encantador. está salvando al gigante azul. Lou Gerstmer no es fácil de querer, pero hay que tenerle respeto. Ha hecho su trabajo mejor de lo esperado. Pero, ¿finalizará su tarea y recuperará el crecimiento y la gloria de IBM?*

Aunque la crónica documentó con gran detalle el proceso de trasformación de Gerstner, él se resintió por la forma como lo describió. El primer adjetivo utilizado para describirlo fue "irritante". Más adelante lo presentó como alguien "esencialmente sin ataduras", lo que implicaba que a él no le agradaba permanecer mucho tiempo en un cargo. La crónica también sugería que era un individuo rudo y jactancioso, e incluso criticó su etiqueta en el golf. La revista narró una anécdota ocurrida en una ronda de golf en Florida, cuando cuatro golfistas que iban adelante de Gerstner jugaban lentamente. De acuerdo con la etiqueta de golf, los participantes que jueguen con lentitud, en efecto, deben permitir el paso directo a los otros golfistas. Cuando le preguntaron a Gerstner si quería pasarlos, "refunfuñó algo acerca de un hoyo abierto adelante, y siguió sin dar las gracias". De acuerdo con los allegados de Gerstner, él actuó rápidamente: prohibió que IBM sacara publicidad en *Fortune*; prohibió que su personal hablara con los columnistas de la revista e, incluso, canceló una presentación en una conferencia cuando supo que esta revista era el patrocinador del evento. IBM no confirmaría nada de esto. En cuanto a *Fortune*, uno de sus editores senior consiguió ayuda de un analista financiero y le solicitó que preparara el camino para una reconciliación entre la revista y Gerstner. Cuando el analista se acercó a alguien de IBM, esa persona le dijo que "dejara las cosas así". (Un vocero de la publicación observó que la revista no habría hecho ningún comentario sobre las acciones de Gerstner contra ésta). El altercado con *Fortune* se había convertido en la cadena de insensateces de Lou Gerstner, puesto que, en este caso, se trataba de una importante figura de los negocios que había optado por declararle la guerra a una de las publicaciones más importantes en la comunidad de los negocios, una acción que difícilmente parecía estar dentro de los intereses de Gerstner.

El jefe de IBM tenía algunas de las mismas dificultades para comunicarse con otro sector importante en la comunidad de los negocios: los analistas financieros en Wall Street. Éstas eran las personas cuyos puntos de vista acerca de IBM tendrían una influencia importante, incluso vital, para determinar la percepción general de la compañía. No obstante, independientemente del esfuerzo que hicieran para tratar de comprender a Gerstner y todo lo relacionado con él, se les dificultaba creer que era mejor evitar prometer en exceso, pues Gerstner estaba convencido de que sería nocivo para la organización parecer tan seguro de sí mismo. Aunque no se hubiese sentido forzado a decirles a los medios cuál era su gran visión para IBM, los analistas financieros sintieron que tenían derecho —de hecho él tenía la obligación— a que compartiera con ellos su visión y sus planes. Los analistas estaban acostumbrados a que los CEO fuesen más abiertos con ellos. Gerstner había solicitado a los analistas que fueran pacientes, pero después de llevar tres meses en el cargo insistía en que aún no tenía una gran visión para IBM.

El grupo con el cual Gerstner se comunicaba con mayor efectividad era con la base de clientes de IBM. Con ellos hablaba con libertad y abiertamente, y se aseguraba de escuchar lo que tenían que decirle. De vez en cuando, le decían que la salvación de IBM se encontraba en la prestación de servicios y soluciones amigables con el cliente; no simplemente en vender cada vez más productos. Y así, Gerstner insistió en que IBM mediría su éxito no mediante sus ingresos, sino en la medida en que el cliente se hiciera mucho más productivo y eficiente, como resultado de confiar en las soluciones de IBM para enfrentar sus problemas de negocios. En consecuencia, los clientes sabrían cuál era la forma como IBM se iba a proyectar a largo plazo, antes de que lo hicieran los medios y los analistas financieros. Y eso se acomodaba muy bien al estilo de Gerstner.

Capítulo 16

Mostrarse combativo, desarrollar una estrategia de adquisiciones agresiva

"Ustedes manejan el negocio. Hagan lo que quieran".

Una de las características más marcadas de la cultura de IBM había sido el síndrome de "esto no ha sido inventado aquí". Durante décadas, IBM había manufacturado productos que habían sido estrellas en la industria de los computadores, desde los primeros mainframes hasta algunos de los nuevos computadores personales y los laptop. IBM no tenía necesidad de mirar a otros puntos para adquirir empresas porque sus ejecutivos senior creían, sinceramente, que ninguna otra empresa podría producir con la calidad del Gigante Azul. Lou Gerstner no tenía ningún reparo en destruir los ídolos culturales, en particular, si éstos no encajaban en sus planes para trasformar a IBM. Según él, si IBM se adhiriera, tercamente, al síndrome de "esto no ha sido inventado aquí", vería frustrada su oportunidad de salir del callejón sin salida.

Gerstner quería que IBM fuera más competitiva y combativa. Y una de las mejores formas de lograrlo, pensaba, era adquirir otras compañías para obtener la titularidad de sus productos.

Una llamada temprano en la mañana

Lunes, 8:25 de la mañana, junio 5 de 1995. Lou Gerstner iba a hacer una de las llamadas más importantes de su carrera en IBM. Levantó la bocina para llamar a Jim Manzi, el CEO de Lotus Development Corporation, desarrollador líder de aplicaciones del nuevo sistema operativo OS/2 para computadores de IBM. Esta llamada puso a temblar al desprevenido Manzi. Gerstner lo llamaba para informarle que en escasos cinco minutos, IBM anunciaría el inicio del proceso de adquisición de su empresa por US$3,300 millones, y esperaba que el CEO de Lotus cooperara. Si no lo hacía, IBM estaba preparada para llevar a cabo una adquisición hostil. Más tarde, Manzi se quejaría ante sus amigos de la noticia tan cortante. Lo que no tuvo en cuenta fue el nuevo estilo agresivo e incisivo de IBM.

IBM había decidido adquirir a Lotus después de que algunos equipos de trabajo internos describieron su propio negocio de software en términos poco halagadores. Con miles de programadores concentrados en el trabajo en todo el mundo, Gerstner sintió que sería un pecado que IBM no tuviera, todavía, una mayor presencia en el software para los computadores desktop, mientras uno de sus principales rivales, Microsoft, iba a lanzar un software llamado Exchange. El producto de Microsoft se parecía a Lotus Notes, que era el más rentable e importante de Lotus. Si IBM podía controlar a Lotus, el Gigante Azul obtendría varios programas reconocidos de software que ejecutarían sus sistemas operativos, incluidos Lotus Notes y el programa de hojas electrónicas, el Lotus 1-2-3. En resumen, la compra de Lotus le daría a IBM la oportunidad crucial de alcanzar a Microsoft.

Fundada por un *disc jockey*

Lotus era un nombre bien reconocido y muy respetable en la industria de los computadores. Fundada en 1982 por un ex disc jockey y meditador trascendental, Mitch Kapor, la compañía adquirió fama no sólo por la cultura joven y bien informada, sino también por su revolucionario programa de hojas electrónicas, el "1-2-3". Aunque Lotus había perdido, desde entonces, cierta participación en el mercado, continuó siendo un importante protagonista en el mundo de las hojas electrónicas y de los procesadores de palabras. Últimamente, había creado a Lotus Notes, un componente de software que muchos decían era tan innovador como su anterior hoja electrónica, por cuanto permitía que el personal disperso geográficamente trabajara en los mismos documentos y proyectos mediante computadores interconectados en red. Un bromista lo calificó como "correo electrónico con esteroides".

Los años a mediados de la década de 1990 parecían el momento ideal para que IBM hiciera la adquisición de Lotus. Aunque Lotus había registrado US$970 millones en ingresos en 1994, había perdido US$17.5 millones en el primer trimestre de 1995. IBM podría ofrecer al fabricante de software los grandes recursos financieros que necesitara para permanecer en el negocio. En enero de 1995, Gerstner le había pedido a John M. Thompson, vicepresidente senior de IBM y empleado senior de la división de software, que hiciera mejoramientos en las operaciones de software de IBM; sin embargo, el CEO se dio cuenta de que la forma más rápida de realizarlos era comprando a Lotus.

Y, de esta forma, durante los siguientes cinco meses, IBM realizó negociaciones secretas con Manzi y otros ejecutivos senior de Lotus para efectuar su compra. Los diálogos no condujeron a ningún lado. Parte del problema pudo haber sido el choque entre las culturas de las compañías: una IBM venerable y sólida *versus* una Lotus, advenediza e informal. Por su parte, Lotus poseía una cultura que se consideraba irreverente y difícil de manejar. El nombre de la firma se adoptó en honor de la flor de loto y su importancia para la meditación trascendental. Cuando John Thompson se encontró por primera vez con los altos ejecutivos de Lotus Development, a comienzos de 1995, se aseguró de vestirse de manera informal con jeans y camiseta. Para su sorpresa, los ejecutivos de Lotus aunque eran, por supuesto, mucho más informales, se pusieron el tradicional uniforme de IBM: traje oscuro y corbata negra. El intento de complacer a la contraparte, vistiéndose con su uniforme, no auguraba nada bueno para la planeada fusión. Parecía que las dos compañías no sabían qué hacer.

A la postre, después de que se hizo evidente que no podría haber una negociación amistosa, Gerstner telefoneó a Jim Manzi, y unos cuantos minutos después, se produjo el anuncio de IBM: el Gigante Azul ofrecería US$3,300 millones (en efectivo) por el fabricante de software, la primera oferta pública de adquisición hostil de IBM y la más grande en la industria del software. Para que IBM se posesionara de Lotus, Gerstner gastó sólo una semana en negociaciones definitivas y sin contratiempos. El 18 de junio todo se había concretado. Para que fuera más atractiva la negociación para Lotus, Gerstner prometió que Manzi se quedaría y que la empresa continuaría funcionando en su mayor parte como una entidad separada. En resumen, no sería absorbida por la burocracia de IBM, que era la preocupación de los altos ejecutivos de Lotus.

Notes: ¡Dinero para todos!

Wall Street se preguntaba por qué había pagado IBM semejante cifra por Lotus. Después de todo, IBM estaba pagando a una empresa US$64 por acción, la cual oscilaba entre US$30 y US$35, precio que triplicaba los ingresos de

Lotus en 1994. No obstante, IBM tenía una buena razón para comprar esa organización. Aunque vendía cada año US$11,000 millones en software, le había sido difícil desarrollar nuevos productos para los mercados de computadores personales y cliente/servidor. En cierto momento, consideró la posibilidad de desarrollar sus propios productos para competir con el software de grupos, el Lotus Notes, pero rechazó tal proyecto por ser demasiado costoso, prolongado y arriesgado. Sin embargo, al apropiarse de Lotus, IBM se pondría a la vanguardia del cada vez más importante segmento de la industria, el software de grupos. Así mismo, se apropió del muy exitoso equipo de desarrollo de Lotus. IBM pasó por alto el hecho de que había pagado más de diez veces los ingresos de Lotus Notes. Parecía probable que IBM pudiera vender más Notes que los que esa compañía hubiera vendido por sí sola, y la esperanza era que, al incrementar tales ventas, se extenderían las ventas a todos los tipos de software, servicios, e incluso a los computadores.

En una rueda de prensa concedida ese día, Gerstner explicó por qué era importante para IBM adquirir a Lotus. Dijo que la industria de computadores había pasado por dos revoluciones, la de los mainframes y, luego, la de los computadores personales. Y anotó que la industria de la tecnología de información, estaba entrando en una nueva fase, en la que todo el poderío de la informática de una empresa estaría estrechamente enlazado, de modo que los mainframes o servidores y los computadores personales se conectarían en red.

> No sólo en una red jerárquica, para que los computadores personales se puedan comunicar con los mainframes o servidores, sino algo más importante, un mundo donde todos los usuarios puedan hablar en línea horizontal entre sí, y trabajar juntos en lo que se conoce como conexión "cooperativa" o de "equipo". Ésa es una necesidad muy pero muy apremiante de nuestros clientes en todo el mundo.
>
> Ahora, ¿qué significa tener éxito en esta tercera fase? Bien, significa una industria que proporcione productos muy importantes. Primero que todo, los productos deben operar a través de una serie muy heterogénea de plataformas de hardware y software que en la actualidad no trabajan en conjunto.

Para que haya tal tipo de conexión completamente cooperativa, debe existir un software que pueda operar en múltiples plataformas. Éste debe ser abierto, ajustarse a las amplias normas de la industria y soportar todo el rango de productos de la industria. Además, dijo Gerstner, debe poseer la potencia del desktop, fase dos, ser fácil de usar y aplicar, junto con la capacidad de la primera fase, es decir, confiabilidad, seguridad y solidez de los sistemas en gran escala. Por último, estos productos deben trabajar a través de redes locales muy pequeñas con conexiones integrales que atraviesen sus límites hacia otras redes globales multinacionales, que incluyan redes conmutadas públicas, como las compañías de redes telefónicas.

Gerstner pensó que tal transacción era única, porque Lotus e IBM habían invertido considerablemente en este nuevo modelo de procesamiento de información. Lotus trajo una muy poderosa posición fundamentada en el desktop: productos poderosos, experiencia y una sólida reputación, mientras que IBM había proporcionado y continuaba invirtiendo recursos en lo esencial de la industria fuerte para hacer funcional este modelo: en habilidades en administración de redes, habilidades en el manejo de bases de datos, habilidades en sistemas, etc. Todo esto significaba que funcionaría en el computador más pequeño y en los más grandes.

Poco después del anuncio del 5 de junio, IBM puso un mensaje en su *Web Site* con el propósito de reafirmar su autonomía a los trabajadores de Lotus. El sitio recibió miles de visitas. 24 horas más tarde, Gerstner y Thompson volaron a Cambridge, Massachusetts, a la sede de la dirección general de Lotus, para tranquilizar a los empleados que temían ahora por sus trabajos. El *staff* de Lotus apreció la buena voluntad de Gerstner al haberlos visitado.

El aspecto más importante para IBM fue que la negociación con Lotus daría a IBM y a Lotus la última oportunidad para evitar que Microsoft dominara la conexión en red, de la misma forma como había dominado el campo de los computadores personales desktop. Lotus había esperado el momento de tener un punto de apoyo en el nuevo mundo de la información en redes, pero carecía de la organización y los recursos para promover a Notes en esas circunstancias. Gerstner le ofreció a Lotus todo eso para impulsar las ventas de Notes más allá del nivel actual.

La adquisición de Lotus —a un precio que triplicó los ingresos de Lotus en 1994 y duplicó el precio de sus acciones— envió un mensaje contundente a Microsoft. IBM haría todo lo posible para convertirse en el líder, en su propósito de conectar computadores personales, estaciones de trabajo, servidores y mainframes a una red donde se pudieran compartir información y tareas.

IBM contaba con que Lotus comenzara suavemente después de la fusión, pero, ese otoño, las tareas no se llevaron a cabo. Los empleados de Lotus se pusieron temerosos por la adquisición, y vieron a IBM con recelo. IBM buscó convencer a los trabajadores de Lotus, pero con poco éxito: muchos empleados de Lotus se retiraron. Mientras sucedía todo esto, Jim Manzi intentaba obtener mayor influencia dentro de la nueva alianza. Trató de convencer a Gerstner de fusionar los negocios de software de IBM y Lotus, y que lo encargara de la unidad general, pero ése fue un cambio total, sorpresivo con respecto a lo que Lotus había solicitado durante el momento de la fusión: mantener a distancia a IBM. Pero ahora, Manzi se dio cuenta de que su empresa necesitaba desesperadamente los grandes recursos de IBM, y unir sus negocios de software harían a IBM, según Manzi, más generosa.

Ustedes manejan el negocio

Durante tres días, a finales de septiembre, Gerstner y sus colegas se reunieron con los ejecutivos de Lotus para resolver la manera de fusionar los dos negocios. En cierto momento, frustrado por la incapacidad de conseguir su objetivo, Manzi renunció. En vez de escoger a algún miembro de su propio personal, IBM indicó que Lotus podría escoger un empleado de la organización para remplazar a Manzi. Lotus lo agradeció y sustituyó a Manzi por uno de los suyos.

Poco después, Lotus estaría retando de nuevo a IBM. Esta vez, el fabricante de software buscaría bajar los precios de Notes drásticamente a la mitad, pues esperaba obtener ventaja de la tardanza de Microsoft en sacar un producto competitivo al mercado. Al abaratar los Notes, Lotus esperaba ganar participación en el mercado. ¿Qué pensaba IBM acerca de esta propuesta? Gerstner y Thompson, les dijeron a los líderes de Lotus: "Ustedes manejan el negocio. Hagan lo que quieran". Los precios surtieron efecto ese diciembre y los resultados superaron incluso las usualmente ambiciosas expectativas de Gerstner: las ventas de Lotus en 1996 se duplicaron a nueve millones de unidades.

Algunos cínicos estaban convencidos de que IBM, en apariencia, sería incapaz de sacar grandes utilidades de un negocio de software de US$11,300 millones, y de que sería imposible tener éxito en el manejo de Lotus. Gerstner, consciente de esa percepción, envió un memorando por Internet a los empleados de Lotus, en el cual prometía que Lotus no cambiaría y, de hecho, llegaría a ser un nuevo centro de operaciones para crear software para los computadores personales de IBM. El desarrollador de Notes, Raymond E. Ozzie, se mostró optimista: "He pasado diez años de mi vida cultivando este producto. Tenemos un Goliat que entra en el mercado con Microsoft. Quiero hacer todo lo que pueda para asegurarme de que Notes sea un éxito sin precedentes"[1].

En la negociación de Lotus, Gerstner tenía en juego algo más que los US$3,300 millones pagados a esa empresa. Empezó a decir a los analistas y clientes que el futuro de la organización dependería en gran medida de su capacidad para dirigir las conexiones en red, y que incluso seguiría dependiendo más del éxito de Notes, puesto que este producto sería vital para el procesamiento de información en red.

¿Qué tanta ayuda representaba Lotus para el panorama financiero general de IBM? Difícil asegurarlo, pero el impacto de Lotus estaba aumentando evidentemente. En 1995, IBM se proyectaba hacia un récord en utilidades anuales hasta el tercer trimestre, cuando tuvo que asumir los gastos de ese trimestre por la adquisición de Lotus. Los observadores de IBM sintieron que el Gigante Azul dependía demasiado del software para los mainframes; que aún no se había recuperado en el campo de los computadores personales, y que su presencia en la industria del software para los PC iba a ser muy pequeña.

A comienzos de 1996, IBM empezó a comercializar una nueva versión de Lotus Notes, que le permitiría al Notes leer y crear información para la World Wide Web, haciéndolo mucho más útil para el comercio electrónico. La nueva versión facilitaba también el intercambio de información electrónica entre las empresas o individuos a través de Internet. Las páginas Web podrían crearse utilizando Notes, y los usuarios podrían, con un clic, entrar a la Web, mientras leían el correo electrónico de un colega. Para salirle al paso a la competencia de Netscape y Microsoft, Gerstner negoció convenios con 11 compañías de comunicaciones para incluir a Lotus Notes en sus redes. Quería hacer de Notes la envidia de la industria, un producto que toda empresa deseara para sus laptop, estaciones de trabajo, servidores en red, computadores personales y mainframes.

A finales de 1996, Gerstner fue elogiado por la negociación con Lotus. A pesar de que la adquisición había hecho impacto en toda la industria de alta tecnología (pues Lotus había perdido participación de mercado y dinero), la nueva empresa IBM-Lotus se clasificaba ahora como una de las tres más importantes protagonistas en el mercado de la tecnología de Internet (junto con Microsoft y Netscape). Animado por la fusión con Lotus, Gerstner también puso su mira en otras empresas. En 1997, IBM adquirió una participación mayoritaria en el desarrollador NetObjects de la Web, que fabricó las herramientas de desarrollo de la Web. IBM también invirtió mucho tiempo y dinero en tratar de desarrollar el software más avanzado para Internet, que incluye programas de seguridad y cifrado y aplicaciones en línea para minoristas. También se hizo a la propiedad completa de Advantis, la unidad de servicios en red que alguna vez perteneció a Sears, Roebuck. Por ahora, con US$13,000 millones en ventas, IBM se había convertido en la compañía de software más grande de la industria. Infortunadamente, esa cifra era un poco engañosa, debido a que el anticuado software para los mainframes, un mercado lucrativo pero de lento crecimiento, representaba las tres cuartas partes de la totalidad. La cifra que más molestó a Gerstner fue la tasa de crecimiento de su negocio de software: mientras que la industria de software ascendía a 12%, IBM crecía a un anémico 4%. Entre tanto, Oracle, el fabricante de software para bases de datos, y Microsoft crecían a un ritmo mucho más rápido que IBM: en 1996, a 38% y 25%, respectivamente.

Hasta ahora, Gerstner había gastado US$5,000 millones para adquirir compañías en los mercados de software de rápido crecimiento. A comienzos de 1996, también compró Tivoli Systems, fabricante de software que manejaba redes de computadores cliente-servidor. En la tecnología cliente-servidor, los usuarios individuales, llamados clientes, son "atendidos" en una red mediante un computador central que actúa como depósito común de programas e información. Ganar una importante participación en el procesamiento de información en redes tenía sentido para IBM, por cuanto las redes cliente-servidor estaban remplazando silenciosamente los mainframes que habían sido el bastión tradicional de las ventas de IBM.

Gerstner nunca flaqueó en su intento por incrementar las ventas de software. El 15 de abril de 1997, IBM anunció una estrategia completamente nueva, cuyo propósito sería centrarse en el software, con el fin de trasformar todo su hardware —desde los computadores personales hasta los computadores en paralelo— en complejos servidores Web, adecuados para el comercio por Internet y otros usos. Se introduciría una nueva línea de poderosos programas de servidores Web, llamados Go, nombre de un juego de estrategia japonesa, los cuales se convertirían en el más novedoso proyecto en software para servidores Web, el Domino de Lotus e IBM. Mientras los rivales de IBM adquirían browsers y WebTV, IBM se concentraría en el aspecto menos sugestivo de Internet, conocido como software de rango medio, es decir, el software "plumbing" que enlazaría la Web con los programas de negocios, con capacidad para procesar miles de transacciones por segundo, para bancos, aerolíneas y otros grandes clientes. En 1998 era evidente que Lou Gerstner había tenido razón en destruir el mito de IBM que rezaba "esto no ha sido inventado aquí". Lotus se constituyó rápidamente en un enorme éxito para IBM, gracias, en gran medida, a su decisión de abstenerse de imponer la cultura y voluntad de IBM sobre la compañía de software originaria de Massachusetts. Como resultado, Lotus mantuvo su identidad de fabricante de software de tamaño mediano. Al ganar el dinero de IBM y la influencia en su distribución, Lotus observó felizmente cómo sus dos millones de usuarios en 1995 crecieron increíblemente a 22 millones en 1998.

Además de todos los planes y estrategias de Gerstner, su actitud pragmática y comportamiento tenaz como una roca le enviaron un fuerte llamado a IBM. No estaba dispuesto a tolerar más un desempeño deslucido. Eso era todo. Ése era su mensaje cotidiano, no sólo con lo expresado mediante sus palabras sino con sus actitudes. Debido a que su mismo proceder contrastaba radicalmente con el caballeroso régimen de 9 a 5 de Akers, su personalidad desempeñó un papel vital para ayudarle a IBM a superar la complacencia. Su *staff* simplemente no tenía otra alternativa: levantarse y acogerse a los planes o se vería buscando un nuevo empleo. No era el tipo con el que se podía jugar. Puesto que su personalidad es tan importante para el proceso de transformación de IBM, en adelante nos centraremos en la parte personal de ese enigmático líder.

Capítulo 17

Cómo es Lou Gerstner: ¡usted no sabe qué estoy pensando!

"Un escritorio es un sitio peligroso desde donde se puede dominar el mundo".

Lou Gerstner tiene lo que todo gran comunicador necesita y quiere: una presencia poderosa. Cuando entra a un lugar, todos saben que está entre ellos. Cuando habla, la gente lo escucha. Como orador en público, es capaz de procesar, con facilidad, grandes cantidades de información y trasmitir los conceptos a una audiencia con frases e ideas sencillas. Algunos dicen que posee una "capacidad intelectual de alto voltaje que viene en un paquete herméticamente cerrado"[1]. Su cara de adolescente le da la apariencia de ser un hombre más joven. Un escritor lo describió como "un hombre corpulento, impecablemente vestido, de cabello negro, grueso y abundante, ojos cafés claros, y mejillas tersas y redondas"[2]. Otro escritor dijo que Lou Gerstner tenía el cuerpo de un mainframe.

Gerstner, con una personalidad recia, que no soporta las tonterías de nadie, mantiene alerta a todo el mundo. Muchos de sus conocidos admiten que es una persona brusca, hasta el punto de llegar algunas veces a la rudeza. Por ejemplo, las reuniones deben ser de sólo 15 minutos y las llamadas telefónicas no pueden pasar de un minuto, además de su insistencia en que los subordinados vengan a las reuniones preparados para dar soluciones a los problemas, no simplemente a revisar material viejo una y otra vez. Innegablemente, tales actitudes generan cierta incomodidad. William J. Milton Jr., analista de Brown Brothers Harriman, señala que, en las reuniones de analistas, Gerstner siempre está acompañado por un pequeño séquito de ejecutivos senior, y con sólo observar su lenguaje corporal, Milton puede afirmar que le tienen temor. Antes, ninguno de ellos había dado señales de tenerle miedo a John Akers.

La gente allegada a Lou Gerstner dice que es un individuo irritable, apasionado, cortante, impaciente, ambicioso y compulsivo. Un jefe exigente, que espera resultados más que inmediatos. Ante todo, es ordenado y muy detallista. Prepara su agenda de actividades en forma muy estricta, de modo que sabe lo que está haciendo cada minuto del día.

A diferencia de otros líderes de negocios, Gerstner puede vivir sin estar rodeado de celebridades: estrellas de cine, jefes de Estado; sin embargo, algunos colegas de RJR Nabisco lo acusaron de tener un aire imperial. Es muy selectivo, no sólo en cuanto a quién le va a acompañar en los aviones de la compañía, sino también en dónde va a sentarse. No es extraño, entonces, que los ejecutivos digan que el escritorio donde trabaja, al fondo de la nave, es "el trono".

¡Usted no sabe qué estoy pensando!

A pesar de su deseo de que se le reconozca públicamente como un gran líder de negocios, Gerstner es muy reservado. En público, casi nunca habla de sí mismo. Cuando un reportero se presentó ante Gerstner, el jefe de IBM le refunfuñó: "¡Usted no sabe qué estoy pensando!"[3]. Pocos meses después, el mismo reportero, esperando que Gerstner hubiera suavizado su tono para ese momento, preguntó: "¿De dónde vienen sus ambiciones?". Gerstner lo desarmó con esta respuesta: "No tengo idea, soy zurdo. ¿A qué se debe que yo sea zurdo?". Otros CEO, que son más asequibles a los medios de comunicación, nunca pensarían en dirigirse de esta brusca manera a un periodista. Al contrario, se saldrían de sus formalidades para hacer que el periodista se sienta cómodo. No obstante, Gerstner tiene una fuerte aversión a cualquiera que escriba sobre él, una extraña reacción, si se tiene en cuenta que la mayor parte de lo que se ha escrito sobre él en el trascurso de estos años ha sido muy favorable.

Gerstner se molesta, en particular (por decir lo menos), cuando alguien en los medios de comunicación trata de describir su personalidad. La revista *Fortune* buscaba hacer justamente eso, cuando presentó un informe especial en la edición de abril de 1997: "Hablemos de contrastes. Se siente atraído por un reflector como una mariposa por las luces, aunque es agresivamente reservado. Ha vivido una maravillosa historia de Horacio Alger, pero no quiere compartirla. Es católico devoto y asiste a misa cada semana, pero a menudo desobedece la regla de oro... Intimida a muchos que trabajan para él, aunque un grupo de ejecutivos leales lo ha seguido de una empresa a otra. Odia que alguien o algo le haga perder su tiempo; sin embargo, es un jardinero que disfruta el proceso meticuloso de cultivar espárragos". Como se anotó antes, se sintió tan fustigado por la forma como lo describió *Fortune*, que eligió su propia forma de castigar la revista.

La opinión general entre sus colegas de negocios es que Gerstner es un excelente CEO, aunque difícil de tratar. Varias de las personas entrevistadas para redactar el artículo central de la revista *Fortune*, sugirieron que él había hecho un milagro en el Gigante Azul, pero a costa de hacerse sentir como un jefe bastante antipático. "Ha desarrollado un trabajo descomunal", dijo un anónimo. "Tomó un negocio que estaba totalmente inmerso en sí mismo y le hizo ver la realidad". Incuestionablemente inteligente y gran oyente, Gerstner inspira mucho terror. "Todos estaban aterrorizados con él", dijo un periodista que cubre a IBM. Un analista financiero, observador de IBM, agrega: "Es más que un líder atemorizante, no es un gerente cálido ni apacible. Personas allegadas a él dicen que es un buen tipo. No obstante, si no se le conoce, parece una persona muy poco amigable".

A gusto con sus camaradas, en particular con otros CEO, Gerstner se siente menos cómodo con personal de los rangos inferiores de la empresa. Gerstner no se identifica con personas ajenas a la dirección. Se precia de ser un hombre de negocios, le gusta estar entre los que toman decisiones. Por esta razón, cuando busca un cliente, desea encontrarse con un CEO, no con sus subordinados.

Tom Neff, quien ha estado encargado de hacer cacería a ejecutivos y personal especializado para IBM, admite abiertamente que el hombre que está al mando saca de quicio a cualquiera. Neff encuentra normal que el personal se sienta intimidado por Lou Gerstner, puesto que muestra tal fuerza y confianza en sí mismo, que resulta extraño que algunos se sientan a gusto ante su presencia.

La palabra "modestia" no viene a la mente cuando se trata de hacer una descripción del jefe de IBM. Hasta en el golf, Gerstner exhibe una competitividad que los demás encuentran desconcertante. Sobre este aspecto, Gerstner recuerda un incidente que tuvo lugar en un torneo de golf, hecho que debió haber molestado profundamente a su rival, Vernon Jordan, el destacado abogado de Washington y amigo de Bill Clinton.

Yo había ganado casi 17 hoyos en serie y lo estaba apabullando en el juego, y golpeé la bola sobre el *green*. Luego, él tuvo que golpear la bola en medio de los árboles. En cierto momento, escuché una gritería y un alboroto cuando pasó una bola rauda que entró milagrosamente en el hoyo. En ese hoyo me derrotó. Y, por supuesto, él no recuerda sino ese hoyo. No puedo creer que él no hiciera otra cosa que hablar de esa jugada. Asumí el hecho con mucha nobleza hasta que comenzó a vanagloriarse de lo que pasó en el campo de juego, y aún, años después, lo hace, pues siente la necesidad de apoyarse en trivialidades[4].

Gerstner siempre quiere ser el hombre que ordena. Esto es tan cierto ahora como lo era cuando estaba en American Express, en 1985. En esa ocasión dijo:

En cuanto a la disciplina, cuando se trata de estrategias, no hay duda de que soy un conductor de la organización razonablemente autocrático. Aquí fijé un orden estratégico. No voy a permitir que este barco se desvíe de su rumbo. Seguro, dejaré que algunos le den la vuelta a la nave contra la marea, y deseo, incluso tengo la esperanza, de estar preparado para convencerme de que me dirijo en dirección equivocada. Pero aquí tenemos un conjunto de prioridades, y para mí es muy importante una disciplina estricta para el logro de nuestras metas.

Él solo determinará la dirección de IBM. Así mismo, se asegurará de que el personal que trabaja para él no tenga demasiado poder individual. Para Lou Gerstner no existen los feudos.

Otro aspecto del proyecto gerencial es que evito con rigor la formación de zares. Digamos que hay un problema estratégico. Lo más fácil sería llamar a alguien interno o contratado de afuera, y decirle que va a ser miembro del *staff* en la sede de la dirección general. De repente, esa persona tendrá cinco asistentes y tres vicepresidentes, y querrá llegar a ser vicepresidente senior, es decir, se convertirá en el "director" de este proceso. No quiero que eso suceda. Algo que aprendí en McKinsey es que el personal más ocupado es el que puede sacar adelante la mayor parte de su trabajo. Están ocupados porque son buenos. Me la paso encima del personal de tiempo completo.

Si Gerstner mira con desdén los feudos, en verdad lo que quiere son gerentes que tengan una personalidad enérgica.

Contamos con otros tipos de agentes de cambio. Tenemos personas a las que yo calificaría de "rompedores de porcelanas". Ellos son como un toro de verdad en una tienda donde se vende cristalería... son gente brillante. Son individuos que tienen la fuerte convicción de que debemos hacer algo de determinada forma, y son estrictos con el personal. Tienden a ser exigentes con sus compañeros. Así que hay que trabajar para ayudar a este personal, no deshacerse de ellos. Usted podría decir: "Oiga, mentecato, ¿por qué trata al personal de esa manera?". Pero usted no los despide, no deja que la organización los elimine.

No soy un adicto al trabajo

Gerstner se precia de no ser un adicto al trabajo: "Un adicto al trabajo es alguien que quiere estar laborando todo el tiempo y no tiene intereses externos. Yo saco tiempo para desarrollar otras tareas que me gusta hacer"[5]. Cuando sus dos hijos estaban en la escuela, salía temprano del trabajo los días que entregaban sus calificaciones. Sus pasatiempos incluyen la jardinería, el golf y el esquí. No obstante, cuando estaba en RJR Nabisco, trabajaba seis días y medio por semana, y le encantaba. "La estoy pasando de maravilla", decía entonces. Recuerda un domingo por la tarde que estaba en casa y le dijo a su esposa, Robin: "En verdad, no puedo esperar hasta mañana para ir a la oficina". En una ocasión, cuando trabajaba para McKinsey, se lastimó la punta de dos dedos de su mano derecha con una cortadora de césped, y al otro día, sin falta, regresó ansioso a su trabajo. En otra ocasión, en abril de 1996, aunque le habían hecho una cirugía por desprendimiento de retina, y no podía ver muy bien inmediatamente, se la pasó horas trabajando por el teléfono de su casa en Greenwich, Connecticut; poco después se apareció en el trabajo usando gafas muy oscuras y se metió de lleno en una serie de prolongadas reuniones.

En el trabajo, no es de los empleados que trabajan de nueve de la mañana a cinco de la tarde, mientras que John Akers se preciaba de cumplir puntualmente con la hora de salida. Jim Cannavino, el ex vicepresidente senior de la división de estrategias de IBM, recuerda que: "Lou es un lector voraz. Se lleva a casa varios portafolios con papeles. Los lunes todo está subrayado con rojo. Es asombroso. Nada se sale de su radar".

Gerstner espera que todos en IBM trabajen tan duro, o con mayor tenacidad, como él lo hace. En diciembre de 1996, sintiéndose muy satisfecho por el potencial de IBM para el futuro, anotó:

No quiero ser muy exagerado. Deseo tener una muy fuerte dosis de... Bueno, no sé cuál es el término correcto. Bien, no quiero usar la palabra de Andy (el CEO de Intel,

Andy Grove). (Paranoia). Quiero que sigamos trabajando, que nos sigamos moviendo hacia el futuro. Algunos pueden pensar que como el viento está a nuestro favor, es el momento de moverse sin esfuerzo. Tienen cinco minutos para celebrar, después regresarán a trabajar durante los restantes 55 minutos que quedan de la hora[6].

Un lugar peligroso

Cuando Gerstner está en su trabajo, parece estar en continuo movimiento. Viaja aproximadamente la mitad del tiempo, visitando las diferentes instalaciones de IBM; las palabras que aparecen en un letrero colocado sobre su despacho muestran su firme convicción: "Un escritorio es un sitio peligroso desde donde se puede dominar el mundo". En noviembre de 1996, por ejemplo, viajó rápidamente por Europa, visitó cuatro países en siete días. Para esa fecha, había realizado 542 vuelos en el avión de la empresa y había recorrido más de 400,000 millas por aire. Pero no solamente trabajar duro es lo que lo atrae. Ama la emoción del juego.

> Una vez que considero una alternativa, no tengo problemas con las decisiones. Me encanta tomar decisiones estratégicas[7].

Cuando ingresó a RJR Nabisco, explicó por qué estaba tan emocionado de llegar a un negocio donde podría hacer alguna diferencia:

> La idea de ingresar en una compañía bien dirigida y tomar el mando y conducirla unos pocos grados a la derecha o a la izquierda (si así va a ser el trabajo en RJR): eso no representa un desafío[8].

Lou Gerstner no permite que el personal sepa qué está pensando. Permanece reservado y enigmático. Puede ser de mal temperamento y autoritario. Sin embargo, si el personal lo quiere o no, eso no parece tener importancia para él. Comprende la necesidad de establecer metas y nunca flaquear en conseguirlas. Esto significa, con frecuencia, acelerar el proceso de toma de decisiones, asumiendo decisiones arriesgadas y asegurándose de que el personal no pierda su tiempo. No le importa que lo califiquen como una persona ruda. Sabe que es recio y no le interesa si los demás también piensan igual.

PARTE V

¡ESTÚPIDO, SE TRATA DEL CLIENTE!

"La primera tarea que debemos hacer
es reorientarnos, pasar de una visión del mundo
muy introspectiva hacia
una obsesión proyectada al mercado...
Deseo que IBM se obsesione en el cliente".

No más arrogancia, no más distancia

"Nuestro enfoque se dirigirá al mercado desde la perspectiva del cliente, la cual consiste en: 'Quiero una solución, no máquinas complicadas' ".

En otras épocas era mucho más fácil pasarse el tiempo aferrado de la mano de los clientes. Cuando una compañía como IBM alquilaba mainframes a unos cuantos cientos de clientes selectos, era posible conocer a todos y cada uno de los clientes personalmente. Los clientes cambiaban mainframes con la frecuencia que les fuera más aconsejable, de modo que el equipo de ventas podía mantenerse en contacto constante con ellos. Thomas Watson Sr. siempre sostenía que estaba mucho más interesado en los clientes que en las máquinas; quería hacer de IBM una compañía amigable para ellos. Watson animaba a sus vendedores para que se fueran, prácticamente, a vivir con ellos.

Gracias al buen sentido que tenía Watson sobre la importancia de la organización de ventas, IBM contaba siempre con un gran equipo de vendedores. Watson desdeñaba la imagen peyorativa que se tenía de los vendedores en los Estados Unidos: apáticos y ligeramente apocados. Cuando vestía a su personal de ventas con el "uniforme" de IBM, cuando establecía estrictas reglas de conducta sobre las bebidas, el cigarrillo y el matrimonio, Watson se esforzaba por crear una nueva clase de vendedores para que establecieran un nuevo estándar profesional en sus negociaciones con los clientes.

Algo más que vendedores

Watson formó a sus equipos de vendedores para que fueran mucho más que vendedores. Quería que fueran guías cordiales cuando enseñaran el misterioso mundo de los computadores, asegurándose de contarle siempre al cliente cómo podría ayudar la nueva tecnología a sus negocios. Era común encontrar a los empleados de IBM mostrando una gran dedicación al cliente, estableciéndose incluso en los negocios de éstos. Muchos representantes de ventas desarrollaron fuertes vínculos con los gerentes senior de esas empresas. "Tuve acceso a todos los ejecutivos de todas las compañías con las que negocié"[1], dice John D. Loewenberg, vicepresidente senior de la división de servicios de tecnología de la información en Aetna Life Insurance & Casualty, quien fue vendedor de IBM en la década de 1970. "Parte de mi relación con los clientes era comprender los problemas de sus negocios y trabajar con ellos para solucionarlos. IBM representaba integridad y calidad, cualidades que llegaron a formar parte de la cultura de IBM, tal como todo el mundo la veía".

Sin embargo, con el éxito increíble de IBM, en la década de 1980 la organización empezó a cometer el error casi fatal de no tener en cuenta al cliente. En realidad, lo único que los equipos de vendedores parecían querer era vender tantos computadores como fuera posible, y el cliente era lo menos importante. Aunque los precios de IBM eran altos, la calidad de sus productos también era alta, lo que no le daba a los clientes otra alternativa que quedarse con el Gigante Azul. IBM ejercía un dominio estricto sobre los clientes, e insistía ingeniosamente en que quien comprara un mainframe tenía que comprar también el software de IBM. ¿Por qué tomarse la molestia, entonces, de estar cerca de ellos? Eso no iba a aumentar las ventas. Las ventas —las ventas reiteradas— ya estaban garantizadas. El cliente *tenía* que comprar productos IBM. ¿Por qué molestarse en hacer un seguimiento riguroso de sus clientes? Había, ciertamente, pocos estímulos.

Un representante de ventas presentó la siguiente actitud: "Si no le vendo productos es porque no estoy haciendo un buen trabajo de persuasión de que éstos son los que más le convienen; no tiene nada que ver con cuántas llamadas hago a los clientes". De acuerdo con esa lógica, era fácil alejarse de ellos. Además, el cliente hacía pocas exigencias a los vendedores en los albores de los computadores. Ese era el momento en que los clientes sabían muy poco sobre el funcionamiento de los complejos mainframes, lo que les facilitaría a los equipos de vendedores decirles qué tenían que comprar.

Sin embargo, una vez que IBM dejó de alquilar computadores y empezó a *venderlos*, los clientes tuvieron otra razón para conocer las máquinas. Posteriormente, con la llegada de los computadores personales, los clientes se familiarizaron más con la tecnología. Para ser justos con la fuerza de ventas de IBM, era imposible mantenerse en contacto con los clientes, a medida que el número de compradores de computadores aumentaba a miles. Cuando un representante de ventas le pedía a un superior que atendiera el llamado de un cliente, el ejecutivo buscaba, con frecuencia, una excusa para no participar en la reunión. El mensaje fue transmitido perfectamente al *staff* de IBM: las llamadas de los clientes simplemente no eran importantes. En consecuencia, empezó a deteriorarse la ostentosa y firme relación entre la fuerza de ventas de IBM y las personalidades senior de la vida empresarial norteamericana; IBM comenzaría a desplazarse de las "soluciones" a una estrategia de alto crecimiento con base en las ventas de hardware; infortunadamente para IBM, su hardware no era a menudo el mejor ni tenía el mejor precio. Para IBM hubiera sido mucho mejor tratar de ayudar a los clientes a solucionar sus propios problemas de negocios, en vez de presionarlos para que adquirieran equipos que no necesitaban. No obstante, una vez más predominó la arrogancia.

IBM se había preciado de tener un profundo conocimiento de las necesidades de negocios de sus clientes. Sin embargo, con el surgimiento del computador personal, y los servidores UNIX, más económicos y más flexibles, IBM perdió esta ventaja, y, —en vez de enfrentar el nuevo mercado— trató de resistirse ante lo que sucedía. Invirtió sus recursos en hardware, que era lo que había impulsado el negocio y le había producido aquellos lucrativos márgenes y cheques de bonificación.

Un impulso al "Gigante de acero"

Con el software de IBM diseñado, en gran parte, para aplicarlo sólo en sus propios computadores, se generó un fuerte incentivo para que la compañía le diera un impulso al "Gigante de acero".

Aunque parecían arrogantes, los equipos de vendedores de IBM no conocían otra forma de comportarse cuando vendían los productos. El sistema había funcionado en el pasado, así que ¿por qué cambiarlo?

Infortunadamente, lo que los clientes querían cada vez más eran computadores personales económicos, a los que se les pudieran instalar aplicaciones de procesadores de palabra y hojas electrónicas en cada desktop de oficina. A la postre, a mediados de la década de 1980, algunos ejecutivos senior presentaron su renuncia, pues se quejaron de que se les estaba solicitando insistir en soluciones que, ellos sabían, no estaban entre las prioridades de sus clientes.

Cuando la fuerza de ventas tenía que visitar a una empresa, cada vez se dirigieron menos a los altos ejecutivos y, por el contrario, se acercaron cada vez más al personal encargado de manejar las operaciones de los computadores. Sin embargo, en general, la fuerza de ventas estaba empleando, en forma significativa, menos tiempo con los clientes. De hecho, una encuesta patrocinada por IBM, en la década de 1980, mostró que sus representantes de ventas habían invertido menos de una tercera parte de su tiempo con los clientes. Como resultado, se debilitó la firme relación de IBM con las organizaciones estadounidenses, se perdieron ventas y participación de mercado, y su reputación sufrió un deterioro significativo.

Mucho antes de llegar a IBM, Lou Gerstner había sido cliente del Gigante azul. Sabía que la empresa estaba en problemas. Había observado cómo la ésta volvía la espalda a los clientes. Nadie tenía que decirle que una de las dificultades más apremiantes de IBM en 1993, cuando Gerstner fue nombrado CEO, era recuperar los otrora clientes leales.

> Básicamente, era el primer cliente en la historia que había llegado a dirigir una compañía de tecnología de la información. Y dije: "Vamos a cambiar la forma como la industria se ha estado acercando al cliente". La manera como la industria se ha aproximado al cliente durante los últimos 15 años consiste (en) un conjunto de piezas sueltas que se venden a los clientes, y éste ha tenido que hacer la integración dentro de su propia organización. Existen, aproximadamente, 60,000 competidores en la industria actual, y la mayoría elaboran cajitas con piezas y partes de software, muchas de las cuales no encajan entre sí.
>
> Por tanto, nuestra pretensión es acercarnos al mercado desde la perspectiva del cliente, la cual consiste en lo siguiente: "Déme una solución, no máquinas complicadas; quiero algo que agregue valor a mi negocio, tal como yo lo entiendo; y no percibo mi negocio desde un punto de vista meramente técnico. Si me encuentro en una compañía farmacéutica, quiero incrementar la velocidad de mi investigación molecular. Quiero tener la capacidad de construir moléculas más rápidamente. Si me encuentro en una compañía petrolera, deseo aprovechar rápidamente el valor de mi investigación sísmica. Si estoy en un banco, quiero llegar a nuevos clientes mediante nuevas formas, mediante sistemas de distribución menos costosos". Eso es lo que les preocupa a los clientes[2].

Estaba convencido de que los productos de IBM eran sólidos y de que sus empleados tenían un gran potencial; no obstante, también sabía que habían caído en malos hábitos. Se habían vuelto tan arrogantes y distantes que ahuyentaban a los clientes. "Quiero regresar a IBM a sus raíces"[3], decía reiteradamente. Para Gerstner, IBM se había centrado demasiado en su funcionamiento interno, y no lo suficiente en el engranaje externo.

Mi opinión es que la empresa ha tenido tanto éxito por tanto tiempo que dejó de pararse con sus competidores y empezó a evaluarse a través de mediciones inte Esa fórmula sólo ofrece problemas. De modo que lo primero que tendríamos que hacer sería reorientarnos desde una visión altamente introspectiva del mundo para proyectarnos obsesivamente hacia el mercado, los clientes y los competidores... quiero que IBM viva obsesionada con los clientes[4].

Desde el comienzo, Gerstner sintió que IBM debía restaurar sus deterioradas relaciones con los clientes. "El mercado es la fuerza motriz de todo lo que hacemos", era el primero de los ocho nuevos principios de IBM que Gerstner había articulado.

Si hay algo que sintetice mejor lo que le sucedió a IBM fue que no comprendimos los cambios del mercado. No era que nuestra tecnología no fuera buena. No era que tuviéramos un personal incompetente. Simplemente no nos adaptamos con rapidez a los cambios fundamentales del mercado... nada debe interponerse en la forma de conducir a IBM, a partir de un conjunto de acciones definidas de lo que sucede de nuestras puertas hacia afuera. Debemos prepararnos para cambiar cada organización —cada proceso, cada leyenda de IBM— como parte de un continuo sendero de evolución.

Gerstner quería que su fuerza de ventas pusiera mucha más atención a los clientes.

Necesitamos pasar mucho más tiempo con los clientes. Cada uno de los gerentes senior tiene una pequeña tarea que hacer en relación con los clientes. Vamos a tratar de eliminar cualquier vestigio de arrogancia que subsista en el enfoque de ventas de IBM. Y también vamos a comenzar a comunicar a nuestros clientes lo que pensamos, lo que podemos hacer para definirles el modelo de computadores de la década de 1990, modelo que nadie está suministrando en este momento. IBM era la compañía que solía hacerlo. Ahora podría hacerlo de nuevo[5].

IBM tendría que centrarse en la parte externa, y eso significaba centrarse en los clientes. La concentración de todos en la parte exterior de la compañía no era nada nuevo para Gerstner. Él había enfrentado un problema similar cuando estuvo en American Express, lo que llamó...

...un gran mito en la estructura gerencial. "¿Por qué hacemos esto? Lo hacemos porque siempre lo hemos hecho así". O "Lo hacemos porque el cliente así lo quiere". O

"Sencillamente, lo hacemos". Sin embargo, cuando usted empezaba a reflexionar sobre estos interrogantes: "Bien, ¿qué quiere decir con que el cliente quiere esto? ¿Cuál cliente? ¿Con qué frecuencia? ¿Dónde?", los análisis sencillamente se hacían pedazos. Para mí era clara la necesidad de tener un enfoque más externo en cualquier tema que abordáramos.

IBM necesitaba observar fuera de la compañía para medir el éxito.

No confiamos en nuestro sentimiento interno de satisfacción ni en sistemas de mediciones internas. Nuestro éxito se basa en quién es nuestro cliente, que al negociar con nosotros, nos manifiesta que somos los mejores en proporcionarle lo que quiere y necesitan[6].

Tenía la firme convicción de que el cambio era saludable y que, por su propia naturaleza, tendería a sacar al personal de su sopor, forzándolo a ver el mundo de manera diferente. Y lo obligaría a pensar más en el mundo externo:

Creo en el cambio organizacional. No creo por creer, sino que, si usted cambia consistente y regularmente el punto de partida y la manera como el personal percibe el mundo, los empleados se inclinarán a pensar más en la parte externa que en lo que desarrollan en el interior de la compañía.

A Gerstner, como individuo no visionario de la tecnología, le gustaba decir que él "llegó con el criterio de un cliente". Poco después de convertirse en el jefe de IBM, Gerstner cambió el rumbo de la empresa que estaba a su cargo, suspendió el plan de dividirla en 13 unidades autónomas y la conservó completa. Al mantener unida a IBM, Gerstner diría más tarde que fue lo mejor que pudo haber hecho para atraer los clientes. De hecho, el plan de John Akers para fragmentar a IBM pasó por alto una realidad fundamental para la organización: una IBM unida y completa fue el atractivo para esa gran base de clientes permanentes y leales.

Hace sólo cinco años, IBM estuvo a punto de diseminar sus negocios en los cuatro puntos cardinales del mundo de la tecnología de la información, con el fin de vivir —o morir— dentro de sus propios sectores de la industria. Ahora sabemos que hubiera sido un gran error.

Nuestra única propuesta de valor para los clientes ha sido, y seguirá siendo, precisamente, nuestra capacidad para ofrecer soluciones integradas que hagan uso de las fuentes y fortalezas a través de IBM. Hoy, con el cambio hacia un mundo interconectado, nuestros clientes necesitan, una vez más, integradores. Necesitan una tecnología segura, confiable y decisiva: en otras palabras, procesamiento de información empresarial al estilo de IBM. Y necesitan socios que sepan cómo aplicar la tecnología para abordar los problemas básicos de los negocios, es decir, nuestra herencia. Creo que el retorno de IBM es el resultado directo de nuestra decisión de nadar contra la corriente, de permanecer juntos.

A medida que Gerstner emprendía la renovación de los vínculos con los clientes más grandes de IBM, echaba los cimientos para lo que llegaría a ser una gigantesca y exitosa estrategia de servicios. IBM había demostrado, ciertamente, una muy buena capacidad para proporcionar servicios de computadores; en efecto, en 1992 había registrado US$5,000 millones por la venta de servicios. No obstante, para que los servicios se convirtieran en el núcleo de los negocios de IBM, la organización tendría que pasar por un importante proceso de ajuste en relación con lo que Gerstner consideraba uno de sus activos más vitales: los clientes.

El toque personal

Simplemente, no se trataba de que Gerstner hiciera un nuevo énfasis en el cliente. Era algo mucho más importante —y mucho más personal— en cuanto a su compromiso. Desde el comienzo decidió que tendría injerencia directa en el manejo de los clientes antiguos y la obtención de otros nuevos para IBM. Esto marcó un punto de partida importante con respecto al pasado, cuando John Akers dejó las relaciones con los clientes en manos de los subordinados.

Juró pasar tanto tiempo con los clientes como pudiera; e hizo justamente eso. Y, al igual que los mejores vendedores de IBM, regresa a menudo con millones y millones de dólares en pedidos de hardware y servicios. Según sus propios cálculos, pasa 40% de su tiempo hablando con los clientes; además, dicta conferencias a varios CEO cada año para analizar los problemas que enfrentan los ejecutivos senior en relación con la tecnología de la información.

Si algunos de estos CEO, no se sentían a gusto hablando con los clientes, Gerstner sí lo disfrutaba. Para él, sencillamente no existe nada que remplace el poder hablar con los clientes en forma directa. A George F. Colony, presidente de Forrester Research, firma consultora de Cambridge, Massachusetts, le dijo: "No dejaré que los ejecutivos me hablen de los clientes, los escucharé directamente"[7].

No quiero estar en Armonk

Gerstner se aseguró de tener una oficina en Manhattan porque, como le dijo a Colony: "Allí es donde están mis clientes. No quiero estar en Somers (Nueva York) o en Armonk. Quiero estar en Nueva York, cerca de ellos".

Les dijo a sus ejecutivos senior que su tarea más importante eran las reuniones con los clientes. Cuando un gerente lo invitó a tomar parte en una reunión de dos días con los clientes de IBM en territorio estadounidense, en mayo de 1993, Gerstner respondió que estaría allí durante los dos días de la sesión. Sabía que nunca tendría la oportunidad de observar a los clientes casualmente, como lo había hecho en RJR Nabisco cuando visitaba los supermercados. Sin embargo, haría lo mejor que pudiera para imaginar lo que querían, en realidad, los clientes de IBM. Su semana de trabajo incluía, con frecuencia, varias conversaciones telefónicas con clientes clave, y los ejecutivos senior se veían obligados a salir de sus oficinas para reunirse con los clientes. Los ejecutivos que delegaban en sus subordinados para negociar con los clientes lo hacían por su propia cuenta y riesgo. Gerstner comentó: "Cuando llegué aquí, dije, '¿Quién está hablando con los clientes?' "[8].

Una de las primeras medidas que Gerstner adoptó en su gestión para aclarar la confusión de los clientes fue comenzar a dar un nuevo nombre a algunas de las unidades organizacionales de IBM, cuyos nombres eran imprecisos o engañosos. Prohibió el término "línea de negocios", normalmente abreviado como "LOB" (Line of Business), y lo remplazó por "división". También modificó el nombre de las unidades. Por ejemplo, el del grupo de Rochester, Minnesota, que fabricó el AS/400, llamado de forma un poco vaga "Sistemas de Aplicaciones de Negocios" (Application Business Systems), fue cambiado por uno más concreto, "División AS/400" (AS/400 Division).

En el otoño de 1998, Lou Gerstner apareció de manera inusual en televisión, en la CNBC, la red de negocios por cable. Durante la entrevista se le preguntó cómo había trasformado a IBM. Su respuesta se centró en los cambios que había generado con respecto a los clientes de la organización.

> Hemos centrado fanáticamente esta compañía en el cliente. Todo lo que hemos hecho en esta organización se ha orientado a identificar quiénes son nuestros clientes, y qué

quieren. Esto fue lo que nos puso a la vanguardia de todo este mundo extraordinario de negocios electrónicos mediante la conexión en red. Por eso lo estamos liderando, porque esto fue lo que dijeron nuestros clientes. Cuando comenzamos a construir la empresa orientándola hacia el cliente, eliminamos la gran concentración interna que tenía la compañía[9].

Es como si Lou Gerstner hubiese colocado un aviso con unas cuantas palabras en la cartelera de información principal de IBM:

¡Estúpido, se trata del cliente! Eso era todo lo que intentaba comunicar. No suponga que sabe qué es lo mejor para los clientes. No les diga qué deben comprar. Los clientes de hoy son mucho más complejos y están bien informados. No obstante, todavía requieren asistencia para resolver grandes y pequeños problemas de negocios. Y, tal como predicaba Lou Gerstner, la ayuda a los clientes en la solución de sus problemas simplemente se constituiría en la fortaleza número uno de IBM. Y él había decidido que el mensaje le llegara a toda la organización.

Escuche a los clientes: ellos saben mejor qué es lo que necesitan

"La revolución informática ocurrirá, sin embargo, sólo cuando la industria deje de rendir culto a la tecnología por su propio bien, y empiece a centrarse en el valor real para sus clientes!".

En la actualidad, la gente en el interior y fuera de IBM todavía habla con temor de la alarmante sesión efectuada en mayo de 1993. "Usted conoce lo de Chantilly", dicen unos y otros en voz baja, con tono de complicidad, como si hablaran de un cónclave secreto en el cual el presidente de los Estados Unidos hubiera reunido a sus principales asesores para fraguar un ataque nuclear contra China. "Allí fue donde comenzó todo. Todo se inició en Chantilly". Es decir, todo lo que tuviera que ver con los clientes de IBM.

La reunión en Chantilly

Pocas semanas después de asumir el cargo en IBM, Lou Gerstner concertó una reunión extraordinaria en un refugio de Chantilly, Virginia. Fueron invitados los CIO de los 200 clientes más importantes de IBM. Aun cuando los asistentes no iban a planear una guerra nuclear, pocos olvidarían esa reunión. En ella, Gerstner hizo añicos los ídolos culturales de IBM, y modificó para siempre la trayectoria del Gigante de los computadores. Era la primera vez que la organización había osado admitir que no lo sabía todo; la primera ocasión en que los ejecutivos de IBM se pararon frente a un grupo de clientes e hicieron dos preguntas sencillas:

1. *¿Qué hemos hecho bien?*
2. *¿Qué hemos hecho mal?*

A Lou Gerstner no le importó lo que los demás pensaran. No estaba impresionado porque la gente no pudiera recordar que alguna vez un presidente del consejo directivo de IBM se hubiera reunido con los clientes en masa como ocurriría en esta ocasión. Sintió que este encuentro era imprescindible. Deseaba hechos, y quería escucharlos sin intermediarios, directamente de las personas que más le interesaban, los clientes de IBM.

En la sesión, los clientes no anduvieron con rodeos. Les dijeron a Gerstner y al resto de los empleados de IBM que, en los últimos años, no había sido muy fácil negociar con su organización. Era demasiado difícil trabajar con una cantidad tan grande de vendedores que los llamaban en todo momento. Peor todavía, ninguno de ellos respondía en forma apropiada a sus necesidades. "Compren mainframes", les decían. En vez de explicar por qué las empresas necesitaban mainframes, los vendedores recurrían incluso a hablar pestes de sus propios productos, y sugerían que IBM muy pronto podría salir totalmente del negocio. Gerstner no podía creer lo que escuchaban sus oídos: ¿Quién habla pestes de sus propios productos?

Los invitados a Chantilly también le dijeron a Gerstner que preferirían tratar con un solo representante de ventas de IBM, como lo habían hecho en el pasado, y no con decenas de ellos. Ellos querían una persona que estuviera en capacidad de hablar del rango completo de los productos y servicios de IBM, de todo, desde los mainframes hasta los modelos notebook.

Finalmente, cuando Gerstner hizo uso de la palabra, aclaró que IBM iba a mantener los mainframes, que planeaba reducir los precios en forma significativa, y centrarse en ayudar a los clientes a configurar, manejar y enlazar sus sistemas.

Aprender qué necesitan los clientes

Gerstner había estado planeando la reunión de Chantilly desde que tomó el mando de IBM el abril anterior. Pocos días después de su comienzo, les pidió a sus 12 gerentes de producto que escribieran un resumen de una página sobre sus negocios. En la sesión del día siguiente, quería escuchar detalles sobre cómo esperaban vender sus productos. Deseaba saber ante todo qué era lo que querían los clientes. Muchos no parecían saberlo. Gerstner se enfureció. Varios de los gerentes más mal preparados recibieron el impacto de su ira. Algunos de sus nombres se incluyeron en la lista de 35,000 empleados despedidos el siguiente mes de julio.

La infortunada reunión con los gerentes de producto condujo a Gerstner a tomar una contundente decisión: IBM invertiría cada vez menos tiempo en discusiones internas acerca de qué clase de tecnología desarrollar; en lugar de eso se centraría en averiguar qué era lo que realmente querían los clientes. Se mantuvo inflexible en que IBM pusiera en primer lugar a sus clientes.

Poco después de Chantilly, al visitar una planta de IBM, un empleado se acercó y le dijo: "Una de las partes clave, Lou, parece ser mantenerse más cerca del cliente. Con frecuencia, encontramos que necesitamos sopesar las necesidades del cliente, con vistas a tomar las decisiones estratégicas: una plataforma soporte. ¿Nos puede hacer algunas recomendaciones específicas sobre cómo podremos alcanzar un equilibrio exitoso?".

Gerstner miró detenidamente al hombre, como si le entendiera a medias lo que le dijo, y lo que entendió no le agradó:

> No sé qué es una "plataforma soporte", pero déjeme responder su pregunta en términos muy sencillos. Si hay un requerimiento de un cliente clave, satisfágalo. Sin importar qué sea "una plataforma", solucione el problema[1].

Gerstner sabía que no era suficiente sostener sesiones como la de Chantilly, y que no podría ser el único de IBM que se reuniera con los clientes; sería importante que muchos otros, además de él mismo, se acercaran a los clientes como lo había hecho IBM en los días del pasado. Empezó por idear cómo mejorar la fuerza de ventas de 70,000 empleados que poseía IBM, 30,000 de los cuales estaban trabajando en el extranjero. La fuerza de ventas que alguna vez podía explicar a los clientes la compleja maquinaria de IBM, se frustraba cada vez más por su incapacidad para orientar a los clientes que tenían necesidad de guía en el mundo de los computadores después de la era de los mainframes. Gerstner insistió en que se acercaran más a los clientes, que emplearan más tiempo y esfuerzo saliendo al campo y manteniéndose fuera de las oficinas.

El enfoque del marketing vertical

A Gerstner le tomó un año productivo resolver los problemas de marketing en IBM. Sin embargo, en la primavera de 1994, después de percibir lo que estaba mal en cuanto a la forma como IBM mercadeaba sus computadores, asumió la tarea de renovar sus actividades de ventas en todo el mundo, con increíble rapidez. Fue en mayo de ese año que anunció lo que quizá sería, durante décadas, la reorganización más radical del personal de ventas en contacto directo con los clientes de IBM. Los redistribuyó en grupos de "marketing vertical", a fin de satisfacer las necesidades de la industria específica de sus clientes. En los siguientes 18 meses, IBM planeó llegar hasta 80% de sus clientes mediante la fuerza de venta directa, clientela cubierta por uno de los 14 equipos de vendedores que se dedicaban a áreas como servicios financieros, viajes, cuidado de la salud, servicios públicos y seguros. Los nuevos equipos de la industria cubrirían los 5,000 más grandes clientes de IBM y responderían por 75% de los ingresos de la compañía en todo el mundo. Además de los equipos de ventas, cada unidad de la industria completa incluiría investigadores de laboratorio, ingenieros de software y consultores industriales de IBM contratados de firmas externas como McKinsey. El hombre que dirigía las nuevas unidades de la industria, William A. Etherington, sugirió que Gerstner había resuelto un problema clave, enfrentado por IBM durante la década de 1980. Ahora, organizados los nuevos equipos de vendedores, gracias a la inyección de personal extra, se podría hablar con los clientes, no sólo como vendedores de mercancías y bienes de primer orden, sino como consultores profesionales.

En el pasado, los representantes de ventas estaban organizados en líneas geográficas: por ejemplo, un vendedor en España vendía mainframes sólo en ese país. Con el nuevo esquema, los representantes de ventas fueron asignados a uno de los 14 equipos globales —quizás, al de clientes bancarios o al de la industria de viajes o al de compañías petroleras multinacionales— y cada equipo proporcionaría a los clientes sistemas de procesamiento de información adaptados a su respectiva industria. Las discusiones alrededor de esta "gerencia de matrices" eran fuertes. A los clientes de las multinacionales no les agradaba el enfoque geográfico porque encontraban que, con regularidad, una subsidiaria de IBM en algún país establecía sus precios y concertaba sus propios contratos; para empeorar las condiciones, los vendedores de los diferentes productos y servicios de IBM no ofrecían soluciones coherentes para los problemas de sistemas. Los clientes se beneficiaban poco del hecho de que IBM tuviera un radio de acción mundial. "Al tipo de clientes que tenemos no necesariamente les importa su geografía"[2], dice Robert Timpson, director del equipo de marketing y desarrollo de productos dedicado a entidades bancarias y corredores de valores. "Ellos prefieren hablar con alguien que hubiera almorzado, el día anterior, con altos ejecutivos del Sumitomo Bank en Tokio". Los nuevos equipos de la industria, entre ellos miles de consultores de negocios recientemente contratados, estaban mejor capacitados para influir en el diseño de nuevos sistemas.

Gerstner encontró que no era suficiente reestructurar la fuerza de ventas. También tenía que tratar, enérgicamente, con personas tercas. Una de ellas era Hans Olaf Henkel, de 54 años, presidente del consejo directivo con sede en París y presidente de IBM en Europa. Henkel se había resistido a la estructura de ventas paneuropea, y permitió una sola estructura mundial y, por esta razón, en septiembre de 1994, el jefe de IBM lo removió de su cargo. Su remplazo, Lucio Stanca, se comprometió con el nuevo enfoque industrial de Gerstner. El efecto del cambio era debilitar la autoridad de los gerentes de los países europeos, que se reportaban a través de Henkel a la sede de la dirección general en Armonk, Nueva York.

Al cambiarse al enfoque de la industria para las ventas, Gerstner se dio cuenta de que sería más fácil volver a atraer a algunos de los antiguos clientes de IBM. Un ejemplo fue Prudential Insurance of America, uno de los 10 más grandes compradores de equipos de computadores del país. Durante años, Prudential había comprado computadores a IBM; no obstante, a finales de la década de 1980, la gigante compañía aseguradora se cambió a los competidores de IBM, comprándoles dos terceras partes de sus mainframes a precios más bajos. Con Lou Gerstner al mando, IBM tenía una nueva arma poderosa en su arsenal para tentar de nuevo a Prudential como cliente: su capacidad para solucionar problemas. Lo que IBM esperaba hacer era utilizar esa experiencia para resolver las dificultades que se presentaban, entonces, en toda la industria, a fin de ayudar a compañías como Prudential. En cierto momento, los investigadores de un laboratorio de IBM, en Bélgica, comenzaron a trabajar con diversas compañías de seguros para desarrollar una nueva forma de manejar datos, con el propósito de mejorar la eficiencia de la industria. Prudential respondió en forma positiva, y decidió comprar exclusivamente los mainframes de IBM. Después, en septiembre de 1996, decidió recompensar a IBM con un contrato a cinco años por US$340 millones para procesar sus sistemas de computadores.

Gerstner anunció en el informe anual de 1994 que se estaba embarcando en una cruzada a lo largo y ancho de la compañía para ganar clientes para las nuevas tecnologías de IBM. No había duda de que esa tecnología de la información revolucionaría cada institución en la sociedad norteamericana.

> Sin embargo, no sucederá en la forma, o con la rapidez, que predijeron los falsos promeseros de esta industria, que están obsesionados, promueven sin fin utopías elec-

> trónicas y están protegidos constantemente por algunos de los medios de co[illegible] ción. Lo que es posible no siempre es deseable, en particular, si eso cuesta d[illegible] do dinero...
>
> La revolución informática ocurrirá, sin embargo, sólo cuando la industria deje de rendir culto a la tecnología por su propio bien, y empiece a centrarse en el *valor real* para sus clientes. Debemos proporcionar productos y servicios que mejoren la posición competitiva de los clientes; eso realza el propio servicio de éstos, incrementa su productividad, enriquece sus vidas personales. Estos beneficios son los que conducirán la revolución, y no el hecho de que haya chips de silicio cada vez más rápidos o millones de kilómetros de fibra óptica[3].

No había razón, dijo, para que los productos de IBM no pudieran ser tan sencillos de usar como los electrodomésticos. Ésa era su meta, hacer la tecnología más fácil de usar, más fácil de manejar, con el objetivo de ayudar a los clientes a adoptar la tecnología avanzada y ponerla a funcionar en el mundo real. Era crucial pensar más en los factores externos a la organización, lo que quería decir, con frecuencia, el cliente.

Gerstner se enorgullecía de escuchar a los clientes. Cuando oía las quejas de éstos por los altos precios del software de los mainframes, inmediatamente ordenaba reducciones hasta de 30%. Escuchaba también cuando los clientes rehusaban invertir demasiado en hardware y software patentado. Por eso, exigía más en la búsqueda de los estándares industriales, como el lenguaje de programación Java de Sun. Oía las quejas de los potenciales clientes que tenían problemas para manejar las complejas redes de computadores. Una vez más, Gerstner se movió rápidamente. Compró Tivoli Systems por US$743 millones, a fin de mejorar la habilidad en la administración de sistemas de IBM. Escuchaba cuando los clientes atacaban a IBM por forzarlos a invertir demasiado en tecnología, sin ver los resultados.

Prestigio para el jefe

Al ponerse del lado de los clientes, se incrementó el prestigio de Gerstner dentro de la empresa. "Esto le dio un gran poder sobre la cultura, al saber lo que querían los clientes"[4], anotó George F. Colony, presidente de Forrester Research. "Nadie podía sugerirle que no tenía idea de lo que estaba sucediendo en el entorno de los negocios". Ninguno se atrevía. "Sus ideas giraban en torno a los clientes"[5], recuerda Jim Cannavino. "Yo creí ser uno de los tipos más orientados a los clientes en la compañía; sin embargo, su contratación fue bienvenida. Él sabía que si usted no puede describir los valores del cliente, tampoco puede hacer nada".

Ante todo, Gerstner practicaba el enfoque de "ir al cliente". Quería encontrarse personalmente con él, hablarle con franqueza de las necesidades de la organización, sugerir formas como IBM podría ayudarle.

> Vine aquí con la visión de que uno comienza el día con los clientes, empieza a concebir una compañía en torno de sus clientes y se organiza alrededor de ellos[6].

Alrededor del globo

Tres semanas después de asumir el mando de IBM, se reunió con un grupo de funcionarios CIO y les habló de IBM. Todavía no estaba suficientemente informado para hablar en detalle de la organización, así que habló de la visión del CEO y de la de los clientes sobre la tecnología. Después de la sesión, varios CIO le dijeron con entusiasmo: "Es necesario que usted les haga llegar este mensaje a nuestros jefes. Nuestros CEO tienen que escuchar sus puntos de vista sobre la tecnología de la información: se trata de una inversión estratégica".

Gerstner escuchó el mismo comentario tres meses más tarde en Phoenix, cuando dictó otra conferencia a los CIO. Todavía no le entusiasmaba mucho la idea de invitar a los CEO a que lo escucharan. "Bien, no sé. Estaré gustoso de hacerlo, pero creo que si los convoco a una reunión, ellos no vendrán".

"Inténtelo", le dijeron los CIO. Y así fue. La primera conferencia con los CEO se realizó a comienzos de 1994 con diez asistentes. A la postre, se convertiría en uno de los foros más exitosos de Gerstner en sus reuniones con los clientes. Por lo menos otros 180 CEO han asistido a conferencias similares en todo el mundo.

Con el propósito de atraer clientes, Gerstner hizo a menudo viajes relámpago. Uno comenzó apenas rayaba el alba. La mañana era fría y lluviosa. Gerstner se despertó en su casa de Greenwich, Connecticut, luego llegó al aeropuerto del condado Westchester. Abordó el Gulfstream IV de IBM. El avión despegó unos momentos después, a las siete de la mañana. Gerstner había adelantado la hora de salida en tres ocasiones para asegurarse de no llegar tarde. La nave se dirigió a Toronto. Allí se encontró con 20 ejecutivos senior invitados de organizaciones como Rubbermaid y la Universidad de Carolina del Norte.

Llegó en automóvil al hotel King George de Toronto; Gerstner se apresuró a tomar el ascensor para subir a la sala de conferencias, donde los CEO lo esperaban sentados alrededor de una mesa en forma de herradura. En los 90 minutos siguientes, Gerstner habló con entusiasmo sobre Internet y los problemas tecnológicos que ellos enfrentaban. Se quitó la chaqueta. Parecía relajado. No tenía proyector de acetatos, no hizo una exposición y no dio un discurso prolongado sobre la tecnología. Al contrario, sus temas incluían la calidad de las escuelas públicas y los cambios que la tecnología estaba generando en las compañías de servicios financieros. Quería trasmitir a sus oyentes que él e IBM sabían cómo evolucionarían la sociedad de alta tecnología y la economía del siglo XXI. Estaba allí como educador, pero también como vendedor. Lo que le importaba era que cada persona presente en la sala era un cliente potencial para IBM.

Irónicamente, a pesar de su preocupación inicial sobre si los CEO asistirían a las reuniones, Gerstner se vio forzado a *restringir* los cupos de asistencia. En cada reunión, Gerstner comienza por decirles a los CEO que él llegó a IBM como cliente, que cree que el nuevo y emergente mundo de la electrónica trasformará cada institución en el mundo, que ésta es una de las tecnologías que aparece cada siglo para revolucionar realmente la sociedad y todos sus sectores. Agrega, entonces, que el mundo de la electrónica dejará ganadores y perdedores en cada industria. Habla de las implicaciones del cambio que traerá esta tecnología, de la enorme presión que ejercerá en los intermediarios: agencias de seguros, agencias de viajes, etc. ¿Cómo encajarán todos ellos en un mundo electrónico?

Gerstner dice a los CEO que el nuevo mundo electrónico trae competencia a las instituciones desde los lugares más inesperados. La nueva tecnología requiere efectivamente que cada institución se convierta en una compañía de información, al igual que en una compañía de productos. De esta manera, independientemente del producto que estos CEO generen y vendan, también tienen que utilizar la tecnología de la información.

¿Qué debe hacer un CEO? ¿Cómo debe ser el programa de un CEO al enfrentar la nueva revolución de la informática? En una conferencia que dio en 1996, resumió las respuestas que rutinariamente da a estas preguntas:

> Nos centramos en lo que considero son las necesidades y problemas de cada CEO, y el primer punto es: ¿La tecnología de la información —sus fortalezas y amenazas— for-

> ma parte integral de su plan estratégico? ¿Ésta se encuentra en la mesa de negociaciones cuando usted tiene que tomar decisiones estratégicas? ¿Lo comprenden los gerentes senior? ¿No son los bits y los bytes, sino su poder para cambiar? ¿El CIO de la compañía se encuentra en la mesa de negociaciones cuando usted presenta su planeación estratégica? ¿Está usted a la vanguardia? ¿Va a ser un subalterno? ¿Qué va a hacer con su antiguo sistema de distribución *versus* los nuevos sistemas de distribución? Ése es el primer punto. Luego entramos a otro punto de análisis, y les cuento a todos que antes no era consciente de estos problemas porque me desempeñaba como CEO de una compañía diferente del campo tecnológico: la batalla de la organización dentro de las grandes instituciones, la batalla por el control entre la descentralización y la centralización. ¿Dónde deben tomarse las decisiones? ¿Dónde deben comprarse los recursos? ¿Dónde deben estar los datos? ¿Dónde se establecen los estándares de seguridad?[7].

Gerstner les comenta que se trata de una tarea difícil; no obstante, no es diferente de cualquier otro problema organizacional que enfrenten los CEO. Ellos tienen que decidir tanto en el proceso de manufactura como en el marketing, qué se centraliza y qué se descentraliza, cuáles estándares son establecidos por el grupo financiero central y cuántos permiten la discrecionalidad local.

El tercer punto, dice Gerstner, es que los CEO deben tomar conciencia del problema de los estándares en la industria de la tecnología de la información. Los CEO se incomodan, para sorpresa suya, cuando les comenta que, a su llegada a la industria, se dio cuenta de que ésta es la única que no vive ni produce estándares comunes para beneficio de los clientes, y que eso hace que el cliente pague por conseguir estándares competitivos.

> Ahora, se ponen muy molestos por lo que les comenté. Entonces les digo que se olviden de esto, que no se queden en este punto, que reconozcan que su CIO enfrenta estos problemas.
>
> Finalmente, seguimos adelante y empleamos la mayor parte de nuestros diálogos, al menos en el último año y medio, en redes. Y preguntan: ¿Qué es Internet? ¿Qué puedo hacer para abordar este punto? ¿Qué significa para mí? Y lo que hablamos desde el principio es muy sencillo…
>
> … pues se genera un gran entusiasmo —es el problema de los estándares del que les hablé—: con casi todo el mundo viendo que quizá, por primera vez, crearemos lo que la industria, incluida IBM, debería haber hecho hace años, es decir, la capacidad de tener aplicaciones de plataformas independientes y una verdadera conectividad, de un computador a cualquier otro.

Además de los foros con los CEO, Gerstner habló personal e individualmente con ellos, algunas veces hasta tres o cuatro veces a la semana. En algunas ocasiones, entablaba conversaciones con un CEO en función de sus negocios. Los diálogos, a veces, en verdad valían la pena. En una oportunidad, en diciembre de 1995, Gerstner y su equipo gerencial visitaron Procter & Gamble, en Cincinnati, Ohio, donde fueron recibidos cálidamente. Ésa fue la primera vez que un CEO de IBM se había tomado la molestia de visitar la compañía en décadas, aunque P&G se clasificaba como uno de los mejores clientes de IBM. Gerstner se había encontrado con el presidente de la junta directiva y CEO de P&G, John E. Pepper, en función de sus negocios, cuando éste le mencionó que él y sus gerentes senior estaban luchando contra un espinoso reto: cómo *podrían* explotar la nueva tecnología, por ejemplo Internet, para modernizar las operaciones, acelerar la innovación y llegar a los clientes a través de nuevos canales. Pocos días después, el presidente del consejo directivo de IBM telefoneó a Pepper y le propuso llevar su equipo gerencial a P&G durante todo un día para ilustrar la manera como IBM percibe la floreciente era del comercio electrónico. Pepper quedó impresionado por la voluntad que tenía Gerstner de dialogar directamente con todos ellos. Gracias a la visita, IBM consolidó las relaciones con este gran cliente y mejoró sus posibilidades de concretar nuevos negocios con la empresa.

Gerstner también operó a las mil maravillas en otras firmas. Cuando Ameritech buscaba arrendar sus operaciones de procesamiento de datos, Gerstner realizó una llamada de ventas a Baby Bell, con sede en Chicago. Así mismo, telefoneó varias veces al presidente de la junta directiva y CEO de Ameritech, Richard C. Notebaert, antes de cerrar la negociación. De todas las empresas que estaban licitando el contrato a 10 años por US$2,600 millones, Gerstner fue el único CEO que se involucró en todo el proceso de negociación. Su enfoque directo y práctico se convirtió en un nuevo negocio para IBM: rápidamente concertó una *joint venture* por valor de US$400 millones entre Ameritech e IBM para ofrecer programas de apoyo al trabajo de oficina de otras corporaciones.

Gerstner sabía que compañías como Procter & Gamble y Ameritech y otra gran cantidad de organizaciones estaban bajo presión constante para que fueran más productivas. Sin embargo, no podrían lograr esa meta si tenían que gastar enormes cantidades de tiempo preocupándose por instalar y monitorear luego los sistemas de computadores en todas sus empresas. Ésa fue la conclusión a la que llegó IBM. Así lo explicó a un entrevistador en *U.S. News* y *World Report*.

> (Existen) miles de competidores, algunos de ellos sólo fabrican una pequeña tarjeta que se inserta en la parte posterior del computador personal. Otros producen apenas un software de aplicaciones. Algunos sólo producen bases de datos. Otros se encargan de fabricar sólo software de comunicaciones. Sin embargo, las tareas en el interior del cliente no se han dividido. Las tareas son las mismas. Ellos necesitan mover sus negocios. Sólo se ha movilizado la integración de la industria hacia el cliente.
>
> Y debido a un par de circunstancias, los clientes dicen: "Ya no queremos más de lo mismo". En sus propias compañías se sienten bajo presión para incrementar la productividad. Y, en segundo lugar, la proliferación de esta tecnología y el ritmo de cambio de esta tecnología ha llegado al punto donde los riesgos del tipo "hágalo usted mismo" son mucho más significativos de lo que quieren asumir los clientes, lo que, por supuesto, se constituye en una de las razones por las cuales el *outsourcing* ha crecido tan enormemente en los negocios, y también es la razón por la que nuestros negocios de servicios han crecido con tanta rapidez[8].

Lou Gerstner en verdad escuchaba a los clientes. La mayor parte de lo que oía de ellos eran quejas que decían que mientras los computadores eran esenciales para sus negocios, éstos se estaban convirtiendo en algo muy complejo. Si IBM en realidad pretendía ayudar a sus clientes —y recuperar aquellos que habían saltado del barco en la década de 1980—, se esforzaría por hacerles la vida más fácil. Podría trabajar en la solución de algunos de los muchos problemas que ellos enfrentaban, no sólo sacar hardware y software a diestra y siniestra. Lou Gerstner escuchaba esos mensajes fuerte y claro. Entonces, su respuesta fue decidida. Miles de veces al día, el jefe de IBM se repetía: "Estúpido, se trata del cliente".

Elija los productos que el cliente desea comprar

"Se llevan mis mainframes, y mi negocio se acaba".

Una de las formas clave de hacer que IBM se orientara más hacia los clientes era asegurarse de que la empresa fabricara los productos que ellos querían adquirir. Sin embargo, Lou Gerstner enfrentó una decisión crítica al comienzo de su gestión: qué hacer con los mainframes.

Ningún producto tenía tanta importancia y brindaba tanta confianza a la organización como el mainframe. Los márgenes de ganancia que alcanzaban eran hasta de 70% y 80%; en verdad, con el paso de los años, se habían constituido en el motor de crecimiento de la compañía. IBM y mainframes eran términos casi sinónimos. Sin embargo, en la década de 1980, este negocio parecía estar desapareciendo. Durante la última parte de la década, el auge de los computadores personales auguraba el fin del producto que había convertido a IBM en la firma más exitosa de los Estados Unidos. Año tras año, nuevos computadores personales se lanzaban a los mercados, con mayor poder que el año anterior, y las entidades gubernamentales y los negocios se deshacían cada vez más de los gigantes de acero, para tener redes de computadores personales. En 1992, IBM percibió "sólo" US$10,000 millones en ingresos por concepto de los mainframes.

En el momento de hacerse cargo de la compañía, Gerstner enfrentó dos alternativas con respecto a los mainframes, los cuales se basaban, para ese entonces, en algo que se conocía como tecnología bipolar. Una opción era rematar los mainframes bipolares restantes y, luego, reducir este negocio a una prioridad inferior. La segunda opción era cambiar a tecnología de semiconductores complementarios de óxido metálico (CMOS, complementary metal oxide semiconductor) y seguir adelante con el negocio de los mainframes.

"No era una decisión fácil", recuerda un alto ejecutivo de IBM. "Pudimos haber permitido que murieran los mainframes e invertir en otras plataformas de servidores, o pudimos salvar los mainframes invirtiendo en los CMOS". La tecnología CMOS tenía la ventaja de ser diez veces más económica que su contraparte bipolar. También resultaba atractiva por pertenecer a la misma tecnología que la compañía usaba en todos sus servidores de rango medio y aquéllos basados en UNIX. Por tanto, habría economías de escala. Sin embargo, optar por la tecnología CMOS tendría un impacto a corto plazo, porque los niveles tecnológicos de los CMOS tomarían 5 años en alcanzar el rendimiento del nivel de la tecnología bipolar.

Varias personas le dijeron a Gerstner que los mainframes no habían desaparecido, que no eran los dinosaurios que otros creían. Él mismo había sido cliente de esos productos durante años y sabía lo que podían hacer estas grandes máquinas. Decidió que la compañía se mantuviera en ese negocio, pues apostaba a que el enorme interés en las redes internas (intranets) e Internet se traduciría en una gran demanda por el tipo de gigantes de acero que sólo IBM podía fabricar y servir. Al remplazar la tecnología bipolar por los CMOS, IBM pudo obtener un incremento significativo en los márgenes de utilidad bruta de 70% a 80%, cifra que ya había obtenido IBM de sus tradicionales mainframes. La elección parecía clara como el agua. Se separó de la tecnología bipolar de una vez por todas, cuando, en julio de 1993, decidió castigar la inversión hecha en dicha tecnología.

En abril de 1994—justo cuando se aproximaba el trigésimo aniversario del mainframe System/360, que aseguró el predominio de la empresa en el mercado de los computadores—, IBM sacó al mercado dos mainframes basados en los CMOS. Construidos sobre un nuevo microchip que utilizaba la misma tecnología de bajos costos hallada en los chips del PowerPC de producción masiva, pero capaces de operar el software de los mainframes de IBM existentes, los nuevos computadores costaban 25% menos que los convencionales mainframes de IBM.

Mainframe Rex

Al dirigirse a un auditorio de mil clientes en el New York Hilton, una mañana a principios de julio de 1994, Gerstner presentó declaraciones acerca de la prematura desaparición de los mainframes. "IBM y todos ustedes se merecen un tiro en la cabeza por creerse el cuento de que los mainframes han desaparecido"[1]. Él intentó bromear. En un tono más serio, expresó: "Se llevan mis mainframes y mi negocio se acaba". A los clientes más antiguos de este negocio les encantó el discurso. Luego le regalaron una camiseta adornada con un tiranosaurio rex y las palabras "Mainframe Rex". Mostró una amplia sonrisa, levantó la camiseta y dijo en voz alta: "los dinosaurios han regresado".

Él sabía que tenía un largo camino por recorrer. Los ingresos por los mainframes habían empezado a declinar desde 1991. Con el fin de mantener altos ingresos por este producto, IBM subió los precios del software correspondiente a los mainframes. Tal como se presentaron los hechos, fue una decisión miope que hizo enfurecer a los clientes de IBM. Los CIO tomaron represalias al trabajar menos con los mainframes y más con los computadores personales. Entonces, disminuyó la demanda y cayeron las ventas de los mainframes: de US$12,600 millones en la industria en 1990, a US$10,900 millones en 1991; en 1992 se incrementaron a US$12,300 millones, pero se redujeron de manera considerable en 1993, a US$9,500 millones. Los ingresos en la industria total de los mainframes seguirían disminuyendo: US$7,700 millones en 1994, US$7,200 millones en 1995, US$7,400 millones en 1996, US$6,600 millones en 1997, y un estimado de US$7,300 millones para 1998. Para la organización, los años fatales fueron el periodo comprendido entre 1992 y 1994, en los cuales la industria experimentó el peor revés de su historia, pues cayó enormemente, 50%, de US$12,300 millones a US$7,700 millones.

El costo de las máquinas relacionadas con su potencia bajó en forma significativa, de US$109,000 por MIP (millones de instrucciones por segundo) en 1990, a US$5,900 por MIP en 1998. Tal reducción de costos habría sido imposible usando la tecnología bipolar.

IBM continuó fabricando y vendiendo tecnología bipolar durante los primeros años de la gestión de Gerstner; pero en 1996, las ventas de los mainframes basados en los CMOS superarían por primera vez las ventas de las máquinas bipolares.

No renunciaré a los mainframes

A finales de 1996, la mayor parte del crecimiento de los computadores provenía de pequeñas organizaciones que usaban redes con computadores económicos, pues los vendían por miles de dólares, no por millones. Dell logró una participación de mercado, y no ocurrió lo mismo en IBM. Gerstner se rehusó a ceder frente a los expertos o darse por vencido con respecto a los mainframes. Incluso, él recuerda qué tan difícil había sido dar soporte a los mainframes cuando se unió a la compañía:

> Cuando llegué a IBM, era políticamente incorrecto en esta industria decir algo a favor de los mainframes. Pero los clientes nunca decían que éstos hubieran desaparecido. Decían que tenían que cambiarse. Y hemos hecho ese cambio en tres dimensiones muy fundamentales: primero, al migrar en forma exitosa hacia los microprocesadores paralelos CMOS, nuestros amplios sistemas presentan ahora la misma curva de rendimiento en precios que la de los servidores UNIX o aquéllos basados en Intel. En segundo lugar, hemos creado una arquitectura en el punto más alto para soportar el desarrollo de aplicaciones UNIX y los protocolos de Internet. Y en tercer lugar, hemos tomado medidas agresivas con respecto a la fijación de precios de la línea de productos 390 en hardware y software[2].

Cuando IBM trajo una nueva generación de mainframes al mercado, en junio de 1994, Gerstner mostró un nuevo optimismo hacia estos productos. Internamente conocidos como G4, de la cuarta generación, la máquina costaba menos porque utilizaba el tipo de tecnología chip y unidad de disquete de los PC. IBM intentaba asimilar otras experiencias de la industria de estos computadores personales, mediante la aceleración de los ciclos de producto y la utilización de software estándar de la industria. La introducción del G4 ayudó a que la compañía removiera parte del peso psicológico que había soportado durante los últimos cuatro años con respecto a los mainframes. De repente, los mainframes aparecieron de nuevo. Aún era apropiada la palabra mainframe, como afirma Linda Sanford, directora general de la división del System/390: "La gente habla de los mainframes otra vez, y de cierto modo todos desean tener modelos como éstos"[3]. Y agrega: "Otra vez es una buena palabra, un buen término, aunque nos hagamos llamar servidores de empresas". Los nuevos G4 podían ejecutar de 20% a 33% más trabajo que la anterior generación.

Para IBM, los mainframes constituían todavía el centro de las altas utilidades. Los analistas suponían que la participación de la compañía en el negocio de estos productos, de US$7,000 millones, de algún modo representó de 70% a 86% del total, lo que quería decir que IBM vendió US$5,000 millones en mainframes en 1997. Se supone que vendería esa misma cifra en 1998.

Estamos dando de qué hablar

IBM no sólo abordaba el negocio de los mainframes frontalmente, también fijaba su atención en captar cada vez más el mercado de los computadores personales. En 1994 había perdido US$1,000 millones en ese negocio. Aun después de que Gerstner se hiciera cargo de la organización, el negocio de los computadores personales era una vergüenza. Bob Stephenson, el vicepresidente senior a cargo de ese negocio, reconoció esos fracasos iniciales: "Teníamos la fama de estar rezagados en productos y de ser un proveedor absolutamente no confiable de distribuidores y clientes finales"[4].

Pero después de que Sam Palmisano asumiera el cargo de gerente general en la división de PC, en abril de 1996, se respiró un nuevo optimismo. Siete meses después, Palmisano se vanagloriaba: "Tenemos una oferta confiable de novedosos productos, excelentes relaciones con los minoristas y con los revendedores corporativos, además de precios competitivos. Estamos dando de qué hablar"[5]. La razón era sencilla: Lou Gerstner había convencido a los ejecutivos senior de que IBM tenía que generar productos que los clientes quisieran adquirir, y exactamente eso era lo que estaba ocurriendo. El nuevo ThinkPad 560 de dos kilos se consideró la combinación perfecta de peso liviano y funcionalidad nunca antes producido; las bodegas de IBM permanecían vacías, en cuanto a este producto se refiere. El último PC para clientes de IBM, el Aptiva-S, fue quizás el producto más innovador; separó las unidades de disquete y CD-ROM de la caja que contiene el cerebro del computador, lo que le permite al cliente retirar la voluminosa caja de su escritorio. Además, IBM lleva más rápido los productos al mercado, al simplificar las máquinas y hacerlas más fáciles y rápidas de fabricar.

Los clientes se pronunciaron, y Gerstner se aseguró de que la compañía los escuchara.

> Nuestros negocios tradicionales representan múltiples millones de dólares en ingresos y mantienen márgenes sólidos. Son buenos generadores de efectivo, pero el crecimiento es un desafío. Éstos incluyen la línea de productos System/390 de grandes servidores y software, almacenamiento de información y subsistemas de redes que se enlazan a estos grandes computadores. Cuando llegué a IBM, muchas personas decían que estos negocios eran pasivos en términos contables, es decir, mercancía inservible. Recibí muchos consejos que, básicamente, decían: "Libérate de ellos o, al menos, sácales lo que más puedas".[6]

IBM, explicaba Gerstner, tenía una perspectiva muy diferente, basada en lo que decían sus clientes. Ellos manifestaban, en voz alta, que había problemas con esta serie de propuestas. Grandes dificultades, que empezaban con el precio y la carencia de funcionalidad con los productos de otras empresas. También decían que necesitaban estos sistemas, dependían de ellos y los requerían para dirigir sus negocios. Era necesario que IBM arreglara los problemas, y no que abandonara el campo de batalla.

> Entonces nos pusimos a trabajar. En la actualidad, el System/390 y los productos asociados a éste constituyen un negocio muy fuerte... Los clientes permanecen comprometidos con este sistema, y migran a generaciones más nuevas a un ritmo permanente.
>
> Hace unos cuantos años, nuestro negocio de almacenamiento de información estaba en ruinas. Hicimos todo lo posible por mantenerlo, pero formalmente se convirtió en un producto secundario. Qué tragedia hubiera sido. IBM creó el negocio de almacenamiento de información; inventamos cada pieza significativa de la tecnología de almacenamiento de información actualmente en uso y continuamos liderando nuevas patentes. En la actualidad, la trasformación de este negocio es verdaderamente sorprendente. Estamos haciendo importantes inversiones de miles de millones de dólares en almacenamiento de datos, porque nuestro equipo en esa área ha probado que puede ganar: ellos pueden generar liderazgo, incrementar los ingresos y obtener buenos retornos.

Sin embargo, hubo algunas voces en desacuerdo dentro de la industria, que simplemente consideraron que Gerstner hacía demasiado esfuerzo en reconstruir el negocio de los mainframes. Una de esas voces fue la de Jon Oltsik, un analista de Forrester Research:

> El problema es que Gerstner no es un tecnólogo, entonces depende de los consejos que le den los demás, gente que no opera con su mismo conjunto de reglas. Gerstner recibe consejos técnicos de empleados de IBM que han hecho carrera y que notoriamente se apasionan con lo que sucede en el mercado. Además, operan con unos criterios propios de la década de 1980 y no del año 2000. Por ejemplo, es un error que IBM trate de revitalizar los mainframes y el mercado del AS/400, con el argumento de que son servidores de Internet. Éstos desempeñarán un papel en Internet, pero será el mismo que siempre ejecutaron en el sistema de respaldo final de mantenimiento de registros, etc. Así que allí no hay mucho crecimiento potencial. IBM, en realidad, ha cimentado los mainframes como una herencia en el pensamiento de grandes com-

pañías, pero no es allí hacia donde se proyectan los nuevos movimientos. Cada vez que IBM dice que Internet reinventa los mainframes, los clientes dicen que no los adquirirán[7].

Confiar en el comercio electrónico

Al tratar de permanecer a la vanguardia de la competencia, a mediados de la década de 1990, IBM apostó a que el comercio electrónico se convertiría en un factor vital en el futuro próximo. Evidentemente, parecía que habría una fuerte demanda por el procesamiento de datos en red e Internet. Por tanto, administrar e integrar complejos sistemas —algo en lo que la organización era excelente— tenía un nuevo atractivo.

A finales de 1997, Gerstner logró llevar su sueño del comercio electrónico al mercado. En una campaña de marketing y publicidad de más de US$200 millones, presentó sus nuevos productos en un anuncio de ocho páginas que apareció en 12 importantes periódicos de los Estados Unidos. Antes ya había promovido ese comercio a los CEO y en charlas ofrecidas en reuniones industriales. Ahora, llevaba su campaña a todo el mundo. Los anuncios anticipaban un mundo en el que la compañía estaría conectada a clientes, empleados, distribuidores y proveedores a través de las intranets, las extranets o la Web. Esos mismos anuncios sugerían que IBM estaba mejor equipada para atender aquellas organizaciones en ese mundo del comercio electrónico, usando el hardware, el software, la experiencia o lo que fuera de IBM.

Resulta necesario observar que en ese mundo totalmente conectado que Gerstner anticipaba, quedaba un sueño bastante lejano, aunque el negocio electrónico crecía rápidamente en los Estados Unidos. Se espera que el comercio vía Internet se dispare a un estimado de $105,000 millones para el año 2000. IBM espera ser la organización que domine el comercio electrónico, pero para que ello suceda, Gerstner considera que los clientes tendrían que cambiar sus hábitos de compra. Para ayudar a los clientes en esta transición, él ha intentado aproximar a los distribuidores al proceso de toma de decisiones, lo cual significa un importante cambio cultural.

> Se requiere un cambio total en la manera de pensar de la gente. He hablado con muchos fabricantes grandes que han acercado a los distribuidores a lo básico en cuanto a los procesos de ingeniería, producción e información de inventarios de su compañía. Los distribuidores ahora tienen acceso como sus propios vendedores. Se trata de un

gigantesco cambio cultural. ¿Está dispuesto a abrir las fronteras de su empresa y hacer partícipe a todo su equipo en una forma verdaderamente cooperativa?[8].

Gerstner prometió que IBM ayudaría a que los negocios se adaptaran a los cambios requeridos por la llegada de los negocios electrónicos.

Los negocios electrónicos movilizan las políticas de la industria de la TI, de nuevo a la oficina del CEO. El nuevo mantra es el crecimiento: la globalización, los ciclos de tiempo y la competitividad. Lo que sostenemos a nuestros clientes es que los negocios electrónicos no son un cambio tecnológico. Se trata de un cambio fundamental en la forma como se desarrollarán estos negocios electrónicos en sus industrias, auxiliados, motivados, apoyados y posibilitados por la tecnología. Es una reestructuración de principio a fin para que sus compañías saquen ventaja del mercado electrónico[9].

La meta de IBM era conseguir la mayor cantidad de personas que compraran y vendieran vía Internet. Lo primordial para su estrategia era distribuir tres soluciones a través de la industria: sistemas de pago de comercio electrónico, servicios de repuestos y suministros y software, y soluciones para las relaciones de los clientes, que incluyen tecnologías de extracción de datos y reconocimiento de voz, y centros de comunicaciones telefónicas.

Encontraremos nuestro camino cuando llegue el momento en que la industria de negocios electrónicos pase de ser una posibilidad para buscar en la red y se convierta en una oportunidad para comerciar[10].

Escoger los productos que los clientes quieren comprar. Éste parece ser, a primera vista, el precepto fundamental de negocios que no hay que pensar dos veces. Sin embargo, para IBM, el precepto era crucial. Lou Gerstner había sentido, cuando empezó a formar parte de la compañía en 1993, que IBM no estaba suficientemente sintonizada con los deseos y demandas del mercado. Él juró cambiar esas condiciones. Sin embargo, ¿en cuáles productos debía enfatizar IBM y en cuáles no? Gerstner tomó una de las decisiones más importantes al comienzo de su gestión, con el argumento de que la empresa debía mantener los mainframes como su negocio medular. Al mantener intacta a IBM y conservar el énfasis en sus grandes computadores, se percibió el temple con que Gerstner realizó la trasformación a mediados de la década de 1990.

PARTE VI

ASEGURANDO EL FUTURO DE UNA COMPAÑÍA EN CRECIMIENTO

"Actuamos de manera consistente con el mercado: rápido, con espíritu empresarial, con sentido de urgencia y burocracia mínima"

Necesitamos el trabajo en equipo, pero hay que promover el espíritu empresarial

"Las compañías con espíritu empresarial... innovan y toman riesgos prudentes. Estimulan y protegen a aquellos aventureros que son rebeldes y se atreven a romper los mitos".

Lou Gerstner estaba al acecho del crecimiento. El proceso de trasformación había terminado aunque nadie sabía muy bien cuándo había sucedido esto. Lo que todo el mundo sí sabía —dentro y fuera de la compañía— era que se aproximaba la segunda prueba, la final, para Gerstner: el crecimiento de una empresa que muchos dudaban que pudiese lograrlo definitivamente.

Una forma para estimular el crecimiento en una organización de la talla de IBM, desde la perspectiva de Lou Gerstner, consistía en reducir la burocracia y maximizar el espíritu empresarial. Él cifró sus esperanzas en el crecimiento, al crear una organización con espíritu empresarial que hiciera énfasis en la productividad. Mucho antes de hacerse cargo de IBM, comentó la manera como había cultivado el concepto de espíritu empresarial:

> El espíritu empresarial no es algo que haya iniciado en American Express. No creo haber dicho: "Bien, me voy a convertir en un individuo con espíritu corporativo". Sin embargo, es posible que haya iniciado un estilo gerencial y una filosofía que, en consecuencia, cualquiera podría observar y llamar "espíritu empresarial". Parte de esto se remonta a mis primeros 12 años de trabajo de tiempo completo en McKinsey. Era una pequeña compañía donde casi no había jerarquías, que gratificaba enormemente a quienes se apersonaban de la solución de problemas y al personal —cualquiera que fuese su nivel— que desarrollara buenas ideas[1].

Procedimientos burocráticos menos engorrosos

Luego, después de arribar a IBM, hizo énfasis en el mismo punto.

> Debemos funcionar con menos burocracia, tener espíritu empresarial, preocuparnos constantemente por la productividad... No podemos tener (ese) tipo de engorrosos procedimientos burocráticos en IBM, tal como lo tenemos en abundancia en la actualidad. Necesitamos orientar la toma de decisiones de la compañía y acercarla al cliente, puesto que así podremos alcanzarlo sin toda suerte de imposiciones, contratiempos y obstáculos que se generan a partir de la pasividad[2].

Gerstner sabía que era más fácil hablar de la necesidad del espíritu empresarial que poner la idea en práctica, debido a que se requería modificar completamente la manera de pensar y de comportarse de los empleados de IBM. Para sustentar esta propuesta, sin embargo, definió cómo sería una compañía con espíritu empresarial:

> Las compañías con espíritu empresarial se orientan hacia el crecimiento en todos los frentes. Explotan sus negocios de crecimiento, buscan nuevas oportunidades de crecimiento y nuevas maneras de hacer crecer sus más antiguos negocios y aquellos que se encuentren estancados. Éstas innovan y toman riesgos prudentes. Estimulan y protegen a aquellos aventureros, que son rebeldes y se atreven a romper los mitos. Finalmente, motivan y tienen sistemas de remuneración estructurados con base en el pago según el desempeño[3].

Gerstner consideraba que para ser verdaderamente empresarial sería necesario tener la convicción de que la organización podría crecer.

> La percepción de la capacidad para el crecimiento en el mercado tiene un profundo efecto en la propia capacidad para operar con espíritu empresarial... convertirse en un individuo empresarial es una habilidad; no sólo hay que manifestar que se desea llegar a esa condición. Es como decir que me gustaría marcar entre 70 y 75 puntos en un torneo de golf. Ese es un objetivo muy bueno, pero debe contarse con algunas habilidades innatas y otras adquiridas... las condiciones que necesitamos para llegar a ser individuos con un verdadero espíritu empresarial para el desempeño son: 1) una mentalidad hacia el crecimiento, 2) retribuir el desempeño en toda la organización, y 3) no "fusilar" a las personas que desarrollen ideas que sean diferentes y que tengan riesgos implícitos[4].

Infundir todos los días el espíritu empresarial

Gerstner comprendió que los individuos con espíritu empresarial no nacen, se hacen. Y así lo anotó en 1985:

> Si dejo American Express mañana, el tipo de disciplina que he generado en la organización definitivamente duraría varios años. Sin embargo, el espíritu empresarial podría vacilar debido a su inevitable dependencia en las relaciones. El individuo que lo tenga necesita renovarse y nutrirse constantemente. Por definición, el espíritu empresarial no surge a partir de la estructura, no es algo sistemático. Es heurístico, sucede. Uno tiene que hacer que suceda todos los días. Podría morir, debido a que las relaciones y los mensajes se detienen en uno. Ahora, la próxima persona que llegue podría tener las mismas ideas, de tal modo que una vez más tendrían que volver a comenzar, pero también tendrían que reafirmar las relaciones o crear otras nuevas. Y la organización evidentemente probaría por algún tiempo si esa persona, en realidad, tiene los mismos propósitos.
>
> Yo soy el lugar común de una cantidad, si no de la mayor parte, del soporte o renovación del comportamiento empresarial, y de observar que eso suceda. No soy empresario en la forma clásica y creativa... No deseo ganar méritos por tener ideas empresariales, sino por construir un entorno empresarial que ayude a producirlas y desarrollarlas[5].

Gerstner creía en la primera ley del movimiento de Newton, aplicada a todo lo que las personas hacen. Las cosas tienen su impulso. Uno tiene que ejercer fuerza contra ese impulso o no podrá cambiar la dirección.

> Considero que la fuerza básica dentro de una organización de nuestra magnitud se dirige al enfoque seguro de la burocracia. En grandes organizaciones, bien sean entidades gubernamentales o militares, organizaciones sin ánimo de lucro o compañías con fines comerciales, existe un proceso inevitable que conduce a la rigidez, a buscar ganancias seguras y a no arriesgar. En consecuencia, el proceso de convertirse en un individuo con espíritu corporativo es una tarea constante que consiste en cambiar la dirección de algunos movimientos. Es importante contar con un sentido de dirección, fervor y misión.
>
> Usted tiene que llegar a crear una atmósfera de "puedo hacerlo". Distribuyo gran parte de mi tiempo en comunicar este valor, en todo momento a todos los niveles gerenciales.

Los individuos con espíritu empresarial no se producen en serie

Gerstner deseaba asegurarse de que IBM continuara estimulando el espíritu empresarial, independientemente de en qué magnitud creciera la compañía. En su opinión, el espíritu corporativo requería la presencia y el soporte de individuos no convencionales. No era fácil imaginar dónde encontrar a tales personas en forma sistemática.

> Considero que es importante reconocer que los individuos con espíritu empresarial o el comportamiento empresarial no siempre vienen en paquetes de brillantez creativa. En realidad, hablo de las formas de comportamiento no estándares y creadoras. Creo que uno debe hacer posible que abunden en una organización. He trabajado en algunas compañías grandes donde me he visto sorprendido por su falta de tolerancia ante el comportamiento anormal. Hay que construir un sistema que envíe el mensaje a los miembros de la organización de que si alguien se desempeña en una forma fuera de lo común, se le permite ser diferente. Uno no tiene por qué ceñirse a todas las reglas. Existen ciertas normas a las que todos tienen que acogerse, pero hay otras que no necesariamente se tienen que aceptar, si se trata de una persona que se desempeña extraordinariamente en su cargo.

¿Por qué cuestiona a mis subordinados?

Gerstner está perfectamente preparado para hacer añicos algunas de las reglas tradicionales —por ejemplo, acabar definitivamente con la regla de la cadena de mando— cuando narra, a propósito, una anécdota suya:

> Recuerdo cuando fui a mis primeras reuniones en American Express donde había tres o cuatro niveles gerenciales. Quizás incautamente, comencé a comportarme como si estuviera en McKinsey. Alguien hizo una pregunta o dijo algo, y empecé a hacer mis propias pesquisas. En algunas ocasiones fui hasta una persona del tercer nivel y hablamos. Incautamente, rechacé la rigidez estructural inherente al sistema. Parece que eso le molestó a algunos, y tuve que dar marcha atrás. Entonces, vinieron hasta mí y me dijeron: "¿por qué hizo eso? ¿Por qué cuestiona a mis subordinados?". Comencé a desconfiar de la burocracia formal y de una actitud positiva de "tengamos una relativa informalidad en la solución de los problemas". Sin embargo, no me sentaba a la mesa pensando a conciencia en un estilo gerencial. Ésa era la forma como yo lo desarrollaba, y así estaba practicando el único comportamiento que conocía[6].

Gerstner era enemigo de la burocracia, pues ésta obstaculizaba el espíritu empresarial.

Aunque había decidido no fragmentar a IBM, Gerstner conocía las enormes dificultades que se podían presentar en una organización tan grande. A comienzos de 1985, había comentado:

> La mayor amenaza para el espíritu empresarial surge a medida que la compañía crece hasta una dimensión que pueda limitar mi capacidad para mediar en forma personal, tanto longitudinal como latitudinalmente. Hace cuatro años estuve muy de cerca de las nuevas contrataciones que llegaron. Mi mensaje fue "comuníquese con el jefe de su jefe, si no puede hacerlo con su jefe". En la actualidad, los niveles entre mi lugar y el primer nivel son más numerosos y más difíciles de atravesar. El nuevo problema con el que me enfrento ahora es el siguiente: ¿cómo puedo crear un equipo de individuos que tengan espíritu corporativo? No quiero un equipo de individuos. ¿Cómo puedo hacerlo? El trabajo en equipo es una solución. Mi otra preocupación es: ¿cómo replantear la manera de utilizar mi tiempo? Sin embargo, el problema fundamental que enfrento constantemente es nuestro tamaño. Nuestro crecimiento y complejidad hacen cada vez más difícil que yo pueda hacer algo altamente personalizado. Algunas fuerzas se han incorporado en nuestro sistema y estructura, lo que estimula el comportamiento empresarial, pero la mayor parte de esto lo hice personalmente[7].

Actúe como si usted estuviera gastando su propio dinero

Para construir el trabajo en equipo y generar un espíritu empresarial, Gerstner presentó su esquema de ocho principios tan pronto como asumió el cargo. Sus expectativas eran que aquellos principios disminuirían la carga burocrática al proporcionar a los empleados de IBM unos principios guía, en vez de adherirse a un reglamento difícil de manejar. Con unas cuantas reglas, la esclavitud burocrática disminuiría y los empleados se verían libres para involucrarse en su propia actividad empresarial. Ésa era la teoría de Lou Gerstner.

Sin embargo, ¿esperaba Gerstner que todos los empleados de IBM asumieran inmediatamente los ocho principios? Él parecía enfático en su propuesta y sugirió que los ocho principios eran importantes para construir una nueva IBM. Observó que los principios comenzaban con el elemento que determinaría en gran medida el éxito de la organización: el mercado, es decir, atender las necesidades de los clientes. Estos principios también indicaban que las necesidades de los clientes se verían mejor atendidas a través de un liderazgo tecnológico, la calidad y una preocupación por medir la satisfacción del cliente, junto con los resultados de los valores del accionista. ¿Qué era lo que esperaban exactamente los empleados de IBM para mantenerse fieles a estos principios?

> Actuamos en una forma que es consistente con la orientación de mercado: rapidez, espíritu empresarial, sentido de respuesta inmediata y mínima burocracia... Para hacer esto, debemos contar con una visión estratégica que nos lleve en la dirección apropiada. Y contar con gente excelente que trabaje conjuntamente, pendiente no sólo de nuestros clientes y del mercado, sino de cada uno de nosotros y de nuestras comunidades[8].

Gerstner decía que no era necesario tener reglamentos que le dijeran al personal qué era lo que debía hacer.

> Sólo habrá que decirles: "Hagan lo que quieran de acuerdo con este conjunto de principios, y confiaremos en su criterio"[9].

Gerstner puso de su parte para reducir la burocracia cuando fusionó todas las actividades de las divisiones de servidores bajo una sola dirección ejecutiva y conformó dos unidades que trabajarían en el desarrollo de una tecnología de sistema operativo común y componentes de hardware para los computadores de IBM. También consolidó la mayor parte de las divisiones de software en un solo grupo. Eso permitió que la compañía tuviese tres grupos principales de producto, encargados de los servidores, los sistemas desktop y el software. Luego eliminó las operaciones separadas de ventas en los Estados Unidos y en el exterior, con la esperanza de reorientar al gigante de los computadores hacia un enfoque de negocios más global.

La reducción de la burocracia fue el preludio para hacer que la empresa se movilizara de nuevo, haciéndola más productiva.

> La productividad significa simplemente retornar un mayor valor al negocio y al balance final por cada dólar invertido. Esto significa que cada empleado haga en forma individual todo lo que pueda para controlar los costos y busque mejores y más inteligentes formas de desarrollar sus tareas. Significa tratar todos los gastos que autorice la compañía como si el empleado estuviese gastando su propio dinero, pues, de cierta manera, ¡es suyo![10].

La calidad y la productividad no eran valores mutuamente excluyentes, insistía Gerstner, eran valores complementarios.

> Deseamos —y exigimos— una calidad y una productividad que no tengan punto de comparación. Aquellos que hablen del negocio en términos de elegir entre la productividad y la calidad no saben la forma correcta de hacer funcionar un negocio o no cuentan con la energía o la capacidad para conceptualizar un negocio de una manera más compleja. Los gerentes más competentes en IBM comprenderán y manejarán la productividad sin tener que atascarse en una reducción radical de gastos o en el manejo de porcentajes sin importancia[11].

Una compañía que luche contra la burocracia, que busque hacerse productiva, se beneficiaría del trabajo en equipo, y de ese trabajo en equipo surgiría el espíritu empresarial.

Antes, en 1985, Gerstner habló del concepto de trabajo en equipo:

> En conjunto todos llegaremos al éxito. Si operamos apropiadamente, habrá reconocimiento para todos. Para mí, un equipo de personas que trabajen unidas será tan poderoso que siempre derrotará a cualquier grupo de individuos descoordinados, aun si se trata de un montón de primeras figuras[12].

Gerstner aclaró que, aunque admiraba a los empleados de IBM por su sentido de compromiso, prioridades y respuesta inmediata, "nuestros instintos y compromisos personales se ven obstaculizados muy a menudo por la burocracia y el territorialismo"[13]. Lo que se necesitaba, agregó, era "derribar las barreras". Sólo entonces el personal de IBM podría avanzar como equipo. Así mismo, dijo que no tenía ningún interés en el trabajo en equipo para defender causas individuales.

> Para mí no es un objetivo modesto. Para IBM es una verdadera oportunidad de estar a la vanguardia, a fin de superar a nuestros competidores. Necesitamos sumar nuestras fuerzas colectivas a través del trabajo en equipo.

Gerstner no quería un tipo de trabajo en equipo que produjera muchas reuniones y que alimentara la burocracia y desacelerara todos los procesos.

> Deseo un trabajo en equipo que se centre en el desempeño, no en los procedimientos, y que permita un gran espacio para la iniciativa y el reconocimiento individuales.

Lou Gerstner, por supuesto, habló del trabajo en equipo en detalle, debido a que sentía que era vital para superar el pasado de IBM: un pasado de territorios y feudos, un pasado en el que los empleados, si no les agradaba una solicitud del jefe, simplemente la ignoraban, un pasado en el cual había pocos incentivos para trabajar en equipo. Gerstner creía que hacer que los empleados trabajaran en conjunto sería el primer paso hacia la reorientación de la compañía, en aras del crecimiento. Un ex gerente de IBM hizo un apunte más satírico sobre la versión de Gerstner del trabajo en equipo: "¿Trabajo en equipo? Seguro, pero sería trabajo en equipo mediante la intimidación. Eso no se nos olvide".

Cambiar las tácticas de trasformación: acabar con la reducción de costos y buscar ingresos

"El viento cambiará de dirección. El viento que antes nos golpeaba el rostro, estará a nuestro favor".

Al comienzo de su gestión en el cargo como presidente del consejo directivo y CEO de IBM, Lou Gerstner se encontró bajo una ráfaga de fuego por no tener un plan de crecimiento sólido. Cuando les dijo a todos que la compañía no necesitaba una gran visión, eso pareció confirmar sus peores temores. Incluso, cuando convirtió las pérdidas de IBM en ganancias, muchos se mostraron preocupados porque ya no podría hacer más.

No obstante, el crecimiento se consideraba un ingrediente vital para el éxito a largo plazo de IBM. La compañía simplemente no podría seguir avanzando tan lentamente, con esas ventas tan malas, después de tantas décadas de increíble crecimiento. Wall Street, una y otra vez, insistía en ese punto. De tal modo que era enorme la presión sobre Lou Gerstner para que IBM creciera.

Sin embargo, sabía que antes de idear un tipo de "crecimiento" para IBM, necesitaría tiempo, quizá por lo menos cinco años, para hacer que la organización retornara sobre sus huellas. Las expectativas, no obstante, eran muy altas. IBM era un bote golpeado por una tormenta en medio del mar y al borde del naufragio. La estrategia obvia no era encender el motor, ni tratar de volver a la orilla, y no era, tampoco, construir una nave más grande y mejor. La primera prioridad sería buscar la manera de hacer que la embarcación enderezara su proa y se dirigiera en el sentido correcto. De igual modo, lo primero que un artista de la trasformación tenía que hacer era preocuparse por estabilizar el balance general, de tal modo que hubiese suficiente efectivo para dirigir sin dificultades a la compañía. Cuando llegó Gerstner, el balance general ciertamente se encontraba en peligro de "naufragar". La empresa había perdido US$16,000 millones de 1991 a 1993, con unos pequeños síntomas de mejoramiento. En sus dos primeros años en IBM, Gerstner trató de evitar en forma desesperada que zozobrara el "bote". Sólo cuando equilibrara los gastos e hiciera una reestructuración de la compañía, podría pensar en encender de nuevo los motores del crecimiento de IBM.

Probar que somos creativos

Gerstner comprendió que la mayor esperanza de IBM para lograr un crecimiento significativo se encontraba en los negocios diferentes de los de sus mainframes. Aunque había apoyado una importante inversión en los negocios de mainframes, consideró que le tomaría cinco años exactos, antes de que la inversión comenzara a dar resultados. También consideró que los ingresos de la industria total de mainframes, que habían estado declinando en forma considerable desde 1992, continuarían cayendo en picada durante los siguientes años. Wall Street, sin embargo, no estaba en disposición de concederle una luna de miel de cinco años. Los analistas exigieron acciones y no desperdiciaron la oportunidad de comunicar sus deseos a Gerstner y al resto del mundo. Al reflejar la misma impaciencia, los medios de comunicación también insistieron en la necesidad de que IBM creciera. Como lo anotó la revista *Time*: "Gerstner ha demostrado que puede ser destructivo; ahora tiene que probar que también puede ser creativo"[1].

Una de las primeras señales de que Gerstner había comenzado su búsqueda en serio en pos del crecimiento se percibió en enero de 1995, cuando creó una verdadera conmoción dentro de los niveles senior de la gerencia de IBM, pues, en esencia, les hizo saber a todos que hasta ese momento el equipo que había escogido para dirigir la empresa no era suficientemente bueno. Su principal falla: no había logrado un crecimiento apropiado para la compañía. Una gran sorpresa: a Robert M. Stephenson, por largo tiempo ejecutivo de IBM, se le asignó la tarea de alto perfil de dirigir el negocio de software. En general, hubo intercambio de funciones para otros diez cargos de ejecutivos. Gerstner tomó otras medidas para promover el crecimiento, incluida la unificación de la red mundial de distribución y ventas de la organización. Otro viraje clave en las señales del deseo de Gerstner por proyectar a IBM hacia una fase de crecimiento fue la salida el 1o. de septiembre de 1995, del

CFO, Jerry York. Aunque Gerstner no mostró abiertamente su deseo de que York saliera de la organización, este ejecutivo sintió evidentemente que había cumplido con lo que se había impuesto en el departamento de reducción de costos, y que sería mejor irse a descansar. Mientras tanto, Gerstner aclaró que quería pasar a una estrategia que buscara ingresos. "El plan de vuelo de Lou, en este momento, ciertamente, es opuesto (al mío)"[2], dijo York.

El remplazo de York por Richard Thoman, quien había dirigido el negocio de computadores personales, parecía un buen movimiento, si se tiene en cuenta que Thoman sería el primer CFO de IBM con sólida experiencia internacional: un segmento clave del negocio de la compañia, pues 62% de sus ingresos provenía de actividades en el exterior. Gerstner sabía que el campo internacional podría desempeñar un papel capital en su estrategia de crecimiento.

Gerstner tenía la esperanza de que IBM dependería menos de las utilidades asociadas al "Gigante de Acero", y haría subir las ganancias al incrementar las ventas en áreas de alto crecimiento potencial, como los computadores personales y el software. Sin embargo, las perspectivas para el software siguieron representando un problema: con US$11,000 millones en ingresos, IBM se había clasificado como el mayor fabricante de software del mundo, pero la mayor parte de esos ingresos tenían que ver con los mainframes. Aunque ese negocio generaba fuertes márgenes de utilidades, en cuantías de 60% a 70%, las perspectivas de crecimiento eran sombrías. Infortunadamente, el futuro para los computadores personales tampoco parecía ser el mejor. 1994 no había sido, en particular, un año bueno para los PC de IBM. Había comenzado con un excesivo inventario de US$700 millones de modelos obsoletos, que le tomó seis meses deshacerse de ellos. Cuando llegó el momento de lanzar los nuevos computadores personales domésticos Aptiva, en ese otoño, la compañía se equivocó al no producir lo suficiente para satisfacer la demanda. Los Aptiva se vendieron antes de que comenzara el auge de los computadores personales domésticos en el cuarto trimestre. Los analistas estimaron que las operaciones de hardware y software de los PC de IBM tenían un déficit aproximado de US$2,000 millones en 1994.

Sin embargo, Gerstner quería cambiar el énfasis de IBM en los mainframes y los minicomputadores, y hacerlo en negocios de alto crecimiento potencial, como las redes, el software y los servicios. Se había generado una gran necesidad de llevar a cabo todo esto. Estaba muy ansioso por trasformar el negocio del software. Este negocio contribuyó con US$11,000 millones al año en ingresos y un estimado de US$2,500 millones en utilidades para IBM. No obstante, aquellas cifras disminuyeron en forma vertiginosa en 1995. El jefe de IBM tenía trabajo que hacer.

Aunque la compañía había invertido miles de millones de dólares en desarrollo durante los últimos años, se encontraba rezagada con respecto a Microsoft, que dominaba los mercados de alto crecimiento del software de los PC. Los críticos sugirieron que IBM no sabía cómo comercializar el software y no comprendía la naturaleza del mercado masivo del software de los computadores personales.

IBM todavía intentaba obtener grandes ganancias con el OS/2, su sistema operativo para computadores personales. Había invertido una cifra estimada en varios miles de millones de dólares en su programa operativo OS/2 y en una nueva versión para los sistemas PowerPC, llamada Warp. IBM despachó 800,000 copias de Warp, pero los analistas estimaron que el programa con un amplio descuento había generado una mísera suma de US$25 millones en ingresos.

Si IBM tuvo un panorama de oportunidades en el negocio de software fue entre 1992 y 1995, ese periodo de tres años previo al lanzamiento del programa operativo Windows 95 de Microsoft. Las ventas en el negocio de software alcanzaron un saludable 12% en 1995, después de cuatro años de estancamiento. Sin embargo, no se esperaba que fuese a durar.

El viento cambiará su curso

Uno de los negocios más prometedores de IBM era su unidad de disco duro. En 1995 y 1996, Jim Vanderslice puso en órbita el negocio de los discos duros. Probó que IBM, a pesar de su tamaño y complejidad, podría competir con pequeñas compañías en un negocio de ritmo acelerado.

A finales de 1995, cuando IBM parecía haber pasado el punto crítico en su campaña de crecimiento, Gerstner pronunció unas cuantas palabras de motivación a sus empleados.

> Les dije que pronto sucedería algo muy importante: el viento cambiaría su curso. El viento que antes nos golpeaba el rostro estará a nuestro favor. Les dije que sería una sensación de alegría que no comprenderían, a menos que lucharan por lograrlo. Les aseguré que no sabía cuándo se presentaría el cambio, pero que cuando sucediera, lo sentirían. Ahora lo pueden experimentar[3].

A comienzos de 1996, IBM parecía haberles dado respuesta a todos los contradictores, expertos y críticos. Había alcanzado un tope de US$70,000 millones en ingresos por primera vez el año anterior, logrando un crecimiento bastante considerable: su mejor registro en una década. Las ganancias se habían duplicado, la fuerza laboral había crecido por primera vez en años y el precio de sus acciones había ascendido 24%. En enero, el fabricante de computadores reportó que sus ganancias del cuarto trimestre de 1995 crecieron súbitamente 39%, es decir, US$1,700 millones, sobre un incremento en los ingresos de 10%, o sea, US$21,900 millones. Desde mediados de enero hasta marzo, sus acciones crecieron 42%: US$119 por unidad. *Business Week* dio su sello de aprobación a la trasformación de IBM, cuyo informe especial sobre la compañía en la última publicación de 1996, comenzaría con las siguientes palabras: "Es difícil recordar los días en que a IBM se le consideraba un desastre nacional". Durante todo 1995, las ganancias se incrementaron vertiginosamente en 38%, es decir, US$4,200 millones, mientras que los ingresos llegaron a 12%, o sea, US$71,900 millones. Indudablemente, fue la mejor presentación de IBM en una década.

Los inversionistas parecían cada vez más confiados en que Gerstner había logrado sacar a IBM de su dependencia de productos de lento crecimiento. IBM decía que 57% de sus ingresos en 1995 provenían de segmentos de alto crecimiento como los computadores personales, el software y los servicios, y que aquellos negocios crecieron a una tasa de 19%. Mientras tanto, los ingresos para los productos más tradicionales en la tecnología de lento crecimiento comenzaron a caer vertiginosamente en tres puntos porcentuales al año. Por un amplio margen, su mejor desempeño se dio en el negocio de servicios, US$12,700 millones, que se expandía a un rápido ritmo anual de 30%.

A comienzos de 1996, IBM lucía cada vez mejor. Para ese año, reportó ingresos récord por US$75,900 millones, un incremento de 9% después de los ajustes monetarios, lo que se constituyó en la mayor tasa de crecimiento de la compañía desde 1985. El ajuste —conocido en la organización como "moneda constante"— corresponde al cálculo de IBM de los diferentes valores de las divisas comparadas con el dólar, en los 160 países donde la empresa tiene negocios. Desde el punto de vista de Gerstner, con una compañía que produce 55% de sus negocios en el exterior, la única forma precisa de juzgar qué tan bien se está desempeñando el Gigante Azul es tener en cuenta estas fluctuaciones monetarias. Aunque el ajuste monetario, incuestionablemente, hace que parezcan mayores los incrementos en los ingresos de IBM, el crecimiento todavía no era favorable comparado con el de sus adversarios. Algunos analistas consideran que no es conveniente utilizar la moneda constante cuando se examina el crecimiento de una compañía. En resumen, Gerstner había hecho pocos amigos en Wall Street al insistir en una medición que daba la impresión de que IBM estaba creciendo en términos de un porcentaje mayor, en comparación con lo que correspondía a la realidad.

En abril de 1996, Gerstner reiteró que había apostado al crecimiento de IBM en su estrategia centrada en las redes. Ésta fue la primera gran compañía en introducir el procesamiento de información en red: la Network Station de IBM, un nuevo tipo de dispositivo desktop que dio acceso a aplicaciones interconectadas y potencia de procesamiento, mientras redujo en forma considerable el costo de los computadores desktop. Gerstner, decidido a mantener unida la organización, tenía confianza en que la estrategia centrada en las redes, con su énfasis renovado en grandes computadores, representaría la mejor carta para su crecimiento. Después de todo, el hardware y el software para los mainframes System/390 correspondían a 15% de las ventas de IBM y una participación incluso mayor de las utilidades.

Igualmente, estas ventas de grandes sistemas produjeron una gran cantidad de negocios de integración y consultoría en sistemas de IBM, uno de sus segmentos de más rápido crecimiento. Gerstner tenía la esperanza de que un incremento modesto en los ingresos por los mainframes generaría un mayor crecimiento en otras divisiones de la organización.

Al apostar tanto a su estrategia centrada en las redes, Gerstner dinamizaba algo muy importante: el Gigante de Acero.

La era del PC ha terminado

Aunque el negocio de computadores personales de IBM por US$10,000 millones al año prácticamente duplicó los ingresos de los mainframes, Gerstner consideró que las máquinas desktop ya no serían la fuerza motriz de la industria:

> El enfoque predominante de aplicaciones durante los últimos 20 años ha sido el computador individual desktop. Ésa era se acabó. Los clientes corporativos han descubierto que (los computadores personales) han generado muy poca productividad desde el

punto de vista de la empresa. En este momento, tengo la sospecha de que todos los que utilizamos estos dispositivos sentimos como si nos hubiéramos beneficiado bastante de ellos. Sin embargo, los datos son tan abrumadores que el PC individual representa una propuesta enormemente costosa para una empresa[4].

IBM pasó sin problemas el verano de 1996 cuando sus utilidades alcanzaron unos topes inesperados; sus nuevos computadores —como el ThinkPad 560— salieron de las bodegas por primera vez en décadas, y el negocio de servicios de la compañía había contabilizado la impresionante cifra de US$11,000 millones en los primeros nueve meses del año. Aunque Wall Street parecía dudar de si Gerstner, en realidad, había pasado el punto crítico del crecimiento, a regañadientes, admitió que lo hecho por aquél fue notable. Desde que asumió el cargo en 1993, las estrategias de Gerstner habían proporcionado generosos resultados, con una cifra que triplicó el precio de las acciones, que en 1996 subieron casi 84% contra 22% de las 500 Compañías Estándares y Deficientes. (Gerstner no lo estaba haciendo tan mal: sus opciones accionarias en ese momento le representaban US$90 millones).

A finales de 1996 era evidente que las unidades de hardware y software de IBM estaban funcionando mejor que en años anteriores; el hardware había crecido 2%; los ingresos de software crecieron 3.4%, movidos en gran medida por las fuertes ventas de productos Lotus y Tivoli. La base instalada de Lotus Notes se duplicó durante el segundo año a nueve millones. Las cuentas de ingresos de la compañía parecían sólidas. La división de servicios (24.5%) se había constituido en su mayor motor de crecimiento. Lo más importante es que IBM ya no tendría que cargar con la imagen del gigante lerdo que, forzado por sus equivocaciones, le había dado paso a pequeñas empresas como Microsoft e Intel. Incluso aquellas prestigiosas empresas respetaban de nuevo al Gigante Azul.

El regreso de IBM

Los medios de comunicación retomaron el tema del "regreso de IBM". Las señales eran más que evidentes. Su nueva línea de mainframes, más económicos y más pequeños, se agotó a mediados de 1997; su división de servicios, que continuó trabajando con sistemas de ensamblaje y operación de grandes computadores, se esperaba que creciera a un espectacular 20% en 1997 y 1998.

IBM parecía mantener el liderazgo en la venta de computadores en red, y comenzó a explotar su adquisición de Lotus Development, al ampliar en forma significativa la distribución de su programa de software, el Lotus Notes. Se encontraba a la delantera en la competencia, al desarrollar el comercio electrónico, al organizar varias alianzas industriales clave, que facilitarían hacer negocios a través de Internet. IBM, incluso, estaba haciendo dinero en su división de computadores personales, pues contabilizó un incremento de 25% en sus ingresos, durante el segundo y tercer trimestres de 1996. La compañía no pudo mantener el ritmo ante la demanda de sus nuevos PC domésticos. El mayor segmento de crecimiento continuó siendo el de servicios, que pasó de US$12,700 millones en 1995 a casi US$16,000 millones en 1996, superando a su principal rival, Electronic Data Systems. Las acciones llegaron a casi US$153 por unidad, y los analistas pronosticaron que podrían subir mucho más. Quizá, la cifra más significativa se presentó en la capitalización de mercado: en 1996 creció US$27,000 millones —a US$77,000 millones—, más de US$50,000 millones desde el momento de la reestructuración producida en julio de 1993. Lou Gerstner fue elogiado por la imagen general de la compañía:

> Si ustedes miran un poco atrás y leen lo que la gente decía cuando llegué a asumir el cargo en abril de 1993... algunos de sus comentarios predecían la desaparición de la compañía, quizás antes de finalizar la década. Ciertamente, mi expectativa no era haber llegado tan lejos, pero ahora me siento muy satisfecho[5].

Y los medios de comunicación, que alguna vez se mostraron escépticos, ahora estaban efusivos. *Business Week*, en su edición del 9 de noviembre de 1996, decía de IBM: "Es como si Wall Street hubiese hallado nuevas acciones en crecimiento para cultivar. De cierta manera, así es. El incremento en los ingresos de 7% a 10% que los analistas esperan de IBM este año no podrá ser igual, por ejemplo, a los estándares de Microsoft Corporation o Intel Corp. Sin embargo, el incremento de US$5,000 millones es enorme: el equivalente a sumar otra Dell Computer en ingresos". Gerstner no se daba un respiro. Sabía que había ganado algunas batallas importantes en el frente del crecimiento. Sin embargo, todavía se ejercía presión sobre él desde varios puntos para que acelerara aún más los motores de IBM. Por esta razón, Gerstner tendría que demostrar que 1996 no había sido pura suerte.

Si usted no lidera, no llegará a ninguna parte

"El desarrollo más importante en la economía global al iniciarse el siglo XXI es seguir adelante en este momento, e IBM está en el epicentro".

Gerstner sabía que su desempeño sería seguido muy de cerca en 1997. IBM había crecido el año anterior. Eso no estaba mal. Sin embargo, ¿podría mantener el ritmo? ¿En realidad, podría mantener considerables y continuos incrementos en los ingresos —su meta personal—, además de su propósito de alcanzar altos topes en Wall Street? En un discurso anual dado a los empleados de todo el mundo, en enero, dijo en un tono más bien patético:

> No hay un lugar para esconderse en 1997. Éste es para todos nosotros el año de arreglar cuentas: 1994 fue el año que probamos que podríamos sobrevivir; 1995, el año de la estabilización; 1996, el año en que demostramos que podríamos crecer; 1997 será el año en que tendremos que demostrar que podemos liderar. Ya no tenemos más excusas. No podemos decir que vamos a seguir reorganizando nuestras ideas y procedimientos[1].

El 14 de abril de 1997, Gerstner concedió una entrevista a la revista *Fortune*, en la cual planteó que IBM podría crecer en 1997 y, de hecho, ya lo estaba haciendo. La primera pregunta se dirigía al crecimiento de primer orden, es decir, las acciones.

> Cuando llegué aquí, una de las hipótesis en Wall Street era que nuestros nuevos negocios no crecerían rápido, que nuestros negocios de lento crecimiento —como los mainframes y los sistemas de medio rango y el software instalado— disminuirían muy rápido, y que nuestros negocios de alto crecimiento —como los servicios, los compu-

tadores personales, el software distribuido, la manufactura de OEM (equipos originales) y las licencias— no se desarrollarían suficientemente rápido. Hemos demostrado que eso no va a suceder. Probamos que los mainframes no han muerto, y ahora logramos que todo el mundo lo reconozca[2].

El desafío de los negocios de bajo crecimiento

¿Gerstner tenía un objetivo para sus planes de crecimiento? En verdad, así era. Planeaba poner a prueba los negocios de bajo crecimiento para recrearlos como negocios de alto crecimiento, y no permitiría que la mayoría de los empleados en las funciones de alto desarrollo en la compañía los menospreciara. Una compañía con ventas de US$76,000 millones, sugería Gerstner, nunca podrá hacer crecer sus ingresos a la velocidad de la luz en esta industria. Al mismo tiempo, IBM no va a chocar contra la obsolescencia de los productos y las amenazas por parte de la competencia tan pronto como aparezcan.

> Cada unidad individual tiene un conjunto de metas claras. Debe ser tan rápida como su correspondiente competencia. No vamos a liderar en cada segmento, y si no podemos liderar, nos retiraremos de aquellos mercados y tampoco los financiaremos en la forma como solíamos hacerlo. Ésta es una industria en la cual, si uno no lidera, no llegará a ninguna parte. La gente en IBM necesita sentir que está liderando de nuevo. (En 1996) tuvimos que generar los tipos de resultados que hicieron decir a la gente: "IBM, en realidad, ha regresado". En verdad, la compañía está produciendo resultados, (así) que ahora somos el tipo de organización en la que se puede creer.
>
> También he estado dirigiendo esta estrategia de conexión en red. Los líderes del mundo del procesamiento de información interconectado van a surgir en los próximos 24 meses, y ahora deseo ver cómo nos desarrollamos y lo hacemos.

En mayo, en la cuarta asamblea anual, celebrada con los analistas de Wall Street en Nueva York, Gerstner sugirió que la meta de IBM era incrementar los ingresos en forma considerable. Pero tuvo la precaución de no asegurar la posibilidad de que el gigante de los computadores creciera tan rápido como las pequeñas firmas tecnológicas.

> Tenemos enormes oportunidades dentro de IBM. Nuestro modelo consiste en procurar un considerable crecimiento en los ingresos. No vamos a hacer como la mayoría de

las compañías de tecnología de información. No vamos a crecer 40% o 50% al año. Es difícil hacerlo. Nos centramos en hacer crecer el valor del accionista. Tenemos un modelo que no corresponde al de las estrellas fugaces.

Los analistas estaban especialmente ansiosos por escuchar si Gerstner consideraba que los mainframes System/390 de IBM, alguna vez el mayor generador de ingresos y utilidades de la compañía, volverían a mostrar un nivel de crecimiento. En respuesta, anotó que durante los últimos tres años IBM había reducido 80% los precios de los mainframes, y esto le había ayudado a activar una demanda más grande. Y pronosticó que, a medida que se conectaran más computadores a las redes corporativas, se incrementaría la demanda. Siguió con una actitud hermética y no predijo abiertamente el crecimiento de los mainframes.

El software y los servicios son los motores de nuestro crecimiento

Gerstner sugirió que el software y los servicios serían los motores reales del crecimiento de la compañía, y que el primero no se había desempeñado tan bien como el negocio de servicios de IBM, debido a que la empresa se había quedado con el sofware de IBM que corría en sus sistemas de mainframes, en vez de desarrollar uno distribuido sobre las redes de computadores. Al referirse al comediante simplón que siempre proclamaba que nunca se había hecho respetar, dijo:

Somos los Rodney Dangerfields de la industria del software. Y, en cierta medida, nos lo merecemos. Entregamos el software de nuestro hardware, dejamos que se distribuyera y nos aferramos a nuestra experiencia en los grandes computadores tipo anfitrión.

Gerstner confiaba en que una nueva área de crecimiento para IBM surgiría en el software distribuido y en el denominado "software intermedio", que enlazaría el software de sus mainframes anfitriones a otros computadores distintos. Y anotó que, en la búsqueda de esta meta, IBM había comprado Tivoli Systems y Lotus Development.

En 1997 el crecimiento de IBM no fue espectacular. Llegó solamente a 3.4%. Sin embargo, sí prosperó un poco en el frente de los ingresos. Por tercer año consecutivo, IBM reportó ingresos récord: US$78,500 millones, un incremento de 8% después de ajustar los efectos de los movimientos cambiarios. Las ganancias llegaron a US$6,100 millones, 12.2% más que los US$5,400 millones registrados en 1996, excluido un pago relacionado con las adquisiciones del primer trimestre de 1996.

En 1997 IBM ocupó el sexto lugar en ingresos en la lista de las 500 empresas más grandes de los Estados Unidos, de *Fortune* (también ocupó el sexto lugar en 1996); en esa lista se ubicó en el séptimo lugar en utilidades. Su valor de mercado fue superior a US$98,000 millones, y ocupó el 14o. lugar.

Cuando apareció ante los accionistas de IBM el 28 de abril de 1998, Gerstner dijo que 1997 fue "un año sólido, muy sólido" para la compañia. "En términos del desempeño tecnológico, creo que podemos llamarlo un gran año".

Lo que cambió en 1997 para IBM fue la percepción que tenía la opinión pública sobre la organización. No debido a los grandes incrementos en utilidades o ingresos, pues en ese año sólo llegaron a 3% con respecto a los de 1996. Por otra parte, las ganancias en 1997, en realidad, bajaron 4% con el ajuste de la tasa tributaria más baja. Sin embargo, la percepción de IBM cambió positivamente. La compañía parecía marchar sobre ruedas. Algunas líneas de productos mostraron mejoramientos. La organización parecía más innovadora y más eficiente. Lo importante fue establecer una fuerte presencia en los negocios de comercio electrónico. Se había acabado de introducir el cobre como mejor conductor, el cual remplazaría finalmente al aluminio en el diseño de semiconductores. Había duplicado la capacidad de almacenamiento de información a 11 gigabytes, comparado con el mercado, que había establecido un año antes una capacidad de cinco gigabytes por pulgada cuadrada de espacio de disco. Además, había creado una ilusión de prosperidad con su programa de recompra de acciones. En 1997, IBM invirtió US$7,100 millones en sus propias acciones: más que cualquier otra inversión hecha por IBM en 1997 y más de lo que había *devengado* ese año. Desde el comienzo del programa de recompra en 1995, la empresa había invertido aproximadamente US$18,000 millones dirigidos hacia ese propósito.

La verdadera estrella es el servicio

No obstante, algunas divisiones seguían avanzando con dificultad. El hardware creció sólo 0.2%; el software, 1.6%. Una vez más, la verdadera estrella fue la división de servicios, que creció 21.6%. La unidad de mantenimiento cayó 8.3%, mientras que las divisiones de alquiler de computadores y financiación crecieron solamente 0.2%. Los ingresos por servicios se incrementaron a US$19,300 millones, 28% más en moneda constante. Gerstner observó que

> Hace siete años, con ingresos aproximados de US$4,000 millones, escasamente éramos visibles en el mercado. En la actualidad, somos el líder del mercado, y los servicios globales de IBM ocupan el primer lugar en la industria en la clasificación de la satisfacción del cliente.

El panorama para los servicios, de hecho, es brillante: así como sumó 15,000 empleados a su nómina en el área de servicios durante 1997, la compañía también contabilizó US$43,000 millones en nuevos negocios de servicios en 1998.

El inmenso negocio de software de la compañía, US$12,800 millones en 1997, fue casi tan grande como el de Microsoft, pero los ingresos se generaron en su mayor parte en áreas de poco o flojo crecimiento: más de US$8,500 millones de ventas de software en 1997 se obtuvieron en mercados sin crecimiento, de productos como el System/390 y el AS/400 (de hecho, aquellos mercados se redujeron). La compañía *registró* un crecimiento en el negocio de software, excluido el de los mainframes, por un monto de US$4,000 millones (éste señaló una tasa de crecimiento de 30%). US$2,500 millones de los US$4,500 millones generados en ventas de software provenían de Tivoli y Lotus. Los analistas pronosticaron que, a no ser que IBM apareciera con productos motivadores e innovadores, las ventas de software continuarían siendo flojas.

Los ingresos generados por la unidad de servicios globales continuaron representando el segmento de más rápido crecimiento y constituyeron más de 28% de los ingresos totales. IBM se benefició de la tendencia de las cada vez más complejas y geográficamente diversas soluciones de computadores. Con más de US$5,000 millones en ventas en el primer trimestre de 1997 y una acumulación de pedidos por más de US$44,000 millones a finales del trimestre, esta división posiblemente percibiría un crecimiento en ventas que llegaría a las cifras de 15% a 20% en los próximos años.

Parecía desafortunado que IBM no pudiera excluir la división de computadores personales de sus cuentas de ingresos. Se enfrentaba a una continua presión de precios competitivos y bajos márgenes. Las ventas en 1997 fueron flojas, apenas de US$13,910 millones (comparadas con las de 1996, US$13,920 millones).

La valoración de mercado de IBM —para Gerstner, la medición fundamental del rendimiento de la compañía— creció en 1997 en US$23,000 millones. El precio de las acciones de IBM superó el tope que siempre había registrado y continuó en alza, más de 38% para ese año. Desde la mayor reestructuración de IBM, producida en 1993, su valor de mercado se había incrementado en más de US$73,000 millones.

Las cifras de 1997, aunque no tan impresionantes como las de 1996, contradecían parte de los logros más importantes de los cuatro años de Gerstner en el cargo. En abril de 1997, había manejado la recompra de acciones por una cuantía de US$10,700 millones, lo que le ayudaría a empujar el precio de las acciones a US$168, cerca de su tope más alto de todos los tiempos. Cuando Gerstner llegó en 1993, los negocios más importantes de la compañía estaban perdiendo al año US$2,000 millones. Aquellos negocios fueron rentables en la primavera de 1997, incluido el negocio de computadores personales. Los negocios de microelectrónica y OEM se habían trasformado completamente y crecieron de US$1,000 millones en ingresos en 1993 a US$5,000 millones en 1996. Las ventas por unidades de disco se dispararon; las ventas de PC también mejoraron. Los negocios de redes todavía eran flojos.

Un analista de Lehman Brothers hizo una descripción de la trasformación de Gerstner de negocios con problemas:

> En 1993, muchas de las principales áreas de negocios de IBM no eran rentables ni competitivas. IBM emprendió una acción decidida. Los mainframes, que se basaban en altos costos de diseño, construcción y mantenimiento, y los procesadores fueron remplazados por una nueva línea de chips CMOS mucho más económicos. De igual modo, las reducciones en costos durante los últimos años hicieron bajar 80% el precio del hardware y del mantenimiento de los computadores mainframe, y 30% del software, lo que hizo a esta plataforma mucho más competitiva con los servidores abiertos de procesamiento.
>
> La concentración en el área de PC se incrementó, con el fin de competir con las mejores organizaciones de PC en la industria. En 1996, las operaciones de PC comenzaron a mejorar en forma considerable, y así continuaron en 1997. International Data Corporation estima que la participación de mercado de los PC de IBM se incrementó 8.5% en el primer trimestre de 1997, con base en las ventas de unidades en todo el mundo, en comparación con el 7.2% registrado en el primer trimestre de 1996, y el crecimiento de unidades, año tras año, fue superior a 37%[3].

El eco de su optimista visión era Laura Conigliaro, directora general del departamento de investigaciones e inversiones de Goldman, Sachs & Co.:

> Gerstner ha tenido éxito en su misión al reconcentrarse y apalancar muchas fortalezas de IBM en toda la organización, con el fin de que se le perciba de nuevo como el proveedor más confiable que posee la línea más completa, apoyándose en una estrategia trasparente alrededor de la cual sus clientes pueden construir planes de tecnología de la información a largo plazo, título que parece haber cedido a Hewlett-Packard a comienzos de la década de 1990.
>
> Después de años de sufrimiento generados por unos márgenes en declive permanente y la erosión de su influencia, además de los grandes desembolsos por la reestructuración, IBM se ha ido hasta el fondo y ha surgido como una fuerza revitalizada dentro de la industria y entre sus clientes. Una capacidad en los servicios bastante fuerte, favorables ciclos de productos, un renovado respeto en la industria por los mainframes, un mejoramiento en los márgenes, un enfoque gerencial pragmático y un flujo de caja sólido son las marcas distintivas de la IBM de hoy...
>
> A diferencia de hace algunos años cuando parecía que su única actitud era rascarse la cabeza e intentar saber en qué se había equivocado, IBM ahora parece tener una visión mucho más clara de lo que son sus metas y funciones[4].

Hubo cierta preocupación porque la mayoría de las ventas de IBM provenían de muy nuevos negocios con bajos márgenes, como los PC, y porque sus ingresos crecían con mayor lentitud que los de otras grandes firmas tecnológicas. La revista *Vanity Fair*, en su tercera entrega anual, al clasificar a Gerstner en séptimo lugar entre los cincuenta más importantes líderes en la era de la información, hizo la siguiente observación:

> Incluso está mejorando la antigua imagen pública de las camisas almidonadas: la compañía pudo haber tenido problemas rastreando las estadísticas para los Juegos Olímpicos de Atlanta (el monumental computador falló, retardando la ostentosa conexión de procesamiento "instantáneo" en línea de IBM), pero se revindicó con Deep Blue, el computador que sorprendió al mundo al derrotar al campeón de ajedrez Gary Kasparov el pasado mes de mayo (1997)[5].

Además, a pesar de los problemas que *Fortune* le dio a Gerstner, a raíz de su informe especial publicado el mes de abril anterior, la revista lo elogió ese diciembre de 1997. "El Gigante Lou salva al Gigante Azul" fue el titular. Las primeras líneas decían: "Cuando Gerstner asumió el mando de IBM hace algunos años, muchos dudaban de que el rudo ex ejecutivo de McKinsey pudiera trasformar a este gigante. Sin embargo, tuvo éxito más allá de lo que cualquiera pudiera imaginar (excepto él mismo, quizá)". La revista le rindió tributo a dos importantes acontecimientos en el proceso de trasformación de Gerstner, ocurridos en 1997: el precio accionario de la compañía pasó de US$88 por unidad, su anterior tope de todos los tiempos, alcanzando US$175 por acción en el verano de 1987. Gerstner firmó como CEO por otros cinco años.

¿Cuánto tiempo más?

En noviembre de 1997, no se sabía con claridad si Gerstner permanecería mucho tiempo en IBM. En realidad, él no sabía con certeza qué iba a hacer, al menos por ahora. En abril de 1987 dijo:

> He estado aquí durante cuatro años, trabajando siete días a la semana, 24 horas al día. Pasé estos cuatro años trabajando casi del mismo modo en la LBO (compra apalancada o mediante el endeudamiento de la empresa adquirida) más grande del mundo. Hay días en que me he preguntado: "¿Cuánto tiempo más voy a seguir con esto?".
>
> Básicamente, he completado lo que me pidieron hacer cuando llegué, y quizá superé incluso algunas expectativas de la gente. No tengo planes de retirarme. Pero deseo vivir las mismas emociones de todos. De vez en cuando, pienso que quizá me tome un tiempo para descansar. Posiblemente me tome unos días con mi familia. Quizá me ocupe en lo que más me apasiona, la educación pública de este país. A veces pienso que éste es el mejor trabajo del mundo y no hay otro lugar donde quisiera estar. Después de haber terminado una tarea, necesito buscar qué voy a hacer en seguida. El consejo directivo tiene la misma libertad. No hay ningún compromiso[6].

Cinco años más

El 21 de noviembre de 1997 IBM anunció que Gerstner permanecería durante cinco años más, hasta que cumpliera los 60 años de edad. En retribución por quedarse más tiempo, se le dio un paquete de remuneraciones que incluyó opciones accionarias por US$2 millones. Cuando hizo la presentación de su informe anual de 1997, anotó que tenía dos razones para quedarse:

> En primer lugar, la tarea por la cual llegué aquí no se ha completado todavía. Probamos que pudimos sobrevivir, cuando muchos nos daban por muertos. Probamos que pudimos crecer, cuando la mayoría consideraba que el crecimiento sólo estaba reservado para las empresas pequeñas y veloces. Y creo que probamos que IBM es impor-

tante para el mundo del futuro, cuando muchos nos veían como un artefacto del pasado. Ahora, nuestra tarea es liderar.

La segunda razón, francamente, es que no podría pensar en nada que me alejara de la diversión. Si uno ama los negocios —y yo los amo— uno desea estar donde haya acción, donde el mercado sea más dinámico, donde los problemas sean los más urgentes, donde la creatividad en equipo se encuentre en su mayor intensidad. El desarrollo más importante en la economía global *ad portas* del siglo XXI es perseverar ahora mismo, e IBM se encuentra en su epicentro. Esta gran compañía, recursiva y vitalmente importante, hace valer sus méritos. ¿En qué otro lugar quisiera estar?[7].

A finales de 1997, Gerstner se sintió muy complacido porque IBM alcanzó un nuevo estatus. En ese momento tenía la confianza de haber logrado muchas de sus metas. La compañía que muchos daban por perdida en la víspera de su llegada, cada vez exige mayor respeto. Ahora se moviliza en pos del liderazgo de la industria, lo que hace lucir a Gerstner cada vez mejor.

PARTE VII

LA BÚSQUEDA DE NUEVOS MERCADOS Y NUEVAS OPORTUNIDADES

*"La oportunidad es grandiosa.
Somos el número uno en la industria
y tenemos una participación de 9%".*

Hay dinero disponible a cambio de servicios

"Hay muchas personas en IBM que me dicen que no podemos sostener este 20% adicional de crecimiento (en servicios). No estoy dispuesto a aceptar eso".

Durante décadas, a IBM se le reconoció como el fabricante de computadores de alta calidad. Era un *fabricante,* no un proveedor de servicios. A decir verdad, sí suministraba servicios, pero ésa fue una idea de último momento, algo que la compañía sintió que debía ofrecer. Sin embargo, los servicios que IBM ofrecía se consideraban parte del producto completo, y a los clientes se les cobraba sólo por el producto. Pocos, ni siquiera habían imaginado que el componente de servicios de IBM se pudiera convertir en su núcleo de utilidades; nadie en absoluto había contemplado la posibilidad de que los servicios llegarían a ser, en la década de 1990, el centro que generaría las mayores utilidades de la empresa. No obstante, eso fue exactamente lo que sucedió.

Fue sólo en 1990 que el negocio de servicios se puso en marcha, e IBM comenzó a cobrar a los clientes lo que les había dado gratis durante años. Ahora, esos mismos ingenieros de sistemas que habían configurado nuevos mainframes y no cobraban un solo dólar por mantenerlos en funcionamiento, les estaban enviando cuentas por el concepto de servicio al cliente.

Al comienzo, el negocio de servicios nunca se consolidó en una sola unidad íntegra. Aunque el negocio de servicios crecía, faltaban controles financieros y, con la incertidumbre de unos contratos desfavorables, apenas rendía utilidades. IBM seguía estando a distancia de EDS, la compañía número uno en servicios de computadores.

IBM empieza a lograr el *momentum*

El negocio de servicios alcanzó su *momentum* real en 1995 bajo la dirección de Lou Gerstner, cuando IBM contabilizó US$12,700 millones en ingresos por servicios. Gerstner merece reconocimiento por haber fomentado este negocio. Sin embargo, él no lo comenzó. Esta división ya estaba en funcionamiento cuando fue nombrado CEO. Incluso, después de que Lou tomara el mando, Dennie M. Welsh, ingeniero oriundo de Tennessee, negociador de los contratos de IBM con la NASA durante los programas de lanzamiento del Apolo y el trasbordador espacial, fue quien empujó a Gerstner para que el negocio de servicios se convirtiera en un punto clave para IBM.

Welsh sugirió que IBM ofreciera a las empresas la misma clase de gerencia en servicios que había prestado a la NASA y a otras entidades del gobierno. Sostuvo que la experiencia que IBM adquirió en el manejo de grandes sistemas de computadores para la NASA y el gobierno podría utilizarse en el sector corporativo, donde le estaba yendo muy bien a EDS. A McDonnell Douglas, una compañía aeroespacial y primer cliente de servicios de IBM, le gustó la idea de poder contar con los muchos recursos tecnológicos de la organización. No obstante, algunos se preguntaban si IBM podría resolver el conflicto potencial entre suministrar el servicio apropiado al cliente y promover sus propios productos. Así mismo, otros se preguntaban si la división de servicios sería capaz de coordinar las diversas secciones de IBM y ofrecer el tipo de soluciones integradas que los clientes querían. En consecuencia, cuando Welsh y algunos otros emprendieron el trabajo en la unidad de servicios de IBM en 1990, pocos le prestaron mucha atención.

Mientras caía el precio de los computadores, la unidad de servicios de IBM adquiría mayor importancia. Los precios bajos indicaban que estaban comprando muchos más computadores, y, en consecuencia, habría mucho más trabajo para el personal de servicio: necesitaban programar los computadores, mantenerlos, actualizarlos y capacitar a los empleados en su utilización. Alguien llamó a los computadores la máquina de afeitar, y a los servicios, las cuchillas que los usuarios necesitaban comprar continuamente.

Cuando Gerstner asumió el mando en 1993, al escuchar los planteamientos de Dennie Welsh, el nuevo CEO de IBM estuvo de acuerdo en prestarle la máxima atención a los servicios, con la convicción de que se convertirían en motor clave del crecimiento, a pesar de que sus ingresos de ese año llegaron sólo a US$7,640 millones. La unidad de servicios estaba perfectamente sincronizada con la convicción de Gerstner de que la reactivación de IBM dependía de la capitalización de su enorme tamaño. Decidió no dividir a IBM, y que toda la organización fuera capaz de ofrecer, a sus numerosos clientes, compras integradas de productos para los computadores: mainframes, microchips, lo que fuera. Y todos estos productos requerían servicio.

Gerstner no estimuló la sección de servicios durante sus dos primeros años en el mando. No obstante, con el tiempo, el negocio de servicios se convirtió en el principal motor de ingresos de IBM; la división le dio tiempo, mientras decidía qué hacer exactamente con los segmentos de negocios de hardware y software.

¡No somos un monopolio!

Al prever que vendrían buenos tiempos, en junio de 1994, IBM le solicitó a un juez federal que levantara la serie de restricciones legales que le habían impuesto a la empresa en 1956 para limitar su poder monopolista. En 1956, IBM aceptó las nuevas restricciones como parte del acuerdo por un pleito en el que se le acusó de monopolizar los nacientes negocios de servicios de procesamiento de datos. IBM estuvo de acuerdo en esa época en que su negocio de servicios funcionara por separado de la compañía matriz y en que se pagara el precio total por los equipos y el software adquiridos a otros segmentos de IBM. Gracias a la eliminación de las restricciones, IBM y su unidad de procesamiento de información podrían participar en el marketing conjunto de equipos y servicios; igualmente, podría dar descuentos especiales por la compra de equipos para atender a los clientes.

El juez falló a favor de IBM. El 2 de julio de 1996, anunció que había llegado a un acuerdo con el Departamento de Justicia, para que éste retirara paulatinamente, en cinco años, a partir de ese momento, todas las restricciones vigentes que había sobre la organización desde el mandato judicial de 1956. Ese día se puso fin a la mayor parte de las disposiciones, incluidas las correspondientes a los servicios de computadores. (Unas cuantas disposiciones del mandato judicial original, como aquellas que se aplican al arrendamiento con opción de compra (*leasing*) de mainframes y computadores de mediano rango, caducarán en 2001, cuando pierda vigencia total el mandato).

En 1995, Gerstner hizo alarde del crecimiento en los servicios de IBM.

> Los servicios crecieron y se convirtieron en nuestra segunda fuente de ingresos, 31% más que en 1994 (US$9,710 millones). En la actualidad, IBM es la compañía más grande del mundo en servicios de tecnología de la información, con más de 80,000 empleados que suministran servicios de consultoría, integración de sistemas y desarrollo de soluciones en todo el mundo[1].

En 1995, el negocio de servicios creció de nuevo, esta vez, a US$12,710 millones.

El negocio de servicios aprovechó una de las grandes fortalezas de IBM: su conocimiento de los productos a través de todos los elementos del procesamiento electrónico de información moderno, desde Internet hasta los computadores personales. Los clientes necesitaban a IBM para poner a funcionar todos estos elementos juntos. Mediante el fortalecimiento del negocio de servicios, Gerstner redujo la dependencia de IBM en el solo negocio de mainframes. Eso siempre había constituido un problema de enormes proporciones para la compañía. Gerstner pudo haber hecho énfasis en otras partes del negocio: construir productos para Internet, por ejemplo, o convertirse en una empresa de minicomputadores, pero escogió los servicios. El éxito general de Gerstner se debe en gran medida a esa decisión.

En 1996, Gerstner anotó que IBM se había convertido en la empresa más grande del mundo en servicios de computadores.

> Los servicios son ahora nuestra segunda fuente de ingresos. Y, todavía, las oportunidades son enormes. Somos el número uno en la industria, y sólo tenemos 9% de participación... Contamos con más de 80,000 empleados en 159 países que suministran integración de sistemas, consultoría y desarrollo de soluciones. El año pasado, IBM contrató casi 15,000 empleados, la mayoría para nuestro negocio de ventas y servicios... (quiero enfatizar en) por qué los servicios están creciendo tan rápido: porque los clientes están hastiados de partes y componentes de computador y tecnología sin depurar, y quieren soluciones para los problemas de sus negocios[2].

Los servicios, con ingresos que llegaron a US$15,870 millones a finales de 1996, estuvieron justamente por debajo de 21% de los ingresos totales de IBM, de US$75,940 millones. En el último trimestre de 1996, IBM adquirió la sorprendente suma de US$11,000 millones en el negocio de servicios para computadores, pues logró ganar cuatro de cada cinco negocios que propuso.

En 1997, cuando los ingresos por servicios llegaron a la cifra de US$19,300 millones, el negocio de servicios creció a un ritmo anual de 33%. La razón: IBM estaba preparada, como muy pocas empresas, para manejar todas las necesidades en computadores de sus clientes, incluidas sus necesidades de redes. Las compañías, cada vez más, querían recurrir al *outsourcing* para delegar esa responsabilidad: entregar sus operaciones de computadores a IBM, EDS u otras organizaciones que, por unos honorarios, manejarían esas operaciones.

En abril de 1997, Gerstner anotó que la división de servicios era

> La sección de más rápido crecimiento en la industria de tecnología de la información. Estamos creciendo con mayor rapidez que la industria. Aquí nuestro reto es manejar el crecimiento, mientras se generan buenos rendimientos. Nuestro negocio de servicios creció 25% el año pasado (1996), el cuarto año consecutivo en que ha crecido 20% o más. El año pasado cerramos contratos a largo plazo con clientes, por valor de US$27,000 millones, y se firmaron otros por US$3,000 millones en el primer trimestre de este año[3].

Si el cliente lo prefiere, IBM comprará y operará computadores, y utilizará software producidos por otras empresas. No debe sorprender el hecho de que el personal de IBM aconseje comprar sus propios productos, no los de sus rivales. Los servicios de IBM se han convertido en uno los más grandes clientes de hardware de IBM. El analista Goldman Sachs observó en 1997 que la división de servicios globales, de la cual estaba separada la red global, encarnaba todo lo que estaba funcionando correctamente en la nueva IBM, incluido el enfoque que Gerstner tenía de sus clientes:

> Si anteriormente IBM había sido en su mayor parte una colección de segmentos débilmente conectados y alineados, en particular, alrededor de los mainframes, ahora parece más una confederación fuertemente unida a los servicios y soluciones como su eje... En el pasado, su negocio de servicios era mucho menos rentable, un paso en falso que IBM todavía está pagando, ya que estos contratos no rentables aún no favorecen sus cuentas de ingresos... el negocio de servicios de IBM se está moviendo rápidamente hacia el liderazgo, y amenaza el predominio a largo plazo de Electronic Data Systems. Ahora más que nunca, las fortalezas de IBM en el procesamiento de información de las grandes compañías y en la construcción de relaciones se han trabajado a fondo[4].

Como organización separada, los servicios de IBM han sido la empresa más grande de servicios en el mundo.

En 1997, la compañía reorganizó e hizo más eficiente la división; de seis áreas de servicio y 3,700 ofertas, pasó a tres segmentos de negocios con 100 ofertas: servicios profesionales (72,000 empleados), soporte de productos (40,000 empleados) y servicios de redes (8,000 empleados). Los servicios respondieron por la mitad de los 240,000 empleados de IBM. Aunque se habían eliminado 200,000 cargos, a comienzos de la década de 1990, IBM contrató 18,000 nuevos empleados para su división de servicios en 1998.

Un movimiento inteligente

El negocio de servicios ha sido el único motor de crecimiento consistente de IBM. En 1998 alcanzó US$23,400 millones en ingresos, una tasa de crecimiento de 21.4% sobre el año anterior. A IBM no le gustaría pensar en cuál sería su tasa de crecimiento sin la división de servicios. A finales de 1998, IBM no había mostrado un crecimiento significativo en ninguno de sus sectores de hardware; y apenas estaba comenzando a progresar en algunos aspectos de su negocio de software.

Los analistas financieros creían que Gerstner estaba dispuesto a entregarse sagazmente al negocio de servicios. Steve Milunovich, de Merrill Lynch, dijo:

> El punto fundamental de las soluciones es el servicio. IBM intentaba deshacerse de la concentración de la empresa en el hardware. Ellos se habían convertido en una compañía de servicios. IBM ya no igualaba su anterior producción en hardware. Así que ahora necesitaban algo más. No iban a ganar en productos, y entonces se pasaron a los servicios. Necesitaban incorporar hardware, software y servicios. Ellos se diferenciaban de Electronic Data Systems, y lo hicieron globalmente, no como EDS, que es menos global. En la actualidad, 55% de las utilidades operativas de IBM provienen de los servicios y software combinados. El software suma 35%; servicios, 20%; el otro 45% es fundamentalmente hardware más algo de mantenimiento[5].

Ahora se presenta un ejemplo de cómo opera la división de servicios de IBM: En septiembre de 1996, Gerstner invitó a varios CEO a un seminario sobre estrategias en una sesión de un día. Los CEO empezaron a hablar con Gerstner sobre la colaboración en la investigación entre las empresas en varios campos. Robert B. Shapiro, el presidente de la junta directiva de Monsanto, pregunta si su compañía de productos farmacéuticos y agrícolas se podría beneficiar de la tecnología de IBM en investigación genética.

Unas semanas más tarde, el personal de IBM viajó a la sede de la dirección general de Monsanto en St. Louis, y mencionó proyectos de investigación emprendidos en los laboratorios de IBM que podrían usarse para ayudar a mapear la estructura genética de semillas y células de seres humanos. Un año después, los ejecutivos de IBM, ahora con una buena oportunidad, están preparados para firmar con Monsanto un contrato de servicios de una década completa, valorado en cientos de millones de dólares. Ese contrato no se concretó por la compra de computadores ni por software, y la investigación genética era la parte más pequeña. IBM y Monsanto acordaron que IBM manejaría el sistema de computadores mainframe de Monsanto; instalaría y mantendría sus 20,000 computadores personales; operaría la red que conectaba las instalaciones de Monsanto; además, desarrollaría nuevos programas de aplicaciones para la empresa.

En la reunión de analistas del 13 de mayo de 1998, Gerstner pasó mucho tiempo examinando sus expectativas en relación con el negocio de servicios de IBM. En ese momento, todo esto representaba para la compañía 25% de los US$78,500 millones en ingresos anuales. Gerstner sabía que había cínicos que dudaban de que IBM pudiera mantener tal ritmo en la división de servicios.

> Hay muchas personas en IBM que me dicen que no podemos sostener este 20% en pos del crecimiento (en servicios). No estoy dispuesto a aceptar eso. En los últimos 30 años, como asesor, gerente y miembro de juntas directivas, he estado adentro y afuera de cada industria del mundo. Nunca había visto un negocio con mejor crecimiento que el negocio de servicios de tecnología de la información[6].

Gerstner predijo que el solo crecimiento en la demanda de servicios conduciría a IBM a un incremento considerable en sus ingresos. Una razón: la gran acumulación de contratos de servicios, que ascendieron a la sorprendente suma de US$44,000 millones. Los cálculos estiman que en 1999 los servicios representarán casi la tercera parte de los ingresos de IBM. (En enero de 1998, Dennie Welsh, ejecutivo de IBM que convirtió los servicios de computadores en la línea de negocios de más rápido crecimiento de la empresa y en su segunda más grande, tomó un permiso por razones médicas. Fue remplazado por Sam Palmisano, quien había estado dirigiendo la división de computadores personales).

Cuando Gerstner empezó a trabajar en IBM, no tenía idea de cuáles partes de la compañía probarían ser los grandes motores de crecimiento, si es que en realidad había alguna. Con el tiempo, descubrió uno de estos grandes motores de crecimiento justo entre los suyos: el negocio de servicios. Ahora que los servicios se han convertido en el generador de ingresos más importante de IBM, el reconocimiento, por supuesto, en gran medida, es para Lou Gerstner. Lo que se olvida es que él no inició el negocio. Incluso, al comienzo ni siquiera tenía la certeza, después de asumir el mando, de que los servicios eran la clave para el futuro de IBM. Con el tiempo, logró convencerse, y ahora se siente agradecido de haberlo hecho.

No venda productos, venda soluciones

"Las soluciones requieren más que tecnología sin depurar. Son combinaciones de hardware, software y servicios que integramos para atacar los problemas de negocios de los clientes..."[1].

Lou Gerstner decidió mantener completa IBM, con el fin de explotar el tamaño y la diversidad de la organización. Al manejar una compañía unida, no fragmentada, sería capaz de proporcionar a los clientes no sólo productos, sino el conocimiento y la experiencia que los empleados de la organización poseían para integrar esos productos (y, a veces, los productos de otras firmas) en soluciones tecnológicas de computadores. Al decidir hacer de IBM una compañía que no sólo vendiera productos, sino que ayudara a los clientes en sus problemas de negocios, Gerstner reactivó una estrategia que alguna vez fue muy popular en IBM. Quizá lo más importante, que IBM se comprometiera en un enfoque hacia las soluciones significaba que también se estaba comprometiendo con el negocio de servicios.

Aunque IBM fue fundamentalmente una firma manufacturera en sus primeras décadas, una de las máximas favoritas de Thomas Watson Sr. era: "No hable de máquinas, hable de las perspectivas de negocios". En ese entonces, comprendía que a sus clientes no les importaba casi nada lo que tuviera que ver con máquinas o tecnología, sino lo que ellas pudieran hacer para ayudarles en sus negocios.

Cuando apareció el System 360, el primer computador real de propósitos generales, el 7 de abril de 1964, apenas se podía esperar que los clientes tuvieran algún conocimiento de la nueva tecnología. La industria era muy reciente. Así que IBM entendió que lanzar un producto significaba no sólo entregar el hardware; también tenía que entregar el sistema operativo y el software de aplicaciones, y suministrar los servicios que enseñaran a los clientes cómo manejarlos.

No es un concepto nuevo

Proporcionar soluciones no era un concepto nuevo. En la cúspide de los computadores de mediano rango y los mainframes, desde la década de 1960 hasta los primeros años de la década de 1980, los equipos de ingenieros de sistemas de IBM ayudaron a los clientes en muchos proyectos de procesamiento de información, sin cobrarles, por resolver sus problemas técnicos y de negocios. Muchos de estos ingenieros de sistemas trabajaban tiempo completo en las instalaciones de los clientes. No obstante, con la revolución cliente/servidor, ocurrida desde mediados hasta fines de la década de 1980, los ingenieros de sistemas se convirtieron en representantes de ventas o asesores, puesto que las compañías necesitaban cada vez menos ayuda del Gigante de Acero.

Sin embargo, a finales de la década de 1990, muchos departamentos de tecnología de la información descubrieron que cada vez era más difícil tratar los problemas de computadores por su propia cuenta. Por esta razón, los representantes de ventas de computadores regresaron a su antigua función de consultores de negocios y propusieron, muchas veces, soluciones integradas de hardware, software y servicios. A los distribuidores muchas veces no se les pidió que hicieran ofertas sobre un proyecto, a menos que pudieran entregar una solución completa. De este modo, aunque el servicio no era un concepto nuevo en la industria de computadores, Gerstner presionó a IBM para que utilizara este enfoque de manera mucho más enérgica que en el pasado.

El profundo conocimiento de IBM y su talento tecnológico fueron la columna vertebral del enfoque hacia las soluciones. Gerstner explicó: lo que IBM introduce en su estrategia de servicios son sus laboratorios, el trabajo con los clientes y un análisis concienzudo de cómo evolucionará la tecnología. Cuando el ciclo de evolución tecnológica sea más rápido, la compañía podrá proporcionar a los clientes una solución que les dé ventajas competitivas. Después de que los clientes han pasado por procesos de reingeniería, dicen que el valor, de hecho, se encuentra en la configuración de los sistemas.

Los problemas pertinentes a las estaciones de trabajo o a los computadores personales son cada vez menos difíciles de enfrentar, según Gerstner. Lo importante es saber cómo generar el cambio. Lo último que los clientes necesitan, sugirió, es un fabricante más de componentes y partes que llegue a la empresa a vender aparatos más veloces. Si eso es lo que pretende IBM, con seguridad los clientes potenciales perderán interés. Lo que tenía que hacer era trasformar su tecnología, para fabricar productos más rápidamente, con calidad superior. Esa sola estrategia atraería clientes.

En el primer año de Gerstner a cargo de la dirección de IBM, cuando la organización sufrió una pérdida por US$8,900 millones y tuvo que pedir dinero prestado para pagar sus dividendos, hubiera sido fácil eliminar el presupuesto de US$6,000 millones anuales destinados para investigación y desarrollo. Ése era el plan de John Akers. Estaba aburrido y cansado de gastar todo ese dinero en I&D, en sus proyectos esotéricos, y pocos parecían llegar al mercado. Gerstner mantuvo una actitud abierta hacia la función de I&D cuando asumió el mando. Visitó sus instalaciones antes de decidir su futuro. Lo que vio, cuando hizo su primera visita al centro de investigaciones Watson, localizado en Yorktown Heights, Nueva York, lo impresionó enormemente. Vio empleados y proyectos de investigación que, si se despabilaban y tomaban el camino correcto, *podrían* ponerse a disposición de la compañía en forma más práctica. Mientras disminuía, *en efecto,* la inversión de IBM en I&D, Gerstner decidió mantener la unidad intacta y reconvino a los investigadores para que emplearan más tiempo en idear soluciones para los clientes.

Reducir la dependencia en el hardware

Cuando tomó el mando en abril de 1993, Gerstner concluyó que era vital hacer de IBM la organización por excelencia en soluciones. Quería que la compañía se encargara de las necesidades específicas de un banco o un hospital, con hardware, software y servicios especiales, aunque todos los productos no fueran fabricados por IBM. Ésta no era una solución nueva. La mayoría de compañías de computadores habían intentado hacerlo, incluida IBM, pero con resultados diversos. Ésta fue la visión de Gerstner para aprovechar el tamaño de IBM, y sus grandes y profundos recursos tecnológicos, para fortalecer la organización como proveedora de soluciones.

Gerstner comprendió que IBM tenía que diversificarse y debía reducir su dependencia del hardware. Así lo hizo, y sigue siendo uno de los logros más significativos de Gerstner en IBM. En la primavera de 1998, la compañía tenía menos de 45% en hardware y menos de 10% en mainframes. Su énfasis principal son las soluciones y el software.

Su meta consistió en crear una estructura organizacional funcionable para IBM. Esa estructura se centraría en el propósito de que IBM tuviera suficiente capacidad y proporcionara compras integradas a los clientes que buscaban soluciones para sus problemas tecnológicos. Quería aprovechar el hecho de que grandes organizaciones se habían movilizado más allá del concepto de automatización de las oficinas. En el pasado, estas firmas adquirían un computador, alguien venía y lo instalaba, y otra persona les daba asesoría. Gerstner se dio cuenta de que las empresas querían ahora una estrategia unificada porque acceder a la información y al control de la misma eran aspectos competitivos críticos.

La estrategia de soluciones sacó a la empresa de su exclusiva orientación hacia el hardware. Ya no sólo vendía hardware; vendía formas de materializar las ideas en el mundo corporativo. Como observó la revista *Fortune* en su edición del 4 de noviembre de 1996: "Si la antigua IBM la representaba la imagen de Thomas Watson Sr., con su impecable camisa almidonada al lado de un mainframe de miles de millones de dólares, la nueva IBM es la imagen del Tío Lou, quien, en camisa arremangada, hace funcionar hasta el más mínimo detalle".

La nueva consigna de IBM —ofrecer soluciones a los clientes— hizo eco en otros sectores de la industria de computadores. Compaq había comprado Digital Equipment Corporation, el antiguo rival de IBM, fundamentalmente para obtener su personal de ventas directas y de servicios, de 50,000 efectivos. Oracle, la empresa de base de datos, había lanzado una división de servicios y asesoría, y Cisco Systems, una empresa de redes, se describió como "proveedora de soluciones". Todas estas organizaciones coincidieron con IBM en la apreciación de que, a medida que se hacía más difícil diferenciar los productos, el servicio sería de fundamental importancia para obtener ventas superiores y robustecer la lealtad del cliente a los productos.

En el informe anual de 1994, Lou Gerstner anunció uno de los seis nuevos imperativos estratégicos: "Ampliar la participación de mercado de los computadores cliente/servidor". Luego explicó que IBM tenía 42 centros de sistemas abiertos en 34 países, donde se ayudaba a los clientes a diseñar e implementar las aplicaciones cliente/servidor. Su trabajo con los clientes en estos centros creció más de 50% en 1994, hasta alcanzar el récord de casi US$1,000 millones en ingresos. Se enfocaba en facilitar el uso, en la administración de sistemas y herramientas de software que mejoraran la forma como trabajarían juntos los productos de IBM y los de otros proveedores.

Dos años después, en el informe anual de 1996, Gerstner observó que

> Las soluciones requieren más que tecnología sin depurar. Son combinaciones de hardware, software y servicios que integramos para atacar los problemas de negocios de

los clientes... El mundo de la conexión en red también está generando una enorme demanda en servicios, nuestro negocio de mayor crecimiento. Los clientes necesitan ayuda en todo, desde la consultoría e integración de sistemas hasta los servicios de redes y la educación.

Gerstner continuó impulsando las soluciones como el principal enfoque para las ventas de IBM:

El aspecto número uno que conducirá el crecimiento de IBM en el futuro es el compromiso total con las soluciones, no con los componentes y partes. No estamos vendiendo un browser. No estamos vendiendo un motor tridimensional para su computador personal. Vendemos ideas para que las compañías hagan más dinero[2].

Un impulso a las soluciones

Otras compañías eran diferentes. Dependían de una sola tecnología medular para obtener ganancias y elaborar sus líneas de productos. Por ejemplo, Microsoft impulsó Windows, Intel hizo lo mismo con sus microprocesadores, Netscape se dedicó a los browsers de Internet, mientras que Oracle trabajó en sus bases de datos.

IBM actuó de modo diferente. Impulsó las soluciones. Contaba con utilizar partes o componentes —fabricados o no por IBM— y crear redes para manejar las decisivas ventas o transacciones financieras que requerían las organizaciones. IBM le puso a ese enfoque el nombre de soluciones para el negocio electrónico.

A propósito, véase un ejemplo interesante, el caso de Charles Schwab, comisionista de valores. En diciembre de 1995, Schwab sintió que su compañía necesitaba un *site* en la World Wide Web, que les permitiera a los clientes comprar y vender títulos valores, además de analizar sus finanzas. Sus ejecutivos llevaron a cabo numerosas conversaciones con la gente que creían podía ayudarles; sin embargo, Schwab escogió a IBM porque le prometió configurar el *site* en un tiempo razonable (le tomó cuatro meses). Lo que convenció a Schwab, en última instancia, fue que IBM no le suministró solamente el hardware o el software, sino que le prestó el tipo de servicios de consultoría que le permitió a esa organización lanzar rápidamente su *Web site*.

Con la llegada de Internet, IBM parecía tener la oportunidad dorada. Se calculaba que, a finales de 1996, las compañías invertirían US$250,000 millones para proyectos de conexión en red entre 1996 y el año 2000. De ese monto, IBM calculó que 65% se invertiría en servicios básicos y en la configuración de soluciones,

Mientras que a los computadores mainframe, a menudo, se les considera como dinosaurios, IBM calculaba que más de 50% de los datos de todas las organizaciones estaban almacenados en sus mainframes. Muchas empresas necesitaban encontrar la forma de tomar esos datos y hacerlos accesibles en las redes. IBM trataba de idear, de variadas maneras, cómo ayudar a que esas firmas utilizaran Internet en forma efectiva. Por ejemplo, los viajeros podían usar ahora el *Web site* de American Airlines para comprar sus pasajes. La configuración del *site* era crucial para poder alimentar los datos del sistema Sabre de American, que opera en un banco de diez mainframes de IBM, instalados en un búnker subterráneo, localizado en Tulsa. IBM estaba en la posición ideal para ayudarles, lo que le permitiría a American tener acceso rápidamente al servicio de su sistema Sabre y conectarse a la Web.

Cuando Lou Gerstner fue nombrado presidente del consejo directivo de IBM, los escépticos de la industria se preguntaban cómo podría, este tipo novato en tecnología, ser el jefe de la más grande compañía de tecnología del mundo. No lo hizo tan mal, si se miran los resultados. De hecho, la falta de familiaridad con el software para los computadores personales le ayudó, en verdad, en un aspecto importante.

En las postrimerías de 1994, Gerstner visitó los CEO de dos de los bancos más importantes de los Estados Unidos. Como hizo en algunas ocasiones, les pidió a los ejecutivos que pensaran cuál sería el próximo rival más grande en el futuro. Gerstner imaginó que la respuesta sería Merrill Lynch o Fidelity o American Express. Ninguno de éstos; los dos CEO mencionaron a Intuit, Inc., un fabricante de software para efectuar transacciones domiciliarias, producto que había acabado de comprar Microsoft Corp. La respuesta sorprendió a Gerstner. "Nunca había escuchado hablar de Intuit. Tuve que fingirlo ante el primer tipo", dijo con una sonrisa.

Rápidamente, Gerstner se hizo a una copia del programa Quicken de Intuit, y empezó a examinarlo. Se dio cuenta de que compañías como Intuit pronto serían capaces de desarrollar lo que los bancos debían estar haciendo: ofrecer banca domiciliaria y otros servicios financieros a los usuarios de computadores personales. Gerstner creía que, a menos que los bancos cayeran en la cuenta, Microsoft y otras empresas podrían meterse fácilmente entre los bancos y los clientes.

Gerstner llamó a Robert M. Howe, quien estaba al frente de la organización de servicios financieros, unidad de IBM valorada en US$9,000 millones. El CEO de IBM le dijo a Howe que la compañía tenía que comenzar a pensar en lo que necesitaban hacer los bancos para que pudieran participar en el nuevo entorno competitivo.

Howe trabajó en el problema durante los siguientes 18 meses: cómo ayudar a que los bancos proporcionaran servicios en línea. Se imaginó a IBM creando una red nacional que todos los bancos pudieran compartir. Los bancos serían los propietarios del sistema junto con IBM, dividirían los costos y se evitarían el lío de crear su propio sistema. De igual modo, a IBM se le pagaría una comisión por cada transacción. Howe viajó por todo el país para conseguir apoyo de los banqueros. Lou Gerstner hizo lo mismo. El presidente del consejo directivo de IBM comenzó a venderle la idea a John B. McCoy, presidente de la junta directiva de Banc One Corp., durante un torneo de golf celebrado en el invierno de 1995. Los dos formaban parte de un equipo de cuatro jugadores y, durante tres hoyos seguidos, Lou se la pasó hablándole de este gran consorcio banquero electrónico. McCoy se desesperó y le pidió que si podían, por lo menos, jugar al golf. Banc One, a la postre, cedió y se unió al consorcio.

El 9 de septiembre de 1996, Gerstner y los CEO de 15 bancos con 60 millones de cuentacorrentistas —incluidos Banc One, Nations-Bank y Bank of American— anunciaron la Integrion Financial Network, el consorcio banquero electrónico. Además de su red Integrion, IBM creó una solución llamada Insure-Commerce para facilitar que las aseguradoras, corredores de seguros y compradores adquirieran sus seguros. PetroConnect de IBM permitió que las compañías petroleras compraran datos geológicos, meteorológicos y otros de vital importancia.

En julio de 1997, Gerstner explicó por qué los clientes necesitaban soluciones:

> Nuestros clientes no están en el negocio de la tecnología, y no tienen tiempo para ir de puerta en puerta en busca del grupo de productos de IBM, a fin de desarrollar sus propias soluciones. Desean que alguien lo haga por ellos. Esto es lo que queremos decir cuando hablamos de soluciones. En este momento, "solución" es un término que se utiliza en todos los ámbitos de negocios; incluso las empresas con una sola línea de contratos de producto están ofreciendo una "solución"... pero todo comienza con una

comprensión profunda de lo que el cliente pretende lograr, no en términos estratégicos de tecnología de la información, sino de negocios. Eso significa que debemos tener un conocimiento profundo de los negocios de los clientes y de sus industrias[3].

El legado más grande de Lou Gerstner

Los analistas financieros estaban entusiasmados con el enfoque de las soluciones de Gerstner. "Quizás", escribió Laura Conigliaro, analista de Goldman, Sachs & Co., "uno de los más grandes legados de Lou Gerstner fue haber reconocido la importancia de los años de experiencia de IBM en el suministro de soluciones"[4].

Los analistas sabían que cuando la industria de los computadores era menos compleja, a comienzos de la década de 1980 —cuando se lanzaron los primeros computadores personales al mercado—, los clientes estaban dispuestos a conocer ese producto, pero como los productos se hicieron más complejos, con el crecimiento de Internet, los usuarios prefirieron soluciones. Gerstner comprendió esto muy bien. Así mismo, era inteligente y afortunado. "Uno de los puntos clave", dijo el analista financiero Andrew Neff, director de gerencia senior en Bear Stearns & Co. Inc., fue que Gerstner comprendió lo que IBM hacía bien y por qué la gente hacía negocios con su organización. No era por su hardware, lo que IBM creía en el pasado. Era porque tenía un ejército de empleados que la compañía enviaba al terreno; ésa era su fortaleza. IBM pretendía estar en todas partes; pero a medida que el mundo se desplazó hacia los computadores personales, no pudo enviar ejércitos de empleados al terreno. No obstante, IBM aún tenía esa gran propiedad intelectual y de capital, ya fuera en tecnología, soluciones o ideas. IBM siempre ha contado con personal muy inteligente; sencillamente, olvidó centrarse en lo que el cliente quería de ellos. Lo que Gerstner hizo muy bien fue comprender que si lograba enderezar al Titanic, tendría una compañía increíble. Los empleados de IBM no eran idiotas. Simplemente iban por el camino equivocado[5].

Explotar el ciberespacio es el próximo gran desafío en los negocios

"Sinceramente, creo que el mundo se reestructurará en una forma tan fundamental como cuando se presentó el invento de la imprenta, el de la bombilla, o cuando el hombre pudo volar. Se reformará cada negocio e institución del mundo".

Lou Gerstner afirmaba constantemente que no le gustaban las visiones. Nunca dijo con precisión por qué. Quizá pensaba que la palabra "visión" era demasiado vaga o que evocaba ideas místicas. En todo caso, prefería proponer lo que llamaba estrategias. Sin embargo, después de liderar a IBM durante varios años, finalmente estaba preparado para presentar una visión.

Su visión tenía que ver con la conexión en red. Para explicarse, recordó sus primeros días en IBM:

> Casi de inmediato se presentó un gran revuelo en los medios de comunicación por la incertidumbre, la falta de visión y la gran confusión en que se encontraba IBM. Pero ahora, con mucha ironía, casi tres años después, digo: lo que más necesita IBM, precisamente *ahora*, es una visión. No quiero decir un lema. No quiero hacer promesas ni anunciar productos quiméricos (que no existen ni existirán, ahora ni nunca). No quiero decirles: aquí tienen, esto es bueno para IBM y, por consiguiente, para ustedes también. Lo que quiero decir es que fuimos testigos de grandes cambios en el procesamiento de la información, desde los mainframes centralizados hasta los computadores personales descentralizados y, luego, el procesamiento de la información distribuida de clientes/servidores.
>
> Ahora nos damos cuenta de que la etapa de los clientes/servidores no se ha desarrollado en su totalidad en el procesamiento de la información. Está a la vanguardia de lo que será la siguiente etapa, lo que denominamos redes centrales de computadores. Debo ad-

mitir que es un nombre incómodo, y hasta muy simplón. (Me gustaría aparecer con algo concreto y contundente, pero creo que es demasiado tarde). Sin embargo, el nombre es lo que menos importa por ahora, comparado con lo que describe: un cambio poderoso que tiene implicaciones arrolladoras para los individuos y las instituciones de toda clase.

... De modo que esta confluencia de dos poderosas fuerzas —las necesidades de los clientes y una avanzada tecnología de redes— conduce a IBM a una estrategia o visión, que es simple y clára, y consistente con la misión de nuestra compañía. IBM liderará la transición a las redes centrales de computadores al continuar creando los productos y tecnologías avanzadas que se necesitan para hacer realidad las poderosas redes, y trabajar con nuestros clientes para ayudarles en todo a explotarlas[1].

Finalmente, el jefe tiene una visión

Gerstner confiaba en que había encontrado la estrategia correcta y no iba a cambiar de dirección:

> ... No hay duda de que el modelo basado en los computadores personales no constituye ahora el futuro. El futuro es un modelo de redes centrales. El enfoque se orienta hacia una red que produce lo mejor de ambos mundos. El modelo conduce la estrategia de esta compañía. Cuando la gente habla de IBM, resulta interesante escuchar lo que dicen: "Bien, me pregunto si conseguirán que sus nuevos negocios crezcan suficientemente rápido, mientras se mueren sus viejos negocios". Lo que ellos no entienden es que estamos reconceptualizando nuestros antiguos negocios. Los estamos convirtiendo a este nuevo modelo[2].

Lou Gerstner no se hizo fanático del procesamiento de la información en redes de la noche a la mañana. Había pasado 11 años manejando uno de los negocios más electrónicos del mundo. La compañía American Express Card —uno de sus proyectos favoritos— fue uno de los grandes ejemplos de negocios electrónicos, un gran modelo de negocio en red. Tenía millones de empleados haciendo negocios en cientos de países con millones de restaurantes, hoteles y aerolíneas, todo manejado por vía electrónica. Además, se hizo a través de una red privada. Gerstner concibió que la idea se podía transferir, en gran medida, a Internet:

> ... la idea de un negocio que pueda funcionar en el —detesto el término— ciberespacio, un negocio que pueda funcionar en un mundo digital, no físico, era algo muy co-

mún para mí. Por eso, estaba pensando en este accionar desde el punto de vista de los negocios. Ahora aparece esta tecnología llamada Internet, que se ajusta exactamente a lo que estábamos planeando. Existen muchas compañías en esta industria que un día despertaron y se encontraron con algo llamado Internet, y dijeron: "Caramba, esto es lo más nuevo que hay; vamos a ver qué es lo mejor que se puede hacer con Internet". Sin embargo, no llegamos con esta idea. Llegamos desde el punto de vista del cliente, e Internet es justo una de las herramientas y uno de los activos que usamos para crear estas soluciones integradas. Es una nueva herramienta muy poderosa, y, con mucha franqueza, fuimos muy afortunados de que haya aterrizado en el escenario, junto con Java, como instrumentos que podemos usar para expandir y explotar la estrategia que tenemos.

El principio de organización central

Lou Gerstner decidió, ya desde 1994, que la conexión en red sería el principio de organización central de IBM, su estrategia de integración central.

En su informe anual de 1994, Gerstner anunció que uno de sus seis nuevos "imperativos estratégicos" era "Establecer el liderazgo en las redes centrales de computadores". Con ese fin, observó que IBM se estaba moviendo en muchos frentes para definir este nuevo mercado y este nuevo modelo de procesamiento de la información. Había creado la red global de IBM, la red más grande de bases de datos del mundo, con presencia en 700 ciudades en más de 100 países (vendida a fines de 1998 a AT&T). Comenzó a trabajar con compañías telefónicas y de televisión por cable, haciendo pruebas de campo de las tecnologías IBM que proporcionaron servicios interactivos a consumidores y negocios. La organización adoptó a Internet y ayudó a que los clientes hicieran lo mismo, suministrando tecnología cifrada, software de antivirus y productos de seguridad del tipo "barrera de fuego" (*Firewall*) que soportarían las transacciones comerciales de tráfico pesado y, al mismo tiempo, protegerían de los intrusos a las bases de datos vitales.

La gran apuesta estratégica de Gerstner, ayudar a que los negocios crearan avanzadas conexiones de redes, dinamizó las fortalezas de la empresa. No sólo permitió que IBM fabricara algunas de las partes más importantes para estas redes, sino que también tuvo una enorme cantidad de vendedores y técnicos en las funciones de ventas, instalaciones y mantenimiento de las complejas configuraciones.

IBM se dio cuenta de la importancia de Internet aproximadamente un año antes que Microsoft. Irving Wladawsky-Berger, un veterano gurú de IBM, quien aconsejó a Gerstner en los asuntos de tecnología y estaba manejando la división de Internet, recordó que en 1995 su equipo tenía "una sensación de euforia"[3] con el arribo de Internet. Comprendió que el nuevo fenómeno significaría un muy buen negocio para IBM.

Para Gerstner, la ventaja de Internet era que estaba abierta en todo momento. Era un servicio nuevo, emocionante, fácilmente accesible. Sin embargo, lo más importante fue que Internet proporcionó a IBM una visión espléndida del procesamiento de información en redes; Internet dinamizó las fortalezas de IBM, ya que poseía una enorme capacidad de almacenamiento de información y bases de datos seguras, un sorprendente poder de procesamiento, integración de sistemas expertos y planeación estratégica. IBM pudo ofrecer hardware, software, capacitación, seguridad, redes y servicios que impulsaron integralmente todo esto.

En vez de promocionar un producto en particular u obsesionarse, como Microsoft, con el contenido, IBM se centró en buscar la manera de hacer útil Internet para los clientes. Una de las primeras decisiones fue abandonar su propio browser ("un devorador que no nos representa", dijo Wladawsky-Berger). Poco después (en 1996) se deshizo de Prodigy, su servicio en línea.

Se anuncia la nueva estrategia

Como parte de los esfuerzos de IBM por fortalecer su posición en el mundo del procesamiento la de información en redes mediante los desktop, había comprado a Lotus Development en junio de 1995. Quería a Lotus Notes por sus poderosas capacidades de comunicaciones en el mundo de las redes.

El 13 de noviembre de 1995, en el congreso de ventas Comdex, Lou Gerstner estaba listo para articular su visión de redes centrales de computadores.

> Comprendemos que la etapa de los clientes/servidores, de hecho, no se ha desarrollado en su totalidad en el procesamiento de la información. Está a la vanguardia de lo que será la siguiente etapa: las redes centrales de computadores. Existen muchas fuerzas que nos jalonan vigorosamente hacia esta fase.

Como parte de sus esfuerzos en el procesamiento de la información en redes, IBM comenzó a apostar fuertemente a otra tecnología de software, que no había creado: Java, el tan anunciado lenguaje de programación de

Sun Microsystems, lenguaje ideal para un mundo en red en el cual los computadores conectados corren, muchas veces, con sistemas operativos incompatibles. Un programa escrito en Java puede funcionar potencialmente en cualquiera de ellos, desde el mainframe más grande hasta el más pequeño computador palmtop.

Gerstner reconoció, a finales de 1995, que IBM estaba apostando gran parte de su futuro al mundo de las redes centrales. "Por eso, espero que ustedes tengan la idea de que nos estamos tomando muy en serio las redes centrales de computadores. Yo diría que le estamos apostando mucho de nuestro futuro a ese mundo".

Durante una reunión de tres horas en Nueva York con los analistas de Wall Street e importantes inversionistas, Gerstner declaró, en marzo de 1996, que las fortalezas tradicionales de la compañía la convertirían en una potencia en la nueva era de la conexión en red:

> La industria está retomando nuestro sendero. Viene, regresa a nuestro dulce hogar. Todo lo que ustedes han leído y escuchado sobre Internet dinamiza nuestras fortalezas.

En el futuro, añadió Gerstner, IBM planea adaptar cada vez más los servicios basados en redes a las necesidades de industrias específicas. Por ejemplo, una red para los tres mayores proveedores del cuidado de la salud que cubren ocho estados, incluidos Colorado, Ohio y Montana, fue utilizada para conectar médicos, pacientes y hospitales. Entre otras tareas, la red automatizaría los trámites burocráticos y pondría a disposición las historias clínicas de los pacientes que se movilicen entre los diferentes hospitales.

Tan fundamental como la bombilla

Con estas grandes expectativas puestas en la principal estrategia de IBM, Gerstner dijo a los accionistas, en la asamblea anual del 30 de abril de 1996, que sentía que el cambio hacia la conexión en red era realmente profundo:

> Sinceramente, creo que el mundo se reestructurará en una forma tan fundamental como cuando se presentó el invento de la imprenta, el de la bombilla, o cuando el hombre pudo volar. Se reformará cada negocio e institución del mundo. Afectará —ya lo está haciendo— a todos y cada uno de nosotros.

... Sin embargo, el motor más importante del cambio hacia la conexión en red no es la tecnología. El principal conductor de este cambio se fundamenta en las prioridades de nuestros clientes de todo el mundo. Casi todos están centrados en incrementar la rapidez hacia el mercado, en desarrollar más rápidamente los productos, en prestar mejores servicios a los clientes, en reducir los costos, en abrir nuevos mercados[4].

Una vez más, observó que la conexión en red era vital para IBM:

Para una compañía de las dimensiones y alcance de IBM resulta difícil definir una sola estrategia que incluya todos nuestros productos, servicios y personas. No obstante, debido a que la conexión en red lo abarca todo, ha surgido como una estrategia de integración de IBM. Es el sendero deslumbrante que estamos siguiendo para regresar a la cumbre. Ahora viene la parte difícil: su implementación...

El 5 de septiembre de 1996, IBM se convirtió en la primera gran compañía en introducir un computador para procesar información en red, la Network Station, una nueva clase de computador desktop que proporcionó acceso a aplicaciones interconectadas y poder de procesamiento, mientras se reducían, en forma considerable, los costos de los computadores desktop. Gerstner se entusiasmó con el nuevo producto y con la aceptación que generó, en los clientes de IBM, el concepto general de conexión en red. El 11 de noviembre se conformó la división de procesamiento de la información en redes de IBM.

¿Qué es la conexión en red? Gerstner explicó que se trata de un nuevo modelo de procesamiento de la información basado en conexión de redes, y el más notable es Internet. No es lo mismo que simplemente enlazar computadores para que se puedan comunicar entre sí. IBM ha estado haciendo eso durante mucho tiempo. En cambio, la conexión en red constituye un gran cambio en la manera *como* se utilizan los computadores y los sitios *donde* se presentan.

Cambia de acuerdo con el lugar donde se den las actividades de procesamiento de la información porque ésta moviliza la mayor parte del trabajo —los procesamientos, los datos, las aplicaciones— de las máquinas desktop a los computadores, llamados "servidores", que trabajan tras bambalinas en la red. Esto ahorra mucho dinero a los clientes porque no tienen que remplazar los computadores desktop y su software cada vez que aparece algo nuevo mejorado. Todo eso puede hacerse de una vez en el servidor. Esto también les da a nuestros clientes de negocios un mayor control de los datos crí-

> ticos de sus negocios, porque ya no se distribuye la información —algunas veces al azar— a cientos o miles de computadores personales individualmente...
>
> Estamos adaptando y posibilitando todos los productos hardware y software en nuestro portafolio para la "Red". Hoy, todas nuestras plataformas de servidores, desde los servidores de computadores personales hasta los supercomputadores, son servidores *Web* que ofrecen precios y desempeños competitivos comparados con cualquiera de la industria. Junto con Tivoli (la firma de software adquirida por IBM), estamos posibilitando la administración de sistemas de múltiples plataformas a través de la infraestructura corporativa y fuera de la Web. Todos nuestros productos de software clave, por ejemplo, las bases de datos, los sistemas de transacciones, son posibilitados por la *Web*[5].

El equipo Lotus de IBM sigue innovando y extendiendo su liderazgo en groupware, concluyó Gerstner. Y lo más importante, Notes y Domino se han convertido en la plataforma elegida para crear aplicaciones en Internet. (Domino es un software para redes centrales de servidores *Web*, que ayuda a las compañías a administrar Notes para cooperación en Internet).

Gerstner tenía la convicción de que la conexión en red le plantearía un gran desafío a IBM:

> ... la red se convierte cada vez más en el lugar donde ocurren las transacciones, donde tienen lugar las comunicaciones, donde se realizan los negocios, donde aprenden los estudiantes, donde los gobiernos atienden a sus ciudadanos[6].

A medida que esto sucede, dice Gerstner, habrá una gran demanda de diversos productos en los cuales IBM será excelente. La tecnología era un aspecto. Las redes, por definición, eran complejas, pues requerían grandes procesadores, bastante capacidad de almacenamiento de información, bases de datos de enormes volúmenes, poderoso software de procesamiento de transacciones y administración de sistemas generales. A medida que se incrementen las transacciones a través de las redes, se presentará igual situación para la demanda de productos de IBM.

Un Lou Gerstner con mayor confianza en sí mismo

En 1997, un Lou Gerstner con mayor confianza en sí mismo comenzó a implementar la nueva visión estratégica de IBM. Gerstner quería conducir a las grandes compañías al nuevo mundo del procesamiento de información en redes. El plan requería que IBM concibiera las estrategias de tecnología para las organizaciones de grandes dimensiones, construyera y operara sus sistemas y, a la postre, se convirtiera en el arquitecto y centro de operaciones para el procesamiento de la información corporativa; IBM enlazaría las compañías, incluso a todas las industrias, con la meta de que usarían tanto hardware y software de IBM como fuera posible.

Los analistas estuvieron de acuerdo con Gerstner. La conexión en red dinamizó muchas de las fortalezas de IBM. De acuerdo con Laura Conigliaro: "El mundo de los sistemas en red que la compañía ha adoptado constituye una gama de colores para algunas de las más brillantes habilidades artísticas (el paquete empresarial) de la organización, una gama centrada en los servidores, compleja y altamente orientada a las soluciones, y la IBM de hoy está en mejor posición de capitalizarlo"[7].

Gerstner, de hecho, quería hacer volver a IBM a los viejos buenos tiempos cuando era la compañía de tecnología de la información de las empresas estadounidenses. El surgimiento de Internet lo hizo posible. Con la llegada del mundo interconectado, IBM parecía tener la oportunidad de convertirse en un factor indispensable en ese nuevo mundo.

La meta de IBM era reconcentrar casi todo lo que hacía para ayudar a los clientes a crear redes centrales de negocios. La clave de la estrategia de IBM era centrarse en tres soluciones: sistemas electrónicos de pagos comerciales, servicios y cadenas de suministro y software, y soluciones de relaciones de los clientes, incluidos los negocios de tecnología inteligente de los centros de comunicaciones. IBM percibió algunos de los beneficios de los negocios electrónicos. La empresa comentó que en 1997 vendió 100,000 computadores en red.

Gerstner creía que IBM tenía la buena fortuna de estar en una gran posición para explotar el cambio a la conexión en red:

> Sabemos algo sobre liderazgo. Pero cuando la industria cambió muchos de los aspectos que nos dieron éxito, algunos de nosotros cuestionamos lo que simbolizábamos, y nos preguntamos si los clientes valoraban lo que llevábamos al mercado[8].

La razón por la cual IBM había trasformado todo esto, explicó Lou, fue porque

> Nos estamos tomando un respiro, gracias al movimiento que se dio hacia las redes como nuevo modelo de procesamiento de la información. Después de comprender lo que

se requiere para hacer realidad el mundo interconectado a los clientes, se verá que la industria regresará a nuestras perdurables fortalezas: la conexión empresarial y las soluciones integradas.

Sin embargo, era muy pronto, demasiado pronto para asegurar que Lou Gerstner había dado con una mina de oro. Evidentemente, pensó que lo había conseguido y no perdió tiempo en comunicárselo a IBM y al resto del mundo. Estaba rebosante de optimismo porque IBM lideraría el mundo del procesamiento de la información en redes. ¿Tendría éxito? Gerstner sabía que se trataba de un gran reto, y que todo dependía de los resultados. Después de todo, Gerstner estaba preparando la totalidad de la compañía para la futura revolución del procesamiento de la información a través de las redes. Sabía que era mejor estar listo.

¿El mundo se encuentra preparado para el procesamiento de información en redes?

"Hoy no hay ninguna parte de la agenda de un CEO que no haya sido afectada por la red. Y esto está justamente frente a nosotros y hace parte de nuestras fortalezas".

En febrero de 1998, Gerstner reconoció que el mundo interconectado tenía aún muy poca importancia para quienes manejaban grandes instituciones porque, por lo general, se describía como algo que tenía que ver, en gran parte, con el correo electrónico y con los servicios de entretenimiento en línea, el fenómeno de AOL y la rivalidad entre los diversos procesadores de búsqueda para los clientes. Todo era, como señaló él mismo, "béisbol interno", todos los tipos de consumidores informados y los CEO aún no entendían de qué manera las redes podrían ayudarles en sus negocios. Incluso, sintió que IBM definiría, en forma apropiada, todo el universo de las redes, y tenía confianza en que los CEO comprendieran pronto el nuevo fenómeno.

> ... en el momento que usted interprete y diga: "Espere un instante, la experiencia, las capacidades de interconexión, definidas de la forma como IBM las percibe, se convierten en enormes activos que proporcionan un manejo encadenado al reducir los tiempos de ciclo, para que sus proveedores operen como parte virtual de sus compañías", los CEO se inspiran inmediatamente, y si les dice: "Piensen en lo que pueden hacer, si se trata de una compañía farmacéutica con la que trabajamos, al poner a todos sus investigadores a compartir una base de conocimientos en el mundo, usando Lotus Notes y su capacidad para reunir información farmacológica global en tiempo real". Entonces los CEO responden: "Por Dios, eso es lo que estoy tratando de hacer; intento obtener que mis representantes farmacéuticos den la aprobación lo más pronto posible, y hacerlo me cuesta millones de dólares cada día[1]".

Y, de este modo, la conversión de las tecnologías de interconexión en red y de sus respectivas soluciones a las prioridades de los CEO fue, dijo Gerstner, relativamente fácil cuando los ejecutivos de IBM se sentaron a hablar del tema en términos que otros CEO pudieran entender:

> La semana pasada me entrevisté con el CEO de una de las más grandes empresas manufactureras del mundo, una compañía europea, una organización mundial con sede en Europa. Se trata de un ejecutivo con una gran visión. Él sabe que su capacidad para comunicarse rápida y consistentemente en todo el mundo y compartir conocimientos de información técnica, información sobre clientes, información de cadenas de suministro e, incluso, los tipos de información que se espera lleguen a crear dimensiones culturales dentro de su organización —para poder hacerlo en forma muy rápida y consistente—, constituye una enorme ventaja para él. Él sabía que quería hacerlo. Y, por eso, hablamos de lo que hicimos con Lotus Notes en IBM para lograr ese tipo de conocimiento compartido horizontalmente a través de un proyecto empresarial para lograr una ventaja competitiva.

Ese mismo mes (febrero de 1998), Gerstner observó que los clientes ya no querían adquirir solamente un aparato como el computador personal para tener acceso a la información. Se desarrollarían toda clase de diseños, algunos se asemejarían a un computador personal, otros serían computadores conectados en red. Las redes serían una mejor alternativa que los computadores personales, porque cuestan menos, son más fáciles de manejar y pueden brindar mayores aplicaciones y más información al usuario que el computador personal.

> Creo que estamos adelante de todos porque no hablamos de este punto como una simple caja que remplaza a otra. Para hacer que la conexión en red funcione y valga la pena para nuestros clientes, en realidad se trata de un sistema y una información de redes, no de una manifestación de los clientes. De este modo, construiremos las capacidades para manejar estos sistemas a través de un servidor, para hacerlos efectivos, enfrentar los problemas de cifrado y seguridad, es decir, los problemas de confiabilidad de las redes. Éstos son los temas que le corresponden a IBM: en otras palabras, no vienen del ámbito de los computadores personales. Es algo curioso. Ustedes dicen que los computadores conectados en red son simples computadores personales. Lo son. Pero para hacer que funcionen, tendrán que manejarse desde un servidor, y es allí donde creo que no habrá duda de que seremos la compañía líder en términos de construir productos servidores confiables y seguros[2].

A pesar de todo el entusiasmo de Gerstner por los computadores conectados en red, las ventas de los productos fueron sorprendentemente desoladoras: en una investigación de mercado, efectuada por Dataquest Inc., se estimó que sólo 144,000 computadores en red se habían vendido en 1997, por debajo del pronóstico inicial de 400,000. Sin embargo, IBM no lo había hecho tan mal. En abril de 1998, había despachado 100,000 computadores para procesamiento de información en red a 3,000 clientes. El éxito de IBM se debió a que fue uno de los primeros en ofrecer computadores en red que operaban programas Windows o Java. No obstante, con márgenes brutos de sólo 20%, los computadores para trabajar en red no eran grandes productores de utilidades.

En junio de 1998, parecía que el comercio electrónico no era el catalizador que Gerstner había pronosticado dos años antes, cuando afirmó que Internet provocaría una demanda por los mainframes y los grandes sistemas de almacenamiento de información de IBM. Según algunos especialistas, los computadores de Sun habían sacado ventaja sobre IBM en la conexión en red.

El hecho fue que, a pesar de los esfuerzos de Lou Gerstner por ser consistente —establecer una visión, y no violarla—, los gerentes de la tecnología de la información estaban confundidos acerca de lo que intentaba hacer, según un informe de Forrester Research, titulado "Oportunidad en Internet para IBM", publicado en julio de 1998. Cuando se les preguntó si la estrategia de la empresa les parecía clara, la mitad respondió que no. Un alto ejecutivo de un banco comercial dijo: "La estrategia de IBM no me parece muy clara. La compañía es tan grande que luce muy confundida y saturada de mensajes incoherentes. Un día, IBM elogia la conexión en red de clientes-/servidores, pero luego, al día siguiente, cambia de opinión y promueve los mainframes. ¿Qué sucede?"[3]. Diferentes personas tienen diversos puntos de vista sobre la estrategia de IBM: "La estrategia de IBM es ser proveedor de soluciones, es decir, ir más allá del hardware individual o los servicios y convertirse en la solución total". Así fue como un empleado de una compañía de equipos eléctricos describió la visión estratégica de IBM. Otro empleado de un banco comercial anotó: "La estrategia de IBM es impulsar los mainframes y venderlos como una solución para todo". A los encuestados que opinaron que la estrategia de IBM era clara, se les preguntó entonces: ¿Cuál es su estrategia? 30% respondió que ser una organización de servicios; 26%, impulsar los negocios electrónicos; 17%, ser proveedor de soluciones totales; 13%, continuar con los mainframes; 9%, hacer dinero, y 5%, dio otras respuestas (no pertinentes).

En octubre de 1998, Gerstner concedió una entrevista por televisión, que nadie esperaba, durante la cual habló en forma detallada de las oportunidades proporcionadas por IBM a través del procesamiento de información en redes y los negocios electrónicos. El entrevistador le preguntó cuál era la más grande oportunidad de IBM, y su respuesta fue la siguiente:

> Traer a nuestros clientes a este mundo interconectado, para mostrarles y darles las enormes promesas que posee de llegar a los nuevos clientes, incrementar su globalización, a través de las redes, mejorar los tiempos de ciclo, administración de cadenas de suministros. No hay ninguna parte de la agenda de un CEO que no haya sido afectada por la red. Y esto está justamente frente a nosotros y hace parte de nuestras fortalezas. El mundo de la información en redes se dirige hacia nuestras fortalezas. Ésta es la mayor oportunidad que tenemos y, en realidad, es lo que está comenzando a orientar nuestro crecimiento[4].

Gerstner ha dicho, por mucho tiempo, que Internet no es navegar con el browser, no es remplazar la oficina de correos o cambiar los grupos de conversaciones. No se trata de un consumidor en búsqueda de informes meteorológicos en todo el mundo. Se trata, en cambio, de las actividades profesionales de casi todos los tipos de transacciones imaginables en el mundo que se proyectan hacia una interfaz electrónica: de los médicos a los pacientes, de las escuelas a los estudiantes, de los gobiernos a los ciudadanos:

> ... Esto no va a remplazar las transacciones físicas, sino que va a aumentarlas en forma considerable. De tal modo que los negocios se van a dar a través de la red y, durante los últimos tres años, hemos estado construyendo las capacidades que usted necesita para hacer, en realidad, transacciones serias por la Red. Una vez más, no se trata de los browsers. Éstos son importantes. Es maravilloso. Es como tener la puerta de entrada. Sin embargo, uno necesita el resto de la casa si quiere tener espacios adecuados para vivir, y eso requiere tecnología compleja y muy sofisticada. Ésta es la estrategia que IBM posee para entregar a nuestros clientes.

Lou Gerstner no se sentía desanimado. Había determinado que las redes centrales de computadores serían la visión de IBM, y no tenía la intención de cambiarle de rumbo a esa nueva visión. Había apostado una parte significativa de los recursos y el personal de IBM al procesamiento de información a través de las redes, Internet, el comercio electrónico y otros servicios similares. Y parecía claro que tenía toda la intención de permanecer compitiendo en ese prolongado y sinuoso camino. Tenía confianza en que, a la postre, la industria de los computadores cambiaría de engranaje una vez más, y se encarrilaría en un mundo centrado en las redes.

Al borde del gran crecimiento

"Tenemos que ganar participación del mercado... Ninguno de nosotros está aquí, en IBM, ni yo ciertamente, porque queramos trabajar en una perpetua trasformación. Ya cumplimos con ese propósito".

Los cínicos seguían cuestionando la capacidad de Lou Gerstner para lograr un crecimiento significativo en IBM. No obstante, en el trascurso de 1998, fue capaz de demostrarles que la empresa, en realidad, se estaba expandiendo a toda velocidad. Durante todo el año, la palabra en IBM era optimismo. Como escribió en mayo un analista de Lehman Brothers:

> IBM sigue siendo la compañía más grande dentro de la industria de los computadores y ha mostrado una sólida recuperación financiera en los últimos años. La organización tiene fuertes posiciones en diversos mercados de crecimiento clave, incluidos los servicios, el software, los servidores, las soluciones de negocios electrónicos, los computadores personales e Internet. IBM utiliza en este momento su gran presupuesto de I&D para desarrollar posiciones de liderazgo en muchos mercados a los que atiende.
>
> IBM, con US$78,500 millones en ingresos en 1997, sigue siendo, por un amplio margen, el más grande proveedor de tecnología dentro de la industria de computadores. Si la compañía se dividiera en componentes, las áreas de hardware (US$36,000 millones), servicios (US$19,000 millones) y software (US$13,000 millones) constituirían en su totalidad las empresas más grandes del mundo en sus respectivas categorías.

Todo esto, a pesar de que la contabilidad de la empresa, durante el primer trimestre de 1998, registró lo que en apariencia fueron resultados más bien normales y deslucidos. Las ganancias por acción disminuyeron 9%, desde el primer trimestre de 1997, a US$1.06. Los ingresos ascendieron un escaso 1.8%, a US$17,620 millones. Aunque no todo era tan malo como parecía. Excluida una grave disminución en las ventas de computadores personales, los ingresos se incrementaron más de 7%. Sobre una base de moneda constante, esto se habría traducido en un incremento de 11%.

Así mismo, la composición de los ingresos cambió en forma significativa desde comienzos de la década de 1990. Ahora, casi 60% de las ventas no se relacionaban con el hardware, reduciendo de esta manera la volatilidad de los ingresos de primer orden de IBM.

Otras ventas de hardware, excluidos los computadores personales, mostraron unos muy buenos resultados en ese primer trimestre. Las ventas por los AS/400 y su software asociado OS/400 de mediano rango basado en computadores tipo anfitrión (multienlace) registraron un incremento más o menos aceptable. El solo componente de hardware creció notablemente. Las ventas por los servidores RS/6000 crecieron cerca de 14% y se esperaba que mantuvieran ese nivel durante el resto del año.

Los ingresos de software crecieron sólo 2% ese trimestre. Excluidas las fluctuaciones monetarias, la cifra estuvo más cerca de 7%. El software multienlace basado en los anfitriones, que representaba aproximadamente 70% de las ventas de software, señaló una respetable tasa de crecimiento de 5%, mientras que los productos de más rápido crecimiento de software distribuido de Lotus y Tivoli aumentaron sólo 11%. Las ventas de software representaron sólo cerca de 17% del total de las ventas, similares a las de 1997.

El 2 de febrero Gerstner dio una motivante charla anual a los empleados; se dirigió a 270,000 trabajadores de IBM en un discurso trasmitido por televisión:

> Tenemos que ganar participación de mercado. Éste es el año en que debemos hacer realidad ese objetivo. Ninguno de nosotros está aquí, en IBM, ni yo ciertamente, porque queramos trabajar en una perpetua trasformación. Ya cumplimos con ese propósito.

Al probar, una vez más, sus credenciales en sistemas grandes, IBM previó varios proyectos que podrían surgir a partir del más famoso encuentro de ajedrez de la historia. En abril de 1998, IBM anunció un nuevo computador (el RS/6000 SP), cinco veces más poderoso que la máquina que derrotó a Gary Kasparov, capaz de analizar mil millones de jugadas de ajedrez por segundo. En esos 12 meses, desde el extraordinario triunfo de Deep Blue, IBM comenzó a trabajar con el Departamento de Energía para crear un supercomputador SP que sería el más rápido de la historia, pues manipularía un billón de cálculos por segundo. La entidad planeaba usarlo para simular reacciones nucleares y, por tanto, eliminar la necesidad de hacer pruebas reales de armas. IBM también empezó a utilizar la Deep Computing (con computadores como Deep Blue, el computador que derrotó a Kasparov) para que las firmas farmacéuticas pudieran imitar las reacciones químicas, lo cual ayudaría a ahorrar años de investigación y al desarrollo de medicamentos. Otra aplicación descrita como exploración de información seleccionaría enormes cantidades de datos para encontrar patrones y relaciones que nunca se habían detectado.

En una entrevista concedida a *Think*, en 1998, Gerstner dijo que IBM tenía que continuar a la ofensiva. Un entrevistador anotó que él había descrito los últimos cinco años de IBM como una estrategia a la defensiva y los siguientes cinco años como el tiempo en que tendría que pasar a la ofensiva. ¿Cómo sería ese proceso?

> Será divertido. Vamos a disfrutarlo más. Ustedes ya lo pueden ver. Hay entusiasmo, holgura, libertad de acción, espíritu universitario, una sensación de triunfo, de compartir la victoria conjunta, pues nos sentimos bien con la compañía y con lo que estamos haciendo con los demás. El año pasado, ustedes fueron testigos de algunos hechos generados en nuestra comunidad técnica: Deep Blue, el chip de cobre, algunos aciertos en almacenamiento de información. La opinión pública comenzó a entusiasmarse y exclamó con alborozo: "La función de investigación y desarrollo de IBM en verdad volvió a dar resultados".
>
> Cuando uno comienza a desempeñarse bien, se amplían las oportunidades de hacer carrera, se fortalece la seguridad de tener futuro en IBM y se generan oportunidades de incrementar las retribuciones financieras: en pagos variables, recompra de acciones u opciones accionarias. Todo eso se suma a la sensación de bienestar en la gente[1].

El optimismo de los analistas

Era un Lou Gerstner vivaz, el que apareció ante los analistas financieros en mayo de 1998, y les dijo que tenía la firme convicción de crecer tan rápidamente como sus más pequeños rivales. Tenía confianza en que un crecimiento excepcional en los servicios de computadores le ayudaría a IBM a lograr un crecimiento igualmente notable en sus ingresos de primer orden. Antes, había advertido a Wall Street que no esperara un crecimiento mayor a 8% o 9% para esos últimos años.

Los ingresos producidos por los negocios de servicios de IBM saltaron a 21.6% en 1997, y los servicios ahora contabilizaban 25% de los ingresos de la compañía, división que empleó un tercio de su fuerza laboral.

Gerstner dijo que los ingresos por *outsourcing* estaban creciendo 30% anualmente, con un incremento considerable en las ventas generadas en el exterior. En 1996, IBM cerró 27 negociaciones por más de US$100 millones cada una; 21 se concretaron con organizaciones estadounidenses. En 1997, 14 de cada 24 negociaciones se hicieron fuera de los Estados Unidos. En 1998, cinco de cada siete se cerraron en el exterior.

Era evidente que en junio de 1998 Gerstner había logrado trasformar a IBM, al menos parcialmente. El Gigante de Acero de IBM, su mainframe, todavía era una decepción. Las ventas de los servidores de mediano rango de IBM que se vendían entre US$100,000 y US$1 millón, alcanzaron a registrar la cifra de US$6,000 millones en 1997, es decir, un mísero incremento de 1% con respecto a 1996. Los ingresos por los mainframes habían caído en forma vertiginosa de US$10,000 millones en 1992 a US$5,000 millones en mayo de 1998 (no obstante, la caída era engañosa en cierta medida. Altos ejecutivos de IBM se defendieron, al observar que la reducción de los precios de IBM fue lo que ocasionó la disminución de sus ingresos).

Los computadores personales habían vuelto, pero no tan fuertes como Gerstner había esperado. (US$15,000 millones en ventas en 1997, un incremento de 5%). Varios productos de IBM, aunque eran los más rentables, estaban compitiendo en mercados indudablemente maduros. Aunque se anunciaron cifras relativamente flojas en el primer trimestre, la compañía había recuperado el respeto de Wall Street.

IBM dependía en gran medida de una hábil ingeniería financiera. Desde 1995, ha gastado US$20,000 millones en recompras de acciones, periodo durante el cual las utilidades operativas han tenido, más o menos, poco movimiento. IBM dijo que el esfuerzo de recompra se debió a su deseo de no acumular más dinero del que necesitaban los negocios. Sin embargo, los críticos se preguntaron por qué una empresa de tecnología no podía sacar partido de sus gastos en I&D o identificar unas cuantas adquisiciones con posibilidades de alto crecimiento. Los costos se redujeron, pero Gerstner reconoció que muchos empleados de IBM aún valoraban el "tiempo de contacto directo con la gente" y las reuniones que producían pocos resultados. Los críticos argumentaron que sin los servicios globales, el panorama financiero sería peor; no obstante, ese mismo argumento podría aplicarse a los negocios más grandes de cualquier conglomerado. Los críticos se preguntaron también por qué seguía en el negocio de los computadores personales cuando otros fabricantes de PC parecían estar apabullando a IBM en ese reñido campo. Gerstner sostuvo que, incluso con estas debilidades, IBM como un todo tenía más valor que la suma de sus partes, y que al apalancar los aspectos de IBM, la compañía sería capaz de proporcionar mejores y más integradas soluciones a los clientes.

Una nueva IBM

No obstante, no había duda del surgimiento de una nueva IBM. Los medios de comunicación estaban comenzando a darle a Gerstner el reconocimiento por la trasformación de la compañía. Las primeras líneas de la revista *Business Week,* en su edición del 1o. de junio de 1998, decían:

> Durante cinco años, Gerstner ha estado planeando y organizando una de las más sorprendentes reactivaciones en la historia corporativa. Ha señalado un notable crecimiento en las ganancias, un enfoque agudo y sutil en los costos y constituye uno de los destinos más pujantes y dinámicos de la industria en el comercio electrónico. Por primera vez en años, las arcas de la compañía están atestadas. En 1997, Gerstner activó la caldera de los servicios de alta tecnología, un negocio de US$19,300 millones que creció 22%. Las operaciones de chips y unidades de disquete acumularon ventas a una tasa de 20%. Y las adquisiciones de software, como Lotus Development Corp. y Tivoli Systems Inc. están dando sus mejores frutos de todos los tiempos[2].

Y ese mismo mes, *The Economist* anotó:

> Hoy, gracias a una extraordinaria combinación de suerte e intuición del nuevo jefe, quien antes había dirigido una fábrica de galletas —Lou Gerstner fue contratado por RJR Nabisco en 1993—, el Gigante Azul ha regresado como una fuerza que debe tenerse en cuenta. Las utilidades y el precio de sus acciones se han recuperado, y después de casi una década de recorte laboral, ha vuelto a contratar personal. Aunque todavía se están cerrando algunas de sus heridas, hay una sensación perceptible de renovada confianza. Los jóvenes empleados de IBM caminan con brío y energía, mientras los antiguos con dificultad pueden creer hasta dónde ha cambiado la suerte de su compañía. Lo más sorprendente es la forma como los rivales de la industria de los computadores, que no hace mucho se estaban preparando para danzar sobre la tumba de IBM, ahora se están autocriticando para imitar su modelo de negocios[3].

Sin embargo, el proceso de trasformación no se había completado. Gerstner sabía que se habían registrado pérdidas en los computadores personales, los servidores, los sistemas de almacenamiento de información y, tristemente —porque siempre habían constituido los principales productos de IBM—, en los mainframes. IBM finalizó 1997 con casi 64% —un increíble tope de US$50,000 millones— de sus negocios estables a bajos. La historia se repitió en el primer trimestre de 1998.

En general, los ingresos de IBM aumentaron apenas 3.4% en 1997 y sólo 1.8% en el primer trimestre de 1998. (Gerstner plantea que el crecimiento de IBM fue, en efecto, de 8.5% cuando se ajustaron las fluctuaciones monetarias del exterior. El punto de vista de Gerstner es que puesto que IBM hace 55% de sus negocios en el exterior, resulta apenas apropiado medir el crecimiento de la empresa factorizando las fluctuaciones monetarias de todo el mundo).

Quizá más deprimente que el pobre crecimiento de 3.4% de IBM fue esta realidad: ¡Compaq Computer, Sun Microsystems, Cisco Systems, HP y Microsoft crecieron entre cuatro y 17 veces más rápido! (En abril de 1999 Compaq sufrió un revés debido a que un déficit en el primer trimestre hizo que su acción se desplomara 24% en una semana; poco después, el CEO, Eckhard Pfeiffer, y el CFO, Earl Masón, fueron despedidos por el cofundador y presidente, Ben Rosen, quién remplazó temporalmente a Pfeiffer).

Otra realidad que atormentó profundamente a IBM: Microsoft era ahora el mayor proveedor de software en el mundo, al superar a IBM con US$13,100 millones en ventas de software durante 1997, contra los US$12,800 millones de IBM. En el mercado de software para bases de datos de US$6,600 millones, Oracle Corp. superó a IBM en 1997, para convertirse también en el primero de este campo. Los ingresos por bases de datos de Oracle saltaron 20%, a US$1,820 millones, mientras que los de IBM crecieron 8%, a US$1,800 millones.

IBM también estuvo a punto de perder su liderazgo en hardware. Cuando Compaq Computer completó su fusión de US$9,000 millones con Digital Equipment, sus operaciones combinadas de hardware fueron de US$34,000 millones, significativamente mayores que los US$26,000 millones de IBM, cifra esencialmente floja en 1997.

Lou Gerstner demostró que era posible hacer crecer una compañía de las dimensiones de IBM a un muy buen ritmo sobre una base monetaria constante, incluso con la presencia de antiguos negocios en decadencia. No obstante, ese hecho no contó toda la historia, puesto que, cuando se examina la compañía más de cerca, se obtiene la imagen completa: la mitad de la organización estaba creciendo a una tasa alrededor de 14% y 16%, mientras que la otra mitad no estaba creciendo en modo alguno.

El negocio de semiconductores bajo el mando de Gerstner ha sido uno de los más grandes éxitos de IBM. Las ventas de IBM subieron 17% cuando al resto de las ventas de semiconductores en el mundo no le iba muy bien. La gente estaba convencida de que IBM no podía competir en el negocio de semiconductores, el cual iba a un ritmo demasiado rápido. Sin embargo, su organización fue la primera en sacar al mercado la tecnología en cobre, y en el verano de 1998 se le consideró líder en la tecnología de procesos de semiconductores.

Sólo en el campo de los servicios se ha presentado un espectacular crecimiento dentro de IBM. Los servicios hasta mayo de 1998 representaron 28% de los ingresos, y pronto constituirían una tercera parte de éstos. Algunos analistas predecían que en cierto momento los servicios podrían representar la mitad de los ingresos de IBM.

El negocio de hardware siguió flojo y muy por debajo del tope de los ingresos registrados en 1990. Esto tuvo que ver, en gran medida, con la enorme reducción en el negocio de los mainframes. No obstante, Gerstner les habló a los analistas acerca de la próspera unidad de componentes hardware de IBM, que vende unidades de disquete y chips a otras firmas de computadores. Ese negocio creció 22% en 1997, a US$5,600 millones, ayudado hasta cierto punto por el gran avance tecnológico producido con las unidades de disco duro "generadoras de gran capacidad de resistencia", que amplían en forma considerable la capacidad de almacenamiento de información de los discos.

Gerstner, en su charla con los analistas, elogió en particular la división de software. Aunque los ingresos de esa área subieron sólo 4% en 1997, a US$12,800 millones, Gerstner dijo que estaba sinceramente complacido porque el software hubiera surgido como un importante negocio para IBM. Los críticos de Gerstner dicen que, aunque el negocio de software distribuido de IBM (es decir, productos como Lotus Notes que operan una variedad de plataformas) ha estado creciendo rápidamente (cerca de 11% en 1997), 70% de sus ventas totales de software fueron de productos patentados, la mayoría para sus computadores tipo anfitrión multienlace S/390 y AS/400. Esto sugirió que los mainframes todavía constituían el motor de crecimiento de la mayor parte de los ingresos de IBM; sin embargo, los ingresos de los mainframes estaban en franca decadencia.

La familia colectiva de clientes y servidores de IBM, en junio de 1998, representó 25% de los ingresos: aproximadamente el mismo porcentaje de su división de servicios. La peor sección del negocio de hardware de IBM fue la de computadores personales, debido en gran medida a una intensa guerra de precios.

Mientras tanto, en la primavera de 1998 IBM parecía sometida a un nivel de crecimiento, en algunos casos, aceptable o razonable. El temor de IBM: si no crecían los ingresos, las ganancias sufrirían porque había precisamente demasiado manejo financiero que podría ayudar sus acciones (recompra de acciones y ajuste de las categorías tributarias). IBM creció en mayo de 1998 de 6% a 7%, mientras que los segmentos de la industria de computadores crecieron por lo menos de 30% a 100%. Algunos analistas consideraban que Gerstner debía estar produciendo cifras que mostraran un espectacular crecimiento. Los ingresos de IBM se incrementaron 3.4% en 1997, por debajo de 5.6% generado en 1996, superados en exceso por el crecimiento de 12% registrado en 1995.

¿Rumbo a un buen año?

Era difícil imaginar que IBM pudiera acabar un buen año con base en las cifras del segundo trimestre de 1998. Los ingresos eran aproximadamente de 0.3%, aunque la mayoría de los analistas esperaban que las ventas crecieran por lo menos 3%. Si se hubiera utilizado la medición de "moneda constante" de IBM, las ventas hubieran crecido 4%; sin embargo, incluso esa cifra estaba sorprendentemente muy lejos de las tasas de crecimiento producidas por otras empresas que no hacían ningún tipo de ajuste monetario: Microsoft, con un incremento de 26%; Sun Microsystems, 13%; Compaq, 7%; EMC, 33%.

La buena noticia fue que los negocios de software crecieron cerca de 5%, y los servicios se dispararon 22%. Las ventas de hardware, sin embargo, cayeron 13%, comparadas con el trimestre del año anterior, debido en gran medida a la crisis en el negocio de los computadores personales cuando una superabundancia de existencias obligó a rebajar los precios. Los ingresos por los mainframes fueron flojos, comparados con los del mismo trimestre del año anterior. Las ganancias de IBM crecieron apenas un mísero 0.4%.

Los resultados del tercer trimestre de 1998 mostraron la mayor aceleración en crecimiento en mucho tiempo. Los ingresos alcanzaron US$20,100 millones para ese trimestre, un incremento de 8% a 11% a tasas de moneda constante. Las ganancias netas en el tercer trimestre totalizaron US$1,500 millones, comparados con los US$1,400 millones registrados en el tercer trimestre de 1997. Gerstner lució muy satisfecho:

> Como indican los resultados, nuestros negocios se aceleraron significativamente en el tercer trimestre. Mostramos un fuerte crecimiento en los ingresos y ganancias y un mejoramiento considerable en casi todos los sectores de nuestra línea de productos. En resumen, operamos bien con base en las fortalezas de nuestro amplio portafolio de negocios.

Gerstner estaba especialmente entusiasmado por el crecimiento de los ingresos en todas las categorías del grupo de servidores de IBM, al fortalecer permanentemente sus negocios de servicios y software, y por el notable mejoramiento de su unidad de computadores personales.

> Aunque IBM comienza el cuarto trimestre con un verdadero ímpetu, enfrentamos varios problemas importantes a corto plazo, incluida la incertidumbre del entorno económico global, la constante debilidad en algunas partes de Asia y Latinoamérica, y las continuas presiones sobre los precios de los semiconductores.
>
> A largo plazo, sin embargo, consideramos que estamos excepcionalmente bien posicionados, a medida que nos desplazamos hacia el próximo milenio. Es evidente que los clientes adoptan cada vez más nuestras estrategias tecnológicas cuando buscan productos y servicios altamente integrados para resolver sus problemas de negocios. Tenemos el compromiso de proporcionar estas soluciones mientras seguimos concentrados en proporcionar consistentes resultados financieros.

Los ingresos durante nueve meses, finalizados el 30 de septiembre de 1998, llegaron a US$56,500 millones, lo que representó un incremento de 3% (7% en moneda constante), comparados con los US$54,800 millones producidos hasta el 30 de septiembre de 1997.

Poco después de que se difundieron las cifras del tercer trimestre, Gerstner dijo en un programa de televisión:

> Nuestro negocio, en todas las categorías, se mostró fuerte en el último trimestre. El hardware estuvo sólido, el software se comportó de igual manera, los computadores personales se recuperaron después de un primer semestre muy difícil, el negocio de microelectrónica y semiconductores sigue pasando dificultades. El negocio de los computadores personales ha permanecido relativamente fuerte todo el año, los fabricantes redujeron las existencias durante la primera mitad, los clientes siguen

comprándolos, y aunque no vendimos computadores personales a los distribuidores, tuvimos un mercado fuerte[4].

El nuevo optimismo de Gerstner podría parecer inapropiado. Después de todo, IBM había sufrido debido a la bastante mediocre primera mitad de 1998. No obstante, la segunda mitad del año probó ser mucho mejor para la compañía. Gerstner podría haberse dado un pequeño respiro; sin embargo, no lo hizo, puesto que sabía que el crecimiento seguía siendo la medición más importante con la cual se le juzgaría mientras IBM se acercaba al próximo milenio. Además, el crecimiento de IBM todavía se mostraba rezagado, en relación con las expectativas de Wall Street.

PARTE VIII

EL FUTURO

"Ahora que nos acercamos al próximo milenio, no creo que todavía queden dudas sobre el gran poder de esta tecnología (TI). En un periodo increíblemente corto, se ha desarrollado hasta el punto en que podemos hablar de ella en el contexto de cualquiera de las grandes tecnologías que han trasformado el mundo".

Cuando usted cree que ya todo está hecho, usted está en dificultades

"Tenemos la fuerte convicción de que los antiguos medios de producción de competencia —mano de obra, capital y tierra— en la actualidad han sido complementados por el conocimiento, y que las compañías más exitosas en el futuro serán aquellas que aprendan a explotar el conocimiento".

¿Adónde cree Lou Gerstner que irá la industria de los computadores? ¿Qué futuro les espera a la industria y a IBM? ¿En qué dirección se movilizará su compañía en los próximos cinco años o en la próxima década?

Era una industria destinada inevitablemente a cambiar, si pretendía crecer. Y en qué increíble industria se ha convertido. En 1998 se habían vendido anualmente más computadores personales en el mundo que televisores o automóviles.

Los computadores han disminuido su tamaño, pero aumentaron en poder. El automóvil típico tenía de 20 a 30 microprocesadores: mucha más capacidad de procesamiento de información de la que tenían los computadores de la nave espacial que llevó a los primeros astronautas a la Luna. Y el mundo empezaría a cambiarse a los productos que ofrecía la industria de los computadores.

En 1997, la cantidad de mensajes enviados por correo electrónico era cinco veces mayor que el volumen de documentos despachados por correo alrededor del mundo: 2.7 billones de mensajes por correo electrónico. Por otra parte, aumentó la capacidad de los computadores, mientras cayeron sus precios.

A mediados de la década de 1970, cuando aparecieron los primeros supercomputadores, éstos podían hacer "apenas" 100 millones de cálculos por segundo. Y cada uno costaba US$1 millón. En 1998 , el laptop promedio era dos veces más rápido que aquellos supercomputadores y costaba menos de US$3,000.

La tendencia decreciente en los costos de almacenamiento de datos fue de igual modo impresionante. A comienzos de la década de 1980, la unidad estándar de almacenamiento de los computadores —un megabyte (un millón de bytes de información)— costaba cerca de US$100. En la actualidad cuesta US$0.10, y en dos años costará sólo US$0.02.

Una industria de un billón de dólares

Lou Gerstner confiaba en que el ritmo de los desarrollos tecnológicos se aceleraría sólo en el futuro. Los microprocesadores, el almacenamiento de información, las comunicaciones, la capacidad de memoria y los demás productos de la industria de los computadores con seguridad serían más rápidos, más pequeños y más económicos.

Gerstner percibía dos tendencias que consideraba significativas y valiosas, como importantes indicadores para prever el futuro de la industria de los computadores. A la primera tendencia la denominó "Deep Computing", la cual combina procesamiento superveloz mediante un complejo software analítico. Un área clave donde ya se había aplicado la "Deep Computing" eran las tareas de simulación: el remplazo de partes físicas por partes digitales, con el fin de duplicar la realidad del mundo dentro de un sistema de computadores. En este nuevo campo comenzaron a darse los primeros pasos importantes: el Departamento de Energía de los Estados Unidos le solicitó a IBM, a comienzos de 1998, que construyera un enorme supercomputador que simulara las armas nucleares, de tal modo que no fuera necesario detonar *verdaderas* armas nucleares para llevar a cabo las pruebas.

La exploración de información es un segundo tipo de "Deep Computing", que se utilizará cada vez más en el futuro. Es lo que se conoce en general como inteligencia de negocios, es decir, la capacidad de "observar" grandes cantidades de información y detectar relaciones y tendencias que antes eran insondables, hasta que apareció la "Deep Computing". Por ejemplo, los bancos están empezando a analizar los patrones de gastos y otros de carácter demográfico que podrán sugerir cuáles clientes serán los más rentables. A fin de descubrir indicadores de enfermedades, hasta el momento desconocidos, las compañías encargadas del cuidado de la salud están usando esta herramienta de exploración de información para analizar millones de historias clínicas de pacientes, con la esperanza de proporcionar más salud a las personas y reducir costos en esa industria valorada en US$100,000 millones al año. Una empresa estadounidense logró ahorrar US$38 millones a partir de una inversión de US$400,000 en tecnología de exploración de información: dejó al descubierto las fraudulentas prácticas de facturación de un médico que estaba enviando semanalmente cuentas para procedimientos que sólo rara vez se llevaban a cabo en la práctica real. Otro descubrimiento más curioso, producto de la exploración de información: una cadena minorista logró establecer que quienes son papás por primera vez, compraban al mismo tiempo —por cualquier razón— pañales desechables para los bebés y cerveza. La cadena decidió, en consecuencia, ¡nunca hacer descuentos para los dos artículos el mismo día!

En 1996, Gerstner habló del futuro de la industria de los computadores:

> Nuestra industria está a punto de romper la marca del billón de dólares. Observamos que estará creciendo de US$400,000 millones a US$1.2 billones en los próximos cuatro años. Cerca de la mitad de ese crecimiento —US$200,000 millones— será jalonado por las conexiones en red. Y la mayor parte de ese crecimiento se invertirá en soluciones y servicios[1].

Gerstner creía que el potencial para Internet era enorme:

> En el 2000, 75% de las inversiones en el software para la Web se dirigirá a aplicaciones intranet... El modelo de negocios del comercio electrónico es más difícil de describir; lo mismo ocurre con la predicción de sus beneficios. Sin embargo, el potencial es enorme. Algunas personas dicen que los volúmenes de comercio electrónico basado en la Web pasarán de US$300,000 millones dentro de cinco años (en 1997 eran de sólo US$8,000 millones). Y creo que es una cantidad muy razonable. No obstante, la gente todavía se pregunta: "¿Existe la posibilidad de hacer dinero a través de Internet? Sí, la hay. Y las evidencias aumentan todos los días.

Por otra parte, Gerstner habló del impacto que tendría Internet en los próximos años.

> ... la capacidad de conexión universal, jalonada fundamentalmente por el fenómeno de Internet. En el 2000, el poder de la tecnología de la información afectará a cientos o, quizá, miles de millones de personas.
>
> Nuestra idea de las bibliotecas se trasformará cuando las personas puedan tener acceso vía Internet al contenido que se encuentra en los libros, las 24 horas del día,

siete días a la semana, directamente desde sus hogares y escuelas. La telemedicina permitirá que los médicos aquí, en Atlanta, consulten a través de la red a un especialista en Massachusetts o Tokio, y puedan, simultáneamente, ver los mismos rayos X y los exámenes de tomografía axial computarizada (TAC). "El aprendizaje a distancia" tiene la misma calidad de educación disponible en las prósperas escuelas suburbanas de las comunidades olvidadas dentro de las ciudades[2].

Utilice el conocimiento para adaptarse rápidamente

Lou Gerstner predijo que el éxito se presentará solamente en aquellas empresas que aprendan a utilizar el conocimiento, no sólo la tecnología:

> Tenemos la firme convicción de que los antiguos medios de producción de competencia —mano de obra, capital y tierra— han sido complementados en la actualidad por el conocimiento, y que las compañías más exitosas en el futuro serán aquellas que aprendan a explotar el conocimiento —conocimiento sobre el comportamiento del cliente, los mercados, la economía y la tecnología— más rápidamente y con mayor eficiencia que sus competidores. Utilizarán el conocimiento para adaptarse con rapidez, por supuesto, al aprovechar las oportunidades y mejorar los productos y servicios, pero lo más importante, al renovar la forma como se autodefinan, piensen y actúen.
>
> El surgimiento de un mundo globalmente conectado está cambiando todo. Está replanteando los supuestos básicos de los negocios, la economía —y la sociedad global—, y el nuevo tema se lee como un libro de estrategias de IBM. Si IBM no existiera —si la hubiéramos desintegrado hace cinco años—, otra organización tendría que recrearnos y conducirnos hacia esta nueva era. (Justamente lo que algunos de nuestros competidores intentan hacer en este momento)[3].

En otra ocasión, Gerstner planteó preguntas importantes que deberán tenerse en cuenta con respecto a Internet en el futuro:

> En la actualidad [1997] hay cerca de 50 millones de personas con acceso a Internet. Pronto serán 100 millones. Luego, cientos y miles de millones… ¿Qué querrán hacer [los clientes]? ¿A qué le darán valor? Lo más importante, ¿qué comprarán? ¿Qué harán?
>
> Consideramos que la respuesta es: la mayor parte de lo que hacen, si no todo, en este momento: comprar y vender, hacer transacciones bancarias, tener acceso a actividades de entretenimiento, pagar facturas, educarse, renovar la licencia de conducción o, quizás, asistir a una junta de accionistas[4].

En 1998, Gerstner observó que ya no había dudas sobre el poder de la tecnología. Ahora, se la podría clasificar con las demás grandes tecnologías que han trasformado al mundo:

> Somos testigos del surgimiento de algo mucho más grande que un nuevo modelo de computadores o, incluso, un nuevo canal para la interacción entre los seres humanos. La tecnología de la información, en particular la tecnología de redes, representa la herramienta más poderosa que hayamos podido tener antes para el cambio. Constituye el nuevo motor para un verdadero crecimiento económico, un nuevo medio que redefinirá la naturaleza de las relaciones entre los gobiernos, entre las instituciones y negocios de todo tipo, y para las personas que atienden en estos momentos y que podrían servir en el mañana[5].

Era como si Lou Gerstner supiera que estaba montado en una ola, y ésta trajera las más grandes y mejores cosas para IBM.

No obstante, cuando Gerstner echaba una mirada al futuro, sabía que no podía depender automáticamente de la naciente sociedad de las redes para darle nueva forma a IBM como líder de la industria de computadores. Podía sentirse más que satisfecho —y todo indicaba que *así era*—, pues había realizado el mayor proceso de trasformación en la historia corporativa. En sus primeros cinco años había erradicado las pérdidas de la compañía y la había impulsado por un nuevo sendero de crecimiento; había logrado equilibrar los gastos de la empresa, y emprendido una decidida iniciativa para posicionar a IBM en el campo del comercio electrónico. Varios negocios de la organización constituyeron éxitos sin precedentes para la historia: los servicios en 1998 crecieron a un contundente 21.4%, con ingresos de US$23,400 millones, por encima de los US$19,300 millones del año anterior. El software registró beneficios aceptables, con un crecimiento de 5.4% en 1998, e ingresos de US$13,500 millones, un incremento por encima de su desempeño del año anterior, de US$12,800 millones. Las adquisiciones de Lotus Development y Tivoli Systems rindieron frutos considerables, y, finalmente, el negocio de componentes (chips y unidades de disquete) crecieron muy bien (US$5,600 millones en 1997; US$6,600 millones en 1998).

Sin embargo, Gerstner también sabía que debía enfrentar una realidad más dura: había hecho poco para trasformar otros negocios como los de las divisiones de computadores personales, servidores, sistemas de almacenamiento de información y mainframes. En una de las estadísticas más difíciles de aceptar, aproximadamente la mitad de los negocios de IBM —US$40,000 millones— presentaron una disminución al final de 1998.

¿Cómo se posicionaría IBM en el futuro? ¿Cuál de sus líneas de productos se desempeñaría bien? ¿Cómo esperaba mantener Lou Gerstner el crecimiento de IBM?

Parecía evidente que IBM podía continuar como proveedor estratégico de las necesidades de computadores de grandes empresas, pero no podía lograrlo si se empeñaba en la concentración en su hardware y en los productos heredados. Aferrarse al pasado no era, sencillamente, la fórmula para el crecimiento. Gerstner esperaba conseguir extraordinarias y consistentes tasas anuales de crecimiento mediante el dominio del mercado para las soluciones del negocio de Internet y la creación de software que impulsara los servicios orientados a Internet; sin embargo, para triunfar, tendría que adoptar medidas valientes, tendientes a acabar paulatinamente grandes segmentos de negocios de hardware de bajo crecimiento de IBM.

Lou Gerstner, por supuesto, esperaba continuar con los servicios de computadores para conservar una fuente importante de crecimiento para IBM. "Nunca he visto un negocio de mejor crecimiento que los servicios [tecnología de la información]"[6], anotó. Sin embargo, no pondría todos los huevos del crecimiento en una sola canasta. Así mismo, quería expandir el negocio del software para trabajar en grupo los servidores de computadores personales y los componentes de hardware. En mayo de 1998, estaba optimista por el negocio de los componentes de hardware de IBM. Se sentía satisfecho por el progreso registrado en el negocio de software (aunque sus ingresos habían aumentado sólo 4% en 1997, es decir, a US$12,800 millones; su crecimiento era consistente: en 1998 creció 5.4%, a US$13,500 millones). La esperanza de Gerstner era que IBM pudiera convertirse en el principal proveedor de software de comercio electrónico y servicios, así como en el fabricante de tecnología para construir dispositivos de información apropiados para la Red.

Puestas sus esperanzas en estos negocios de potencial crecimiento, en mayo de 1998 Gerstner predijo a los analistas financieros que habría una fuerte demanda por los servicios de computador y por los componentes y, por esta razón, los analistas financieros podrían hallar un extraordinario crecimiento en los ingresos de IBM durante los próximos años.

Es sólo el comienzo

En octubre de 1998 Lou Gerstner parecía como si acabara de posesionarse de su cargo. Tenía ahora unos muy sólidos conocimientos de lo que en el pasado había funcionado mal en la compañía. Estaba decidido a no repetir ninguno de estos errores. Después de manejar a IBM durante cinco años y medio, estaba muy seguro de que podría hacer mucho más para mejorar la empresa. Y aunque algunos pensaban que había completado su tarea, no tenía ningún afán de irse:

> Mi convicción es que todas las grandes organizaciones exitosas corren el riesgo de tratar de codificar su éxito. Cuando uno trata de codificar su éxito, desarrolla un alto grado de subjetividad, se preocupa por lo que sucede en su interior. Por eso, lo primero que hicimos fue decir: "Vamos a orientar la empresa hacia afuera". Y le dimos poder a un increíble grupo de personas talentosas que estaban aquí, en el interior de la organización, a la espera de un liderazgo que volviera a encarrilar a la compañía...[7].

¿Usted ya acabó su labor?, preguntó el entrevistador.

> No, nunca se acaba. Ése es mi punto de vista. Eso es lo que les sucede a las grandes compañías que tienen éxito. Creen que ya terminaron, que es el preciso momento de sentarse a escribir el libro, redactar el manual, formular la guía de procedimientos, que es el momento de sentarse a codificar todo, incluida hasta la forma de vestir. No, uno nunca acaba. Es algo de nunca acabar. Cuando uno cree que ya todo está hecho, es cuando en realidad comienzan sus dificultades.

En octubre de 1998, Gerstner predijo que el crecimiento de IBM estaría entre 8% y 11% para ese año, y 8% y 10% para 1999. Este tipo de predicciones ambiciosas, sin embargo, parecían irreales para los analistas, a menos que IBM emprendiera algunas medidas drásticas.

Por ejemplo, los analistas de Forrester Research creían que IBM tenía que modificar su dirección futura o, de lo contrario, Gerstner sólo podría conseguir un crecimiento mediocre en la mayor parte de sus negocios. La principal fuente de nuevo crecimiento, consideraban, vendría de Internet. Y pronosticaron que IBM podría apalancar a Internet, con el fin de llevar sus ingresos más allá de US$100,000 millones en el 2001.

Para el 2001 ellos hicieron varios pronósticos: por una parte, que los servicios globales de IBM crecerían de US$19,300 millones a US$50,700 millones; que el negocio de software crecería de US$12,800 millones a

US$15,100 millones; que el hardware caería drásticamente de US$25,800 millones a sólo US$12,000 millones, y que los demás negocios de IBM, que habían registrado US$20,600 millones en 1997, tendrían un ligero repunte de US$22,300 millones en el 2001. No obstante, su predicción de que IBM podría alcanzar US$100,100 millones en ingresos en el 2001 supuso que IBM saldría de su negocio de computadores personales desktop.

IBM debió haber prestado atención a las proyecciones de Forrester acerca de los resultados financieros de la empresa en 1998. Aunque por primera vez IBM había alcanzado ingresos que excedían la marca de US$80,000 millones (para ser exactos, US$81,700 millones), ésta se había convertido en una nueva cifra de crecimiento más bien mediocre de 4%, la mitad de lo que Lou Gerstner le había dicho a la gente en octubre de ese año. Sus ganancias para 1998 no señalaron un notable salto positivo, puesto que la empresa tuvo ingresos por US$6,300 millones: sólo US$200 millones más que el año anterior.

Aunque Gerstner lucía muy alegre por los resultados del cuarto trimestre de 1998 de IBM, Wall Street estaba evidentemente trastornada por el panorama general, es decir, por los resultados generales anuales del Gigante Azul de ese mismo año. Al día siguiente de haber anunciado sus cifras de 1998, las acciones de IBM se desplomaron US$17.25 la unidad, terminando el 22 de enero de 1999 en US$179.75.

Los resultados del cuarto trimestre de IBM en 1998 mostraron una utilidad de US$2,300 millones sobre ingresos de US$25,100 millones. En el mismo trimestre del año anterior, IBM había percibido ganancias por US$2,100 millones sobre ingresos de US$23,700 millones. Los impresionantes resultados del cuarto trimestre en 1998 se debieron, en gran medida, según indicó Gerstner, a los firmes resultados en las divisiones de servicios globales y software. 60% de las utilidades brutas de IBM vinieron de estas dos divisiones. Los ingresos por servicios de IBM crecieron 20%, a US$7,100 millones, comparados con los del mismo trimestre del año anterior; los ingresos por software aumentaron 9%, a US$4,100 millones, ayudados enormemente por el hecho de que IBM sumó cinco millones de usuarios de Lotus Notes en el cuarto trimestre de 1998, lo que incrementó a 34 millones la cantidad total de usuarios.

Mirada a los años de Gerstner

Aunque había terminado 1998 con resultados anuales menos brillantes, Lou Gerstner sabía que había logrado mucho más para IBM durante sus seis años en el mando, comparado con lo que se había pronosticado desde un comienzo. En marzo de 1993, cuando se le escogió para dirigir IBM, los cínicos —y había muchos— simplemente supusieron que Gerstner había sido contratado sólo para asegurar que el desmembramiento de IBM se llevara a cabo en forma sutil y eficiente. No se esperaba que volviera a unificar de nuevo a la empresa, simplemente, asegurarse de que su caída fuera lo menos dolorosa posible. Había pocas esperanzas, o ninguna, de que él pudiera en realidad trasformar la organización e impulsarla a nuevas alturas. No podía ser Lou Gerstner, el hombre que todos calificaban de intruso, aquel que sólo conocía de lejos la industria de los computadores. Sin duda, se había desempeñado bien al dirigir antes otros negocios, y, de seguro, parecía un verdadero artista profesional en trasformar negocios; no obstante, ninguna de las demás empresas en las que se había involucrado podría igualar a IBM en magnitud por el peso financiero del Gigante Azul.

Por eso, para fortuna de Gerstner, llegó al cargo de IBM con muy pocas personas que en realidad creyeron que pudiera hacer un milagro. Indudablemente, todos *querían* que lo hiciera. Nadie quería ver cómo se venía abajo IBM. No obstante, pocos hubieran culpado a Lou Gerstner por intentarlo y no poder hacerlo mejor que John Akers. Nadie lo habría culpado ¡por fracasar! Así que cualquier cosa que hiciera para mejorar a IBM lo haría ver como un genio.

Al iniciar con lentitud, tratando de conocer las reglas antes de tomar decisiones importantes, Gerstner pareció desilusionar a muchos. En verdad, no se esperaba que trasformara a la empresa, probablemente iba a fracasar; sin embargo, la gente en Wall Street estaba ansiosa por saber qué se gestaba en su cabeza, qué planes tenía para *tratar* de salvar la compañía. Cuando Gerstner sugirió a los analistas que, en realidad, no poseía una gran visión para la organización, esto sólo les sirvió para reforzar sus temores originales de que no estaba preparado para el cargo. Y, por eso, no tuvo en verdad un buen comienzo. En vez de reformar la vieja IBM, parecía estar haciendo poco, además de presidir la antigua IBM.

No obstante, entonces, despacio pero seguro, Gerstner comenzó a hacer sus movimientos. Tomó la decisión más importante de todas, justo poco después de asumir el mando: mantendría completa a la compañía y no dejaría continuar el proceso de desmembramiento que ya se había iniciado. Gerstner comprendió mejor que cualquiera en ese momento (ciertamente tenía sus críticos sobre este punto) que cualquier cambio pequeño que hiciera para trasformar la organización dependía completamente de si *existía* una ¡compañía integrada! Permitir que continuara la fragmentación de IBM, de acuerdo con su punto de vista, equivalía a firmar el certificado de defunción. Gerstner no quería desempeñar el papel de investigador forense o liquidador.

Gerstner estaba preparado para actuar como restaurador. No quería revoluciones al por mayor en IBM. Había muchos puntos positivos en la empresa. Él presentía que el truco era hacer que los empleados comenzaran a ejecutar, que comenzaran a desempeñarse mejor. La restauración inevitablemente significaba, en el caso de una excesiva burocracia que era carga excesiva para IBM, blandir un hacha. Ésta era la parte desagradable, y Gerstner decidió hacer esta tarea tan rápidamente como fuera posible. Así mismo, juró que nunca pondría a la organización en situación tan desagradable por segunda vez. Y cumpliría ese compromiso.

A continuación, se centró en la línea de productos de IBM, y le prestó especial atención a la ostentosa división de mainframes de la compañía. Tomó una decisión crucial: en oposición a quienes insistían en que los mainframes eran obsoletos, y, en consecuencia, que para IBM sería mejor que centrarse en los computadores personales y en otros negocios distintos de los mainframes, Gerstner optó por hacer de los mainframes el punto medular de IBM. Muchos pensaban que estaba desquiciado. No obstante, comprendió —en contra de lo que opinaba la mayoría— que IBM necesitaba darle un renovado énfasis a los mainframes para convencer a los clientes de que el Gigante Azul era el mejor lugar para hacer sus compras integradas de computadores. No era suficiente manufacturar casi todo en la industria de computadores, y disminuir el énfasis en los mainframes. Si los clientes iban a buscar a IBM para obtener soluciones de computadores a sus problemas de negocios, IBM tendría que asegurarse de que los mainframes continuarían siendo importantes.

A medida que reconcentraba la organización alrededor de los mainframes, Gerstner se rehusaba a darse por vencido en el segmento de los computadores personales de la compañía, división que había pasado por una pertinaz tormenta de fiera competencia durante las décadas de 1980 y 1990. Una vez más, Gerstner quería que los clientes sintieran que IBM era el *único* punto para comprar, y, por tanto, tenía que asegurarse de que su división de computadores personales fuera viable.

En ese momento, Gerstner llegó a apreciar que un gran objetivo de IBM era su creciente componente de servicios. Otras grandes empresas de los Estados Unidos descubrieron el mismo fenómeno: se dieron cuenta de que, a medida que sus divisiones de manufactura competían cada vez más, se generaba una creciente cantidad de negocios en el reino de los servicios. El secreto no era abandonar la manufactura: para conquistar los contratos de servicios, una organización como IBM tenía que continuar demostrando que *podía* fabricar todos los productos que serían usados para cumplir aquellos contratos.

Gerstner sabía que si se ocupaba de la burocracia de la empresa, que si reorganizaba sus líneas de productos, cualquier cosa que hiciera, sería inútil, si no podía hacer que sus empleados prestaran más atención a las necesidades de los clientes. Ya no era suficiente —pues muchos en IBM pensaban que así había sucedido por décadas— guiar al cliente a través de la vorágine de los computadores o, sin rodeos, decirles qué productos de IBM debían comprar. Eso había funcionado bastante bien en los días de antaño cuando los clientes eran ignorantes y desconocían el mundo de los computadores, y *buscaban* una guía, *buscaban* que se les dijera qué debían comprar. Ahora eran más sagaces, y la gran intuición de Gerstner fue comprender qué tan inteligentes eran ellos. Comprendió que los clientes eran suficientemente perspicaces para determinar por sí solos qué tipo de productos de computadores querían. Sin embargo, también se dio cuenta —y ésta fue una de sus más agudas conclusiones— de que los clientes potenciales todavía necesitaban una orientación de IBM sobre la utilización de los computadores para resolver sus diversos problemas de negocios. Entonces, exigió que sus equipos de vendedores no presionaran a los clientes para que compraran los productos, sino, más bien, que trabajaran con ellos y propusieran soluciones creativas para que manejaran sus negocios.

Lou Gerstner evitaba pensar en visiones a largo plazo. En las primeras fases a cargo de la dirección en IBM, prefirió abordar el presente inmediato, haciendo a la empresa más eficiente, haciendo que los empleados se desempeñaran mejor, optimizando la forma de hacer llegar los productos al mercado. Sin embargo, a la postre, se centró en los interrogantes acerca de los cambios que se presentan dentro de la industria de computadores y en cómo posicionar a IBM para sacar la máxima ventaja de aquellos cambios. Sintió, muy acertadamente, que la industria se estaba moviendo con velocidad meteórica hacia la era de Internet, y que a IBM le incumbía convertirse en la única organización a la que todo el mundo dirigiría sus necesidades de Internet. Él quería que cuando la gente pensara en el nuevo mundo de redes centrales de computadores, tuviera en cuenta a IBM. En algunos casos, como ocurrió con Lotus Notes, tuvo gran éxito. Una pregunta que permanecía sin responder era si, de hecho, el Gigante Azul se convertiría en el principal punto de acción para las personas que tuvieran necesidades de Internet; además,

Gerstner estaba dedicando una creciente cantidad de recursos de IBM para alcanzar esa meta.

No hay que rendirse

Nos hemos centrado en los seis años de Lou Gerstner en IBM, no sólo para celebrar el desempeño de un hombre que tuvo ideas brillantes, las aplicó, y, en el curso del tiempo, trasformó uno de los más grandes símbolos de negocios de los Estados Unidos. Además, nos hemos centrado en Gerstner por otra razón: porque las estrategias de negocios que empleó se pueden aplicar a muchos otros negocios. No necesariamente aquellos que se encuentren en los estertores de la muerte, como le sucedió a IBM. Éstos simplemente podrían anhelar un mejor desempeño financiero.

Así mismo, nos hemos centrado en varias de sus estrategias clave de negocios que, en conjunto, dan una idea de cómo logró sacar a IBM de su atolladero. Sin embargo, la moraleja que nos deja la trasformación de Lou Gerstner es ésta: no hay que rendirse. Muchas personas en IBM, desde mediados de la década de 1980, parecían haber abandonado, simplemente, cualquier esperanza en relación con el Gigante Azul. Fueron empleados que empezaron a moverse por inercia y, como resultado, la empresa hizo lo mismo. Cuando Gerstner asumió el mando de IBM, también pudo haber sido neutral, y dejar que a la compañía se la llevara la corriente (en los primeros meses, algunos supusieron que eso era precisamente lo que estaba haciendo). Sin embargo, tenía una profunda fe en la organización, una fe basada en los muchos años que había estado observando a IBM desde la "barrera". También, tenía una gran confianza en sí mismo, y sentía que conocía, más o menos, cómo trasformar las empresas. Sabía que lo que se necesitaba era no sólo ideas poderosas, sino coraje; no sólo grandes habilidades de liderazgo, sino la capacidad para comunicarse y conquistar la voluntad de la gente.

Gerstner y sus milagros

En sus seis años en el mando, periodo relativamente corto para que alguien encarrilara de nuevo a una gran empresa como IBM, Gerstner hizo varios milagros:

Milagro número uno: acabar con las escandalosas pérdidas financieras que IBM estaba sufriendo.

Milagro número dos: reformar la organización y convertirla en una entidad manejable y eficiente, que tuviera la oportunidad de hacerse rentable.

Milagro número tres: en verdad, convertir una vez más al Gigante Azul en una máquina rentable.

Sin embargo, hay un milagro que todavía se le escapa a Gerstner, el milagro de lograr un fuerte crecimiento de primer orden. Con seguridad, IBM ha crecido desde que Gerstner tomó el mando en 1993, y los ingresos de la empresa registraron la marca de US$64,500 millones. Sólo cinco años más tarde, Gerstner había logrado incrementar esos ingresos a US$81,700 millones, cifra muy respetable para muchos estándares. Sin embargo, esa cantidad superior a los US$80,000 millones hizo muy poco para disfrazar el hecho inocultable de que IBM, en realidad, no estaba creciendo en absoluto, y que muchas de las líneas de productos de la compañía no estaban en las mejores condiciones, comparadas con lo que había en vísperas de su llegada a la organización. Hay que admitir que al poner los huevos en la canasta de los servicios, movimiento que se consideró inteligente y astuto, Gerstner pudo registrar cierto crecimiento, pero sólo había que dar una mirada a las más bien mediocres tasas anuales de crecimiento de 1997 (3.4%) y 1998 (4%) para darse cuenta de los aprietos en los que se encontraba Gerstner.

Poco se esperaba de Gerstner cuando asumió el mando de IBM en abril de 1993. Sin embargo, seis años más tarde, se habían generado muchas más expectativas. Los analistas tendían a olvidar lo bueno que había hecho Lou Gerstner en IBM; después de todo pensaban fundamentalmente en el siguiente trimestre, luego en el próximo, y así sucesivamente. Ciertamente, casi no tenían razones para quedarse en el pasado. Lou Gerstner sí lo hacía. Rara vez perdía oportunidad para recordarle a la audiencia lo que había hecho, mucho más que deshacerse de los trajes oscuros y camisas almidonadas (aunque también lo había hecho), mucho más que recortar las nefastas reuniones de IBM (aunque se había reducido en forma considerable el tiempo de las reuniones), y mucho más que acabar con los tiempos en que la industria de los computadores miraba a IBM con desdén (a pesar de que ahora, la mayoría de las firmas de computadores miraban con más respeto al Gigante Azul).

Después de haber logrado tanto, y acabar con la mayor parte de los antiguos problemas urgentes de IBM, Gerstner obligó a cambiar de parecer a la opinión cuando en las conversaciones se hablaba del éxito del Gigante Azul. Hace seis años, la mayor parte de las charlas comenzaban así: ¿Cuánto tiempo le queda a IBM para desplomarse? En 1999, ante la realidad de la transformación en marcha, esos eruditos plantean otra pregunta: ¿cuándo producirá Gerstner un impresionante y consistente crecimiento, año tras año, para IBM? Aunque esa sigue siendo la pregunta clave que expresa el gigante de los computadores a medida que se acerca el nuevo milenio, Gerstner silenció a algunos de sus críticos el 22 de abril de 1999, cuando IBM anunció sus resultados del primer trimestre, que excedieron los estimados por Wall Street: gracias a 17% de aumento en las ventas de hardware, de 19% en servicios y de 10% en software, los ingresos del Gigante Azul cubrieron 17%, mientras las ganancias se elevaron a un sorprendente 42%, lo que aumentó en 23 puntos la acción de IBM, cerrando el 22 de abril a 194 $^{7/8}$. Fue el mejor primer trimestre de la historia de IBM, en cuanto a ingresos y ganancias por acción. Los muy buenos resultados de la compañía llevaron el índice Dow Jones a otro récord de 10,727.18. Los impetuosos resultados del primer trimestre le brindaron a Gerstner la confianza renovada de que él podría llegar a esa cifra consistente de gran crecimiento que exigía Wall Street. Si el jefe de IBM puede demostrar que el primer trimestre de 1999 no fue casualidad, si puede lograr grandes resultados de manera consistente durante los siguientes dos años, habrá hecho el gran milagro al Gigante Azul.

Epílogo

La fotografía de Lou Gerstner que aparece en la segunda página del Reporte Anual de 1998 lo muestra sonriente y con sus brazos extendidos. Es la imagen de un líder de negocios que ha logrado muchas cosas y que, además, señala un gran optimismo con respecto al futuro. Ahora que se acerca la primavera de 1999, Gerstner en realidad se siente bien. Acaba de concretar uno de los negocios más importantes desde que asumió el cargo hace seis años, a comienzos de marzo, con Dell Computer Corporation, que se comprometió a comprar US$16,000 millones en equipos de IBM, según un contrato a siete años, con el que ambas compañías van a desarrollar en conjunto una nueva tecnología de computadores. Éste señala la más grande negociación de IBM, y lo ha hecho con una de sus más grandes rivales. Dell prometió comprar equipos de IBM, como unidades de disco duro, pantallas planas y chips de memoria para colocar en sus computadores. Entonces, no hay por qué extrañarse de la sonrisa de Gerstner: IBM ha logrado una fuente segura de ventas para los próximos años, y una respuesta parcial a aquellos críticos que piensan que IBM no está creciendo suficientemente rápido.

Unas cuantas semanas después, una carta de Gerstner dirigida a los accionistas apareció en el Reporte Anual de 1998. Se trata de una carta rebosante de optimismo acerca del futuro de la organización, en marcado contraste con los oscuros meses que precedieron el ingreso de Gerstner en la compañía, hace apenas seis años.

En esta carta, Gerstner sugiere que la gran medición del progreso de IBM ha sido su capitalización de mercado, la cual creció en 1998 en US$69,000 millones, gracias a un salto de 76% en el precio accionario de la empresa (al lograr US$146,000 millones a partir de un crecimiento en la capitalización de mercado desde 1993).

Gerstner escribe que 1999 será notablemente diferente de los seis años anteriores para IBM:

> Lo que hará diferente a 1999... es que habrá un cambio histórico —algo que IBM comenzó a pregonar hace tres años—, por eso estamos reformando todo: la manera de trabajar, la forma de comprar, el modo de interactuar con las entidades del gobierno, la forma de aprender, todo lo que hacemos. Cada día hay mayor certidumbre de que Internet tendrá su propio espacio junto con las otras grandes tecnologías de transformación que, en primer lugar, contituyeron un desafío y, luego, fundamentalmente modificaron la manera de hacer las cosas en el mundo[1].

Al traer a la memoria que el planteamiento de IBM era que la Net sería la corriente principal de los negocios —no sólo un sitio para curiosear— y de dirección de un comercio real, no simplemente de acceso al contenido de la información, Gerstner asegura que mientras los gurús habían considerado alguna vez al Gigante Azul como "fuera de moda"[2] por tales ideas, "esta posición gana más adeptos cada día"[3]. Los negocios electrónicos podrían alcanzar US$600,000 millones en los próximos años, e IBM espera captar un gran segmento de ese nuevo negocio, afirma Gerstner.

Lo que hará a 1999 algo único, dice, es que constituirá un sacudimiento que hará que la gente comience a comprender el significado de la llegada de esta economía interconectada. Surgirán nuevos líderes, los viejos desaparecerán. Y los competidores, a quienes Gerstner denomina "algo-.com", se materializarán a partir de la nada. También cree que IBM está exclusivamente calificada, estructurada y situada para sacar ventaja de todos estos cambios.

Luego plantea cinco principios con base en los cuales los nuevos líderes tendrán que concentrarse en los próximos dos años:

- Internet no está simplemente creando nuevos negocios. Está generando nuevos modelos de negocios.
- La mayor ventaja competitiva en la industria de la tecnología de la información ya no es la tecnología.
- La era del PC se acabó.
- Nos encontramos solamente en el comienzo, vendrán muchas cosas más.
- El problema del año 2000 es importante, y se está abordando.
- No obstante, queda mucho trabajo por hacer y hay que hacerlo rápido.

Gerstner argumenta que con Internet —que está creando nuevos modelos de negocios— con cada negocio e institución que ahora tienen la oportunidad de replantear lo que hacen, IBM se encuentra en una fuerte posición para ayudar, en particular, a través de los negocios de soluciones de la compañía.

Si la mayor ventaja competitiva en la industria de la tecnología de la información ya no es la tecnología, entonces, ¿cuál es? Gerstner plantea que una compañía pueda construir una ventaja competitiva sostenible con base en ese parámetro exclusivamente. Entonces, agrega...

> Cada vez más, la ventaja ganadora proviene de la manera como se ayude a los clientes a utilizar la tecnología; adelantarse a sus competidores, implementar en su totalidad nuevos modelos de negocios. Esto significa crear soluciones integradas que constituyan el rango completo de productos y, cada vez más, servicios[4].

Lou Gerstner insiste en que IBM se encuentra bien posicionada para lograr una participación muy grande, a partir del crecimiento en el negocio de los servicios de la tecnología de la información. Los servicios globales de IBM han crecido en ocho años de US$4,000 millones a US$24,000 millones, a una tasa de crecimiento medio anual de 20%. Gerstner, evidentemente, se siente orgulloso de sus logros.

Al plantear que la era del PC se ha acabado, Gerstner sugiere que el reino de los PC como motor de las decisiones de compras de los clientes y la plataforma primaria para el desarrollo de aplicaciones ha llegado a su fin. Ha sido remplazado por la red. Éstas son las buenas noticias para IBM.

Al resumir el año de IBM, Gerstner dice que la organización se encuentra en un punto clave de inflexión en la historia de la compañía:

> Como consecuencia de lo que hemos logrado en los últimos seis años, es apenas natural que los empleados de IBM se hayan dado el gusto de enorgullecerse al volver a enrumbar la nave, o de sentirse muy cómodos al retomar el rol y su grandeza acostumbrados. Cuando llegué a IBM en 1993, mi más profundo deseo era que la compañía regresara a su anterior posición de liderazgo.
>
> Sin embargo, cada vez más mis colegas se encuentran preocupados, no por nuestros recientes logros, sino por las vastas perspectivas que se abren ante nosotros...
>
> Esto es algo que nunca soñé hace seis años. Estimulado por la extraordinaria aventura de construir un mundo interconectado, esta gran empresa de tantas historias y anécdotas ahora considera que sus mejores años están por venir, que su pasa-

do y que la industria de la tecnología de la información en su totalidad fueron apenas el preámbulo[5].

Por todo este rebosante optimismo, por la convicción de Lou Gerstner de que IBM se encuentra sobre una nueva ola que la mantendrá en la cúspide del negocio de la TI durante los años venideros, todavía le quedan retos por asumir, todavía tiene que convencer a sus críticos de que IBM es más una dínamo que un dinosaurio, más un motor de crecimiento que un antiguo icono desgastado. Lou Gerstner sabe que todavía tiene tiempo para silenciar a los críticos, pero no mucho. Él logró salvar al Gigante Azul. Ahora mira al frente para reconstruir la institución que Tom Watson Sr. había hecho famosa. Ésa es su mayor tarea.

1 Lou Gerstner, Carta a los accionistas, Annual Report, 1998.
2 *Ibid.*
3 *Ibid.*
4 *Ibid.*
5 *Ibid.*

Reconocimientos

Pocas compañías de los Estados Unidos son tan fascinantes como IBM. Durante décadas permaneció en la cúspide de la industria de computadores, el modelo para toda la vida corporativa norteamericana. En apariencia, era indestructible. Y, no obstante, durante la década de 1980 y comienzos de la década de 1990, cayó en picada mortal y el mismo futuro de la organización se puso en duda. Después, como aparece en estas páginas, la empresa gozó de un sorprendente mejoramiento. Mucho se ha escrito sobre la resurrección de IBM, y algunos comentarios se han dirigido a su fracaso casi inminente. Sin embargo, en el momento que decidí observar a IBM, nadie se había fijado en los últimos seis años cuando la compañía pasó por una impresionante reactivación. Y nadie había relatado las estrategias de negocios del hombre que sacó adelante ese proceso, el presidente del consejo directivo y CEO de IBM, Louis V. Gerstner, Jr. Los editores de McGraw-Hill —con quienes trabajé previamente en una serie de libros sobre personalidades de negocios de los Estados Unidos— y yo sentimos que valía la pena explorar las lecciones de liderazgo de Gerstner y sus tácticas de trasformación.

En la búsqueda de información para escribir el libro, pude lograr una modesta cooperación de IBM. Las solicitudes para entrevistar a Gerstner fueron rechazadas, con el supuesto de que estaba muy ocupado para atender a quienes estaban en la tarea de escribir libros sobre IBM. Sin embargo, Gerstner autorizó a su *staff* de relaciones públicas para que me facilitara abundante información sobre la compañía y respondiera una gran cantidad de preguntas. También utilicé las entrevistas que Gerstner concedió a los medios de comunicación, sus discursos y algunos memorandos internos valiosos. Complementé esta parte de la investigación con entrevistas que sostuve con una amplia variedad de consultores y analistas financieros de IBM, quienes dedican la mayor parte de su tiempo a monitorear a Lou Gerstner y su organización. Me preocupé, en particular, por entrevistar a aquellos que han conocido personalmente a Gerstner y, al mismo tiempo, me pudieran ofrecer una perspectiva amplia sobre los altibajos de IBM.

Después de que IBM decidió ofrecer su modesta colaboración, me pusieron en las buenas manos de Tara Sexton, la directora de la división de relaciones con los medios de comunicación corporativa de la compañía. Quiero agradecerle por todo el tiempo que se tomó en ayudarme a realizar este libro de la manera más precisa posible.

De muchas formas, ***Rompiendo paradigmas*** fue el producto del trabajo en equipo con mi editor Jeffrey Krames. Al comienzo, su perspectiva fue que éste era el mejor momento para escribir un libro sobre Lou Gerstner e IBM, y desempeñó un papel fundamental en la concepción de la estructura y el formato de este libro. Quiero agradecerle a Jeff no sólo por la oportunidad de trabajar con él en este libro, sino por nuestros 15 años de trabajo en equipo. De igual modo, deseo agradecerles a Philip R. Ruppel, vicepresidente y editor de grupo, encargado de la división de referencia general y de negocios de McGraw-Hill, y a mi representante, Chris Calhoun, en Sterling Lord Literistic.

Expreso mis mayores agradecimientos a mis familiares más cercanos, mi esposa Elli, mis hijos, Miriam, Shimi, Adam y Rachel, y a mis nietos Edo y Maya. Ellos hicieron posible y agradable este libro.

Notas

Introducción
Jaque mate de Deep Blue a Kasparov

1 *The New York Times*, mayo 8, 1997.

Capítulo 1

1 "Deep Blue's Deep Pockets", *Forbes,* junio 19, 1997.
2 Lucy Baney, entrevista, mayo 15, 1998.
3 IBM History, www.ibm.com.
4 Sam Albert, entrevista, mayo 8, 1998.
5 John Akers, citado en "America´s Most Admired Corporations", *Fortune*, enero 19, 1987.
6 "Dinosaurs?", *Fortune*, mayo 3, 1993.
7 Philip Baker, entrevista, julio 23, 1998.
8 Sam Albert, entrevista, mayo 8, 1998.
9 Philip Baker, entrevista, julio 23, 1998.
10 Dan Mandresh, entrevista, mayo 20, 1998.
11 Fuente anónima.

Capítulo 2

1 Gideon Gartner, entrevista, agosto 15, 1998.
2 Philip Baker, entrevista, julio 23, 1998.
3 Carl Conti, entrevista, julio 9, 1998.
4 *Ibid.*
5 Laura Conigliaro, entrevista, mayo 14, 1998.
6 "Better Days in the Life of a Global Giant", *Business Week,* junio 17, 1991.
7 Peter Thonis, entrevista, agosto 25, 1998.
8 *Ibid.*
9 John Akers, comunicado de prensa de IBM, diciembre 5, 1991.

Capítulo 3

1 "IBM After Akers", *Business Week*, febrero 8, 1993.
2 "Bossidy on IBM's Ideal Boss", *Fortune*, abril 5, 1993.
3 "I'm Going to Let the Problems Come to Me", *Business Week*, abril 12, 1993.
4 "He's Smart, He's Not Nice. He's Saving Big Blue....", tomado de la edición de *Fortune* de abril 14, 1997, mediante permiso especial, copyright 1997,Time Inc.
5 *Ibid.*
6 *The New York Times*, marzo 27, 1993.
7 Jim Cannavino, entrevista, agosto 19, 1998.
8 *Ibid.*

Capítulo 4

1 "He's Smart, He's Not Nice. He's Saving Big Blue....", *Fortune*, abril 14, 1997.
2 *Ibid.*
3 "The McKinsey Mystique", *Business Week*, septiembre 20, 1993.
4 Lou Gerstner, entrevista, *Contact*, agosto-septiembre, 1985.
5 "He's Smart, He's Not Nice. He's Saving Big Blue....", *Fortune*, abril 14, 1997.
6 "Current Biography", perfil de Lou Gerstner, junio 1991, p. 35.
7 "Faith in a Stranger", *Business Week*, abril 5, 1993.
8 "Managing: Does the CEO Really Matter?", *Fortune*, abril 22, 1991.
9 *Ibid.*
10 *Ibid.*

Capítulo 5

1 *The New York Times*, marzo 27, 1993.
2 Rawleigh Warner Jr., citado en "Industry: Can This Man Save IBM?", *Fortune,* abril 19, 1993.
3 Citado en *National Public Radio*, marzo 26, 1993.
4 *Ibid.*
5 "Faith in a Stranger", *Business Week*, abril 5, 1993.
6 *Ibid*
7 *The New York Times*, marzo 27, 1993.
8 Lucy Baney, entrevista, mayo 15, 1998.
9 Lou Gerstner, memorando a los empleados de IBM, abril 6, 1993.
10 "Poised for Leadership", *Think*, No. 1, 1998.
11 "Lou Gerstner's First 30 Days", *Fortune,* mayo 31, 1993.

Capítulo 6

1 Sam Albert, entrevista, mayo 8, 1998.
2 Steve Milunovitch, entrevista, julio 25, 1998.
3 *The New York Times*, abril 27, 1993.
4 *The Washington Post*, julio 3, 1993.
5 "Lou Gerstner's First 30 Days", *Fortune,* mayo 31, 1993.
6 Jim Cannavino, entrevista, agosto 19, 1998.
7 Lou Gerstner, memorando a los empleados, septiembre 13, 1993.

Capítulo 7

1 Lou Gerstner, informe a los accionistas, Dallas, Texas, abril 29, 1997.
2 *The New York Times*, abril 22, 1994.
3 *Ibid.*
4 Lou Gerstner, informe a los accionistas, Toronto, Canadá, abril 25, 1994.
5 *The New York Times*, junio 26, 1994.
6 *Ibid.*
7 Lou Gerstner, carta a los accionistas, Annual Report, 1994.

Capítulo 8

1 Lou Gerstner, informe a los accionistas, Dallas, Texas, abril 29, 1997.
2 *The New York Times*, junio 26, 1994.
3 "Blue Is the Color", *The Economist*, junio 6, 1998.

4 "Lou Gerstner's First 30 Days", *Fortune*, mayo 31, 1993.
5 Lou Gerstner, memorando a los empleados, julio 27, 1993.
6 Lou Gerstner, memorando a los empleados, septiembre 13, 1993.
7 George D. Elling y Lous R. Miscioscia, informe de Lehman Brothers, mayo 8, 1997.
8 Robert Djurdjevic, boletín de noticias, Annex Research, agosto 22, 1996.
9 J. Gerald Simmons, carta al editor, *Fortune*, enero 24, 1994.
10 Lou Gerstner citado en "It's Time to Execute", *Software*, julio, 1997.
11 *Ibid.*
12 Fuente anónima.

Capítulo 9

1 Jim Cannavino, entrevista, agosto 19, 1998.
2 Sam Palmisano, citado en "He's Smart, He's Not Nice. He's Saving Big Blue....", *Fortune*, abril 14, 1997.
3 John Kao, Lou Gerstner, caso No 485-176. Boston: Harvard Business School, 1985, p. 9. Copyright © 1985 by the President and Fellows of Hardvard College; todos los derechos reservados.
4 *Ibid.*, p. 4.
5 *Ibid.*, p. 3.
6 *Ibid.*, p. 2.
7 *Ibid.*, p. 3.
8 *Ibid.*, p. 2.
9 "Lou Gerstner's First 30 Days", *Fortune*, mayo 31, 1993.
10 "Road Map for the Revolution", *Think Twice,* diciembre, 1993.
11 "Lou Gerstner's First 30 Days", *Fortune*, mayo 31, 1993.

Capítulo 10

1 "Poised for Leadership", *Think*, No. 1, 1998.
2 "We Won't Stop... Until We Find Our Way Back", *Business Week*, mayo 1, 1995.
3 *Ibid.*
4 "Poised for Leadership", *Think*, No. 1, 1998.
5 "Can this Man Save IBM?", *Fortune*, abril 19, 1993.
6 "He's Smart, He's Not Nice. He's Saving Big Blue....", *Fortune*, abril 14, 1997.
7 "Road Map for the Revolution", *Think Twice,* diciembre, 1993.
8 *Ibid.*
9 "Blue Is the Color," *The Economist*, junio 6, 1998

Capítulo 11

1 Kao, Lou Gerstner, Harvard Business School, caso 485-176, p. 4.
2 "Road Map for the Revolution", *Think Twice,* diciembre, 1993.
3 "I'm Going to Let the Problems Come to Me", *Business Week*, abril 12 de 1993.
4 *Ibid.*
5 "Lou Gerstner's First 30 Days", *Fortune*, mayo 31, 1993.
6 "I'm Going to Let the Problems Come to Me", *Business Week*, abril 12, 1993.
7 "At IBM, More of the Same—Only Better?", *Business Week*, julio 26, 1993.
8 "U.S. News and World Report, entrevista con Lou Gerstner, diciembre 19, 1997.
9 "A Work in Progress".
10 "Road Map for the Revolution", *Think Twice,* diciembre, 1993.
11 *The Washington Post*, marzo 25, 1994.
12 "Gerstner's 1st Year at IBM: Observers Rate Him a B-Plus", *Gannett News Service*, marzo 21, 1994.

Capítulo 12

1 *Think*, 1996
2 "Road Map for the Revolution", *Think Twice,* diciembre 1993.
3 "It's Time to Execute", *software,* julio de 1997.
4 "He's Smart, He's Not Nice. He's Saving Big Blue....", *Fortune*, abril 14, 1997.
5 *Ibid.*
6 *USA Today*, diciembre 4, 1996.
7 Frank Dzubeck, entrevista, mayo 18, 1998.
8 "He's Smart, He's Not Nice. He's Saving Big Blue....", *Fortune*, abril 14, 1997.
9 Lou Gerstner, informe a los accionistas, Atlanta, Georgia, abril 30, 1996.
10 Lou Gerstner, entrevista, CNBC, octubre 22, 1998.

Capítulo 13

1 Kao, Lou Gerstner, Harvard Business School, caso 485-176, pp. 4-5.
2 *Ibid.*
3 Jim Cannavino, entrevista, agosto 19 de 1998.
4 Peter Thonis, entrevista, junio 3 de 1998.
5 "He's Smart, He's Not Nice. He's Saving Big Blue....", *Fortune*, abril 14, 1997.
6 *Ibid.*
7 *Ibid.*
8 "Poised for Leadership", *Think*, No. 1, 1998.

Capítulo 14

1 Kao, Lou Gerstner, Harvard Business School, caso 485-176, p. 1.
2 Jim Cannavino, entrevista, agosto 19, 1998.
3 Lou Gerstner, alocución, Working Mothers 10th Anniversary Reception, Nueva York, septiembre 11, 1995.
4 "The Man Who's Rebooting IBM's PC Business", *Business Week*, julio 24, 1995.
5 "Poised for Leadership", *Think*, No. 1, 1998.

Capítulo 15

1 "Dear Colleague", *Think*, No. 1, 1997.
2 "He's Smart, He's Not Nice. He's Saving Big Blue....", *Fortune*, abril 14, 1997.
3 Peter Thonis, entrevista, junio 3, 1998.
4 *Ibid.*
5 *Ibid.*
6 *Ibid.*

Capítulo 16

1 "Gerstner at the Gates", *Business Week*, abril 21, 1997.

Capítulo 17

1 "Is He Too Cautious to Save IBM?", *Fortune*, octubre 3, 1994.
2 *Ibid.*
3 "He's Smart, He's Not Nice. He's Saving Big Blue....", *Fortune*, abril 14, 1997.
4 *Ibid.*
5 "Current Biography", perfil de Lou Gerstner, junio 1991.

6 *USA Today*, diciembre 4, 1996.
7 *Ibid.*
8 *Ibid.*

Capítulo 18

1 John D. Loewenberg, citado en "The Few, the True, the Blue", *Business Week*, mayo 30, 1994.
2 *U.S. News & World Report*, entrevista con Lou Gerstner, diciembre 19, 1997.
3 "How IBM Became a Growth Company Again", *Business Week*, diciembre 9, 1996.
4 Louis Gerstner citado en "Déjà Blue", *Industry Week*, noviembre 17, 1997.
5 "Lou Gerstner's First 30 Days", *Fortune*, mayo 31, 1993.
6 Kao, Lou Gerstner, Harvard Business School, caso 485–176, p. 2.
7 "Road Map for the Revolution", *Think Twice,* diciembre, 1993.
8 Kao, Lou Gerstner, Harvard Business School, caso 485–176, p. 3.
9 "Déjà Blue", *Industry Week*, noviembre 17 de 1997.
10 George Colony, entrevista, agosto 19 de 1998.
11 *Dallas Morning News*, agosto 30, 1996.
12 Lou Gerstner, entrevista, CBNC, octubre 22, 1998.

Capítulo 19

1 "Is He Too Cautious to Save IBM?", *Fortune*, octubre 10, 1994.
2 *The Independent*, septiembre 13, 1994.
3 Lou Gerstner, carta a los accionistas, Annual Report, 1994.
4 George Colony, entrevista, agosto 19, 1998.
5 Jim Cannavino, entrevista, agosto 19, 1998.
6 "How IBM Became a Growth Company Again", *Business Week*, diciembre 9, 1996.
7 Lou Gerstner, informe en el Gartner Symposium, Orlando, Florida, octubre 9, 1996.
8 *U.S. News & World Report*, entrevista con Lou Gerstner, diciembre 19, 1997.

Capítulo 20

1 "Return of the Dinosaurs", *Business Week,* agosto 1, 1994.
2 Lou Gerstner, conferencia a los clientes, marzo 4, 1996.
3 *Gannett,* junio 9, 1998.
4 "IBM Is Back", *Fortune*, noviembre 11, 1996.
5 *Ibid.*
6 Lou Gerstner, informe a los accionistas, Dallas, Texas, abril 29, 1997.
7 Jon Oltsik, entrevista, agosto 19, 1998.
8 "IBM's Road Map", *Information Week*, febrero 9, 1998.
9 *Ibid.*
10 *Ibid.*

Capítulo 21

1 Kao, Lou Gerstner, Harvard Business School, caso 485–176, p. 1.
2 "Road Map for the Revolution", *Think Twice,* diciembre, 1993.
3 *Ibid.*
4 Kao, Lou Gerstner, Harvard Business School, caso 485–176, p. 5.
5 *Ibid.*, p. 8.
6 *Ibid.*, p. 2.
7 *Ibid.*, p. 9.
8 "Road Map for the Revolution", *Think Twice,* diciembre, 1993.

9 *Ibid.*
10 *Ibid.*
11 *Ibid.*
12 Kao, Lou Gerstner, Harvard Business School, caso 485–176, p. 1.
13 "Road Map for the Revolution", *Think Twice,* diciembre, 1993.

Capítulo 22

1 "Companies: Throughout a Charmed Corporate Career...", *Time,* agosto 9, 1993.
2 "At IBM, the Great Shrink-Down May Be Over", *Business Week*, septiembre 25, 1995.
3 *USA Today*, diciembre 4, 1996.
4 "Big Blue Is Betting on Big Iron Again", *Fortune*, abril 29, 1996.
5 *The Washington Post*, diciembre 15, 1996.

Capítulo 23

1 "He's Smart, He's Not Nice. He's Saving Big Blue....", *Fortune*, abril 14, 1997.
2 *Ibid.*
3 George D. Elling y Lous R. Miscioscia, informe de Lehman Brothers, mayo 8, 1997.
4 Laura Conigliaro, informe de Goldman Sachs , mayo 13, 1997, p. 2.
5 "50 Top Leaders of the Information Age", *Vanity Fair*, octubre 1997.
6 "On Arrogance, When to Quit, and Chitchat", *Fortune*, abril 14, 1997.
7 Lou Gerstner, carta a los accionistas, Annual Report, 1995.

Capítulo 24

1 Lou Gerstner, carta a los accionistas, Annual Report, 1995.
2 Lou Gerstner, conferencia a los clientes, marzo 4, 1996.
3 Lou Gerstner, informe a los accionistas, Dallas, Texas, abril 29, 1997.
4 Laura Conigliaro, informe de Goldman, Sachs, mayo 13 de 1997, p. 5.
5 Steve Milunovich, entrevista, julio 25, 1998.
6 *The Wall Street Journal*, mayo 14, 1998.

Capítulo 25

1 Lou Gerstner, carta a los accionistas, Annual Report, 1996.
2 *USA Today*, diciembre 4, 1996.
3 "It's Time to Execute", *software*, julio 1997.
4 Laura Conigliaro, informe de Goldman, Sachs, mayo 13, 1997, p. 1.
5 Andrew Neff, entrevista, mayo 5, 1998.

Capítulo 26

1 Lou Gerstner, carta a los accionistas, Annual Report, 1995.
2 "Lou Gerstner on Catching the Third Wave", *Business Week*, octubre 30, 1995.
3 "Blue Is the Color", *The Economist*, junio 6, 1998.
4 Lou Gerstner, informe a los accionistas, Atlanta, Georgia, abril 30, 1996.
5 Lou Gerstner, carta a los accionistas, Annual Report, 1995.
6 Lou Gerstner, informe a los accionistas, Atlanta, Georgia, abril 30, 1996.
7 Laura Conigliaro, informe de Goldman, Sachs, mayo 13, 1997, p. 2.
8 "Dear Colleague", Carta de Lou Gerstner, 1997, *Think*, No. 1, 1997.

Capítulo 27

1 *US News & World Report*, entrevista con Lou Gerstner, diciembre 19, 1997.
2 *Ibid.*
3 Jon Oltsik, Carol D. Howe, Waverly Deutsch y Carrie Endries, "IBM's Internet Opportunity", Forrester Research, julio 1998.
4 Lou Gerstner, entrevista, CNBC, octubre 22, 1998.

Capítulo 28

1 "Poised for Leadership", *Think*, No. 1, 1998.
2 "IBM: Back to Double-Digit Growth?", *Business Week*, junio 1, 1998.
3 "Blue Is the Color", *The Economist*, junio 6, 1998.
4 Lou Gerstner, entrevista, CNBC, octubre 22, 1998.

Capítulo 29

1 Lou Gerstner, carta a los accionistas, Annual Report, 1996.
2 Lou Gerstner, informe a los accionistas, Atlanta, Georgia, abril 30, 1996.
3 Lou Gerstner, carta a los accionistas, Annual Report, 1997.
4 Lou Gerstner, informe a los accionistas, Dallas, Texas, abril 29, 1997.
5 Lou Gerstner, alocución, en CeBIT'98, Hanover, Alemania, marzo 18, 1998.
6 "IBM: Back to Double-Digit Growth?", *Business Week*, junio 1, 1998.
7 Lou Gerstner, entrevista, CNBC, octubre 22, 1998.

Índice

C

Cuando Lou Gerstner llegó como nuevo CEO de IBM en 1993 –después de lo que *The New York Times* llamó "la cacería del talento más ávidamente buscado en la historia de los negocios de los Estados Unidos"– , la principal empresa del mundo estaba perdiendo dinero y se encontraba al borde del colapso. Gerstner, quien había conducido a RJR Nabisco, y había logrado sortear una pérdida neta en 1989 de US$1,100 millones hasta lograr ingresos netos de US$299 millones en 1992, parecía tener la fórmula para sacar de las calamidades a las empresas.

Ahora, Lou Gerstner –a quien *Fortune* calificó como "un hombre lleno de energía, astuto e incluso brillante que ha logrado reacondicionar las culturas de las compañías"– enfrentó el reto de su vida: revivir a una IBM moribunda.

> Ha habido muchas especulaciones sobre cuándo entregaré una visión. Lo último que IBM necesita en este preciso momento es tener una visión. Lo que se necesita ahora son estrategias muy efectivas, orientadas por el mercado y concretas.
>
> Lou Gerstner, 1993

Rompiendo paradigmas narra la fascinante historia de cómo Lou Gerstner, fiel a su leyenda, se quitó el saco, se arremangó, cavó profundo y sacó a IBM de una muerte inminente. Este libro es un ejemplo maravilloso de cómo trasformar una compañía. Cómo Gerstner, infundiendo un sentido de respuesta inmediata a una organización que había comenzado a igualar la agresividad con la deshonra, condujo al Gigante Azul, que había registrado pérdidas por US$8,000 millones en 1993, a unas **utilidades** de US$3,000 millones en 1994, ¡una trasformación sin precedentes de US$11,000 millones a su favor!

Escrito por el biógrafo de líderes de empresas, reconocido mundialmente, Robert Slater –autor de numerosos libros sobre compañías de los Estados Unidos y personalidades de negocios, incluido su *bestseller*, patrocinado por *The Wall Street Journal, Jack Welch and the GE Way*– ***Rompiendo paradigmas*** revela los secretos del mayor fabricante de computadores en el mundo. Sus capítulos presentan diversos secretos de liderazgo y máximas para tener éxito, luego penetra en cada uno de ellos para revelar los conocimientos administrativos que se pueden aplicar a situaciones de cualquier tipo o tamaño. Por ejemplo:

- **Los de afuera conocen más de lo que usted cree**
  Aquí el lector puede describir cómo Lou Gerstner, a pesar de su falta de experiencia en computadores, demostró que sus críticos estaban equivocados, y afrontó la crisis de IBM desde el punto de vista del cliente.
- **Vivir y pregonar la cultura, o simplemente no pasará nada**
  Gerstner sabía que una renovada IBM necesitaba en forma desesperada una nueva cultura corporativa. El lector podrá conocer sus reglas para realizar cambios y manejar su impacto de arriba abajo en el seno de la organización.
- **Comunicar confianza en sí mismo, demostrar liderazgo**
  Gerstner comprende que la comunicación es la clave del liderazgo. Las citas y anécdotas revelan cómo consiguió que los clientes y empleados de IBM se unieran a su visión.
- **No vender productos, vender soluciones**
  Cómo Gerstner condujo a IBM más allá de vender sólo computadores, hasta convertirse en una empresa que ayuda a los clientes a resolver sus problemas y a proyectarse al futuro.

> Uno nunca termina de resolverlo. Y cuando uno piensa que todo está resuelto, es cuando precisamente comienzan las dificultades.
>
> —Lou Gerstner, 1998

El rescate de IBM por parte de Lou Gerstner es una de las historias más exitosas e instructivas de las empresas del mundo. Una página tras otra aparece llena de lecciones que se pueden utilizar en casi todos los entornos empresariales. ***Rompiendo paradigmas*** echa una mirada profunda y veraz a la manera como Gerstner hizo énfasis en el servicio, impulsó a IBM a la revolución del Internet y continúa hasta el momento en el trabajo de recuperar la imagen de la compañía más poderosa del mundo. De esta manera, suministra un proyecto detallado para llegar al éxito en el turbulento mundo de las empresas de hoy.

El autor

Robert Slater tiene más de 25 años de experiencia como corresponsal de *Time, Newsweek* y la UPI. Ha escrito varios libros que han sido bestsellers, entre los que se incluyen *Jack Welch and the GE Way;* junto con los bestseller de negocios auspiciados por *The New York Times: Ovitz: The Inside Story of Hollywood's Most Controversial Powerbroker; Get Better or Get Beaten: 31 Leadership Secrets from GE's Jack Welch* y *Soros: The Life, Times, & Trading Secrets of the World's Greatest Investor.*

ESTRATEGIAS EXITOSAS PARA ORGANIZACIONES DE CUALQUIER TAMAÑO

Administración

Conozca los secretos de Lou Gerstner, el inquieto CEO que tomó el mando de IBM, desafió las tradiciones sagradas y la salvó.

Fecha: 19 de enero de 1993

IBM anuncia para 1992 una sorprendente pérdida de US$4,970 millones, la más grande hecatombe financiera en la historia de las empresas de los Estados Unidos. El venerado Gigante Azul se estaba hundiendo rápidamente...

Fecha: 22 de abril de 1999

The Wall Street Journal: "International Business Machines Corp... superó sus estimados y reportó ganancias sobre los ingresos de 42% durante el primer trimestre. Un analista de Merrill Lynch & Co. dijo que el trimestre había sido 'aplastante', y añadió que había sido testigo 'del mejor trimestre de IBM en más de una década de cubrimiento de la compañía".

¿Qué marcó la diferencia? La respuesta es simple: Lou Gerstner.

Rompiendo paradigmas revela cómo, con agallas y determinación, Lou Gerstner salvó a IBM y cimentó su reputación como uno de los CEO más grandes en la historia de la trasformación de las organizaciones. Ésta es la primera revelación detallada que muestra la milagrosa obra de Gerstner en IBM, y revela los secretos de liderazgo que respaldan cada medida adoptada de su parte. En estas páginas, el lector conocerá principios claves como:

- **"Hacer a un lado la antigua cultura empresarial si es necesario, pero hacerlo inmediatamente".**

El enfoque de Gerstner fue absoluto. Cuando llegó a limpiar la casa, ni su propio hermano se salvó.

- **"Escuchar a los clientes: ellos saben muy bien qué es lo que necesitan".**

El lector podrá vivir una vez más la legendaria asamblea de Chantilly, cuando Gerstner invitó a los jefes de información (CIO) de los 200 clientes más grandes de IBM para que se reunieran y conocieran las ideas del nuevo jefe de IBM.

McGraw-Hill
Una división de las compañías **McGraw-Hill**
Consúltenos en la World Wide Web en **www.books.mcgraw-hill.com**